中国大陆、台湾、香港、澳门行政诉讼：制度、立法与案例丛书
主编 应松年

Administrative Litigation in Hong Kong: System, Legislation and Cases

香港地区行政诉讼：制度、立法与案例

林 峰 著

ZHEJIANG UNIVERSITY PRESS
浙江大学出版社

丛书编委会

编委会主任

应松年
中国政法大学终身教授、博导,中国法学会行政法学研究会会长

编委会成员

赵大光
最高人民法院行政庭庭长、高级法官,中国法学会行政法学研究会常务理事

胡建淼
国家行政学院法学部主任、教授、博导,中国法学会行政法学研究会副会长

刘宗德
台湾政治大学法律学系特聘教授、博导,台湾行政法学会理事长

马怀德
中国政法大学副校长、教授、博导,中国法学会行政法学研究会副会长

林　峰
香港城市大学中国法与比较法研究中心主任,法律学院副教授

米万英
澳门特别行政区检察院助理检察长,澳门大学法学院兼职助理教授

朱新力
浙江大学光华法学院常务副院长、教授、博导,中国法学会行政法学研究会
　　常务理事(执行编委)

编委会秘书

王　静
国家行政学院法学部讲师,法学博士

蒋红珍
上海交通大学国际与公共事务学院讲师,法学博士

俞　楠
中国政法大学宪法学与行政法学博士研究生

总　序

　　行政诉讼制度是一套重要的法律制度。从宪政角度看,行政诉讼是监督国家权力、保障人民权利最直接的制度保障,关系到一个国家司法救济制度的完善、人权保障程度的健全,决定着公民与国家之间格局的形成。从社会效果看,在全球化浪潮汹涌和多元文化盛行的当今时代,行政诉讼确立起一套可供操作的制度框架,能够使层出不穷的利益冲突和观念分歧消弭在这套制度框架之内,从而确保社会的稳定和进步发展。可以说,追求行政诉讼制度的完善,是现代法治进程的重要环节。

　　由于历史的原因,中国大陆、台湾、香港、澳门在行政诉讼文化和制度方面存在诸多差别。从历史进程上看,既有中国大陆自新中国成立尤其是改革开放以后的"推倒重来",也有台湾地区带着国民政府制定的"六法全书"漂洋过海后的"继往开来";从法系归属上看,既有香港地区遵循英国法律制度的"普通法系"渊源,又有台湾地区效仿德国行政法制度的"大陆法系"传统;从发展阶段上看,既有大陆在法治发展进程中从近代到现代的蹒跚学步,又有香港、台湾地区现代化法治进程基本完善,甚至面临现代化"祛魅"的后现代尴尬……带着加强对话与交流的心情,我们想要把我国大陆、台湾、香港、澳门既有的行政诉讼制度及其立法和判例的状况真实地呈现给读者(也因此,我们保留了各地在写作上的不同规范形态。由此引起阅读上的不便,敬请读者谅解),这就是本书写作的初衷所在。

　　值得一提的是,中国大陆、台湾、香港、澳门有着共同的文化背景,特别是澳门和台湾地区,在法律的移植和继受上与大陆几乎同根同源,他们的制度和实践对于大陆具有极其重要的参考价值。正值中国大陆《行政诉讼法》修改被提上议事日程之际,我们也非常期待本书的写作能够对中国大陆《行政诉讼法》的修改有所裨益。此外,在全球化、信息化的时代背景下,更好地了解和把握中国大陆、台湾、香港、澳门的法律制度,也是探索更好地求同存异和解决一国区际法律冲突的途径所在。

本丛书分为四部，分别阐述中国大陆、台湾、香港、澳门的行政诉讼制度。每一部又分别从制度、立法和案例三个方面对行政诉讼展开介绍。在"制度"部分，试图宽泛地结合有关行政诉讼理论的分析框架，较为全面和概括地再现中国大陆、台湾、香港、澳门既有的行政诉讼制度。在"立法"部分，收录了中国大陆、台湾、香港、澳门有关行政诉讼方面的法律法规，它对于"制度"部分以及紧随其后的"案例"部分都是不可或缺的依据和参考资料。最后的"案例"部分，主要收录了在中国大陆、台湾、香港、澳门行政诉讼发展史上较为重要和经典的一些案例，并且对这些重要案例作了评述。可以说，真实地展现中国大陆、台湾、香港、澳门行政诉讼制度、立法和判例的客观情况，是写作中试图保持的重要特色。

本丛书由中国大陆、台湾、香港、澳门的法官、检察官和从事研究工作的学者共同写作完成，使之能兼顾学理界与实务界对行政诉讼制度的把握。我们试图使之成为一套具有下列特色的参考资料：首先，它立足"实然"，附带"应然"，相比于对原理的探讨，更注重对现有制度、立法和司法实践的归纳分析。其次，它以介绍为主，附带简要评述，注重资料的直观性和对比性。再次，它并非纯粹的资料汇编，而试图关注到立法和司法层面的实践性，动态地展现中国大陆、台湾、香港、澳门的行政诉讼制度现状。

"红日初升，其道大光；河出伏流，一泻汪洋。"希望本书能够为我国大陆、台湾、香港、澳门在行政诉讼制度方面的交流和学习提供必要的基本资料，也希望我们的努力能够抛砖引玉，吸引更多学者参与到对行政诉讼制度的探讨和关心中来。当然，尽管是老生常谈却依然不得不指出的是，由于能力所限，错误在所难免。我们怀着与同道们对话交流的心情，希望能够得到广大读者的批评和回应。

从书编委会

2010 年 6 月

目　　录

第一编

香港行政诉讼制度概况

第一章　香港特别行政区基本法

一、《基本法》和香港特别行政区的产生

香港包括香港岛、九龙和"新界"，它自古以来都是中国的领土。直到19世纪中叶，英国政府迫使当时战败的清朝政府签订了第一个不平等条约，即《南京条约》，将香港岛割让给了英国。1860年，英国再次迫使腐败的清政府签订了第二个不平等条约，即《北京条约》，又把九龙半岛割让给了英国。38年后于1898年，英国政府又迫使当时的清政府签订了第三个不平等条约，即《展拓香港界址专约》（又称《第二个北京条约》），强行租用"新界"99年，于1997年到期。这三个不平等条约的签订把香港变成了英国的殖民地。

中国政府和人民从来都没有承认过这三个不平等条约的合法性，而且国民党政府曾经向英国政府提出过收回香港的问题。国民党政府和当时的英国政府于1943年同意在打败日本后重新考虑新界的租赁问题。不过抗日胜利后，国民党忙于内战而一直没有顾及此事[1]。虽然中国政府和人民一直都不承认这三个不平等条约的法律效力，但是西方有些学者认为，根据这三个不平等条约签订时的国际法，虽然它们是不平等的，不过却是有效的[2]。

到了20世纪70年代，外国投资者开始对1997年后香港的前途表示关注，英国政府也认识到若再不消除1997年这个不明朗因素，到20世纪80年代人们对香港的信心有可能会出现崩溃[3]。在这种情况下，英国政府于1979年与

---

[1]　参见王叔文主编：《香港特别行政区基本法导论》（修订本），中共中央党校出版社1997年版，第5页。

[2]　参见 Peter Esley-Smith, Unequal Treaty 1989—1997：China, Great Britain and Hong Kong's New Territories, Hong Kong, Oxford University Press, 1983 new edition；又见 Frank Welsh, A History of Hong Kong, London, Harper Collins, 1993。

[3]　参见《关于香港前途的中英联合声明》白皮书。

中国政府就香港的未来开始接触。在明白了中国政府的立场之后,英国政府于1982年和中国政府正式开始就香港的前途展开谈判。中国政府的立场有两条:一是在1997年收回香港,对香港恢复行使主权;二是在恢复行使主权的前提下保持香港的繁荣和稳定。

经过艰苦的谈判后,在1984年12月19日,中、英两国政府签署了《中华人民共和国政府和大不列颠及北爱尔兰联合王国政府关于香港问题的中英联合声明》(下称《联合声明》)。《联合声明》还有三个附件,包括"中华人民共和国对香港基本方针政策的具体说明"、"关于中英联合联络小组"和"关于土地契约"。

《联合声明》载明了中华人民共和国对香港的基本方针政策,其中最根本的政策就是根据"一国两制"的原则,香港特别行政区不会实行社会主义制度和政策,香港原有的资本主义制度和生活方式,保持五十年不变。而附件一对中国政府关于香港未来的八个方面的具体方针政策作出了详细的说明。《联合声明》第3条第12项规定"关于中华人民共和国对香港的上述基本方针政策和本联合声明附件一对上述基本方针政策的具体说明,中华人民共和国全国人民代表大会将以中华人民共和国香港特别行政区基本法规定之,并在五十年内不变"。

为了落实《联合声明》第3条的规定,第六届全国人民代表大会第三次会议于1985年4月10日通过决定,成立中华人民共和国香港特别行政区基本法起草委员会,起草《中华人民共和国香港特别行政区基本法》(下称《基本法》)。1985年6月18日,第六届全国人民代表大会第十一次会议通过了香港特别行政区基本法起草委员会名单,委员会共有59名委员,其中30人为内地草委,29人为香港草委。自1985年7月1日起,基本法起草委员会就开始工作了,经过四年零八个月的努力工作,《基本法》(草案)于1990年提交给全国人民代表大会审议,在1990年4月4日经中华人民共和国第七届全国人民代表大会(下称全国人民代表大会)上通过,并已于1997年7月1日正式生效。

《基本法》是根据邓小平所提出的"一国两制"的构想,并从香港的实际情况出发,在香港同胞和中国政府的共同参与下,制定而成的。《基本法》一方面维护中华人民共和国对香港特别行政区的主权,另一方面又赋予了香港特别行政区高度的自治权。

二、《基本法》的法律地位

《基本法》是全国人民代表大会以宪法为依据、以"一国两制"方针为指导制定的全国性法律,它在中国法律架构中的地位仅低于《中华人民共和国宪法》。

与其他由全国人民代表大会所制定的基本法律有所不同的是,《基本法》在香港特别行政区具有宪制性地位。同时,它明确了香港特别行政区的法律地位,表明香港特别行政区的高度自治权来源于中央的授权。从这个角度讲,基本法是一部授权法律。《基本法》的修改权属于全国人民代表大会,修改提案权属于全国人民代表大会常务委员会、国务院和香港特别行政区。但鉴于其法律地位的特殊性,香港特别行政区的修改议案,须经香港特别行政区的全国人民代表大会代表三分之二多数、香港特别行政区立法会全体议员三分之二多数和香港特别行政区行政长官同意后,交由香港特别行政区出席全国人民代表大会的代表团向全国人民代表大会提出[4]。

而在回归之前,香港的宪制性文件是由英国政府所颁布的,即《英皇制诰》[5]及《皇室训令》[6]。这两份殖民地时期的宪制性文件是由英皇(或者女皇)根据当时英国政府的指示制定,并经枢密院通过而成立的[7]。它们在本质上是皇室行使特权之产物,而非国会的立法。英国宪法中的议会主权这一基本原则决定了这两份殖民地时期的宪制性文件不能与议会颁布的法律(Act)有抵触,而且其内容是可以透过英国议会的立法而加以更改[8]。简而言之,由英国政府所控制的议会或者英皇可随意修改香港殖民地时期的宪法性文件。由此可见,《基本法》在中国法律体制中的地位要比殖民地时代的宪法性文件(《英皇制诰》及《皇室训令》)在英国法律体制中的地位为高。

许多学者都称《基本法》为香港的"小宪法"。就法律地位而言,应该说《基本法》和殖民地时期的宪制性文件在香港是享有同样的地位,这是因为两者都是宪制性文件,它们的法律地位都较香港本地的法律(包括由香港的立法机关制定的条例、根据条例所制定的附属立法以及普通法和习惯法)为高,所以不能由香港的立法会加以修改[9]。另一方面,香港本地的立法机关的立法权在回归之前是来源于《英皇制诰》的授权,在回归之后是来源于《基本法》。因此,香港本地的立法机关行使立法权所通过的条例(Ordinance),是不可以与宪制性

---

〔4〕　参见《基本法》第 159 条。

〔5〕　《英皇制诰》最早是在 1843 年 4 月 5 日通过的,上面盖有国印并由国王签署。

〔6〕　《皇室训令》最早是在 1843 年 4 月 5 日通过的。《皇室训令》盖有国王的私印并由国王签署。

〔7〕　参见 Peter Wesley-Smith, Constitutional and Administrative Law in Hong Kong, Longman Asia Ltd. ,1993,第 2 页。

〔8〕　参见 Peter Wesley-Smith, Constitutional and Administrative Law in Hong Kong, Longman Asia Ltd. , 1993,第 44 页。

〔9〕　参见 Peter Wesley-Smith, Constitutional and Administrative Law in Hong Kong, Longman Asia Ltd. , 1993, 第 43 页。

文件有所抵触,否则会因违宪而被法院认定为无效[10]。

就《基本法》而言,其中的数条条款已清楚定明《基本法》在1997年后的香港法律体系中拥有最高地位。这主要从《基本法》的两个条文中能够反映出来。其一是《基本法》的第8条,它规定:"除与《基本法》相抵触外,香港原有法律即包括普通法、衡平法、条例、附属立法及习惯法均予以保留。"虽然这一条的主要目的是想说明香港原有的法律将会得到保留,但是同时也指出原有法律得到保留的前提是它们不得与《基本法》相冲突。这就是说,《基本法》的地位是高于香港所有的原有法律。其二是《基本法》第11条第2款,它规定:"香港特别行政区立法机关制定的任何法律,均不得同本法相冲突。"这一款说明香港特别行政区成立之后所制定的法律也不得与《基本法》相冲突。香港特别行政区的立法机关所制定的条例根据《基本法》第17条的规定,需要报全国人大常务委员会备案,全国人民代表大会常务委员会在征询其所属的香港特别行政区基本法委员会后,如认为香港特别行政区立法机关制定的任何法律不符合《基本法》关于中央管理的事务以及中央和香港特别行政区关系的条款的规定时,可将有关条例发回香港特别行政区,但是全国人大常务委员会不可以对相关的条例作任何修改。经全国人民代表大会常务委员会发回的条例立即失效。不过,该条例的失效,除香港特别行政区的法律另有规定外,并没有溯及力。

在香港,由于《基本法》在香港法律体制中所享有的最高的地位,任何机关的行为,包括立法行为和行政行为,都不可以违反《基本法》。否则,利益受到影响的当事人可以通过司法程序要求香港的法院对有关的行为是否违反《基本法》作出审查和判决。

三、《基本法》中与司法复核相关的宪法原则

(一)司法独立

在回归之前,应该说香港的司法制度一直都是维持着高度的独立性。虽然在回归前后,不少人对香港回归之后的司法机关的独立性是否会受到中央政府的影响有一些忧虑,但是回归十一年来的事实证明,香港的司法体系还是保持了它的独立性。

首先,《基本法》第2条和第19条都规定了香港特别行政区享有独立的司法权和终审权,第19条还规定:"香港特别行政区法院除继续保持香港原有法律制度和原则对法院审判权所作的限制外,对香港特别行政区所有的案件均有

---

[10]　参见 Peter Wesley-Smith, Constitutional and Administrative Law in Hong Kong, Longman Asia Ltd.，1993，第10—11页。

审判权。香港特别行政区法院对国防、外交等国家行为无管辖权。"司法独立原则的确立保证了香港特别行政区法院能够对除了国防和外交等国家行为之外的所有活动，包括对特别行政区政府的立法和行政活动，都具有管辖权。

司法独立的最根本的意义在于法院在行使司法权时，是不受任何其他机关的干涉和监督的。具体来说，香港特别行政区的行政机关和立法机关都不可以对法院的审判行为加以干涉，也不享有对法院的监督权。这一点与我国人民代表大会制度有实质性的区别。同样，香港特别行政区的任何社会团体和个人也不可以干涉法院独立行使司法权。中央行政机关、立法机关和司法机关也都不可以干涉香港特别行政区法院独立行使司法权[11]。

其次，为了维护司法的独立，香港《基本法》对法官的任免还作了特别的规定。根据《基本法》第88条的规定，香港特别行政区的法官，根据法官和法律界及其他方面知名人士组成的独立委员会推荐，由行政长官任命。该委员会共有九名成员，包括首席大法官（当然主席）、律政司司长、两名法官、一名律师会代表、一名大律师公会代表，以及三名非法律界的人士。任何决议皆必须有至少七位成员同意方可以通过。由于委员会中有掌管香港特别行政区检控、法律草拟，以及涉及政府的民事诉讼工作的律政司司长和三名由行政长官委任的非法律界人士，曾有人担心政府或会影响委任司法人员的独立性及客观性。不过，回归十一年来的实践证明，这一担心是多余的，香港特别行政区政府并没有这么做。而且，行政长官是完全采纳了由法律界人士组成的司法人员推荐委员会（Judicial Service Commission）的建议，并根据其建议任命法官，行政长官从来没有否决过该委员会的建议。另外，虽然高等法院法官及终审法院法官皆需征得立法会同意，事实证明，立法会也从来没有对法官的任命进行过任何干涉。

法官一旦被任命，就是终身制。只有在法官无力履行职责或行为不检的情况下，行政长官才可根据终审法院首席法官任命的不少于三名当地法官组成的审议庭的建议，将一法官免职。终审法院的首席法官只有在无力履行职责或行为不检的情况下，行政长官才可任命不少于五名当地法官组成的审议庭进行审议，并可根据其建议，依照香港《基本法》规定的程度予以免职。终审法院的法官和高等法院首席法官的任命和免职，还须由行政长官征得立法会同意，并报全国人大常委会备案[12]。

---

〔11〕　参见肖蔚云：《论香港基本法对香港特别行政区法治的保障》，2006年6月下载于：http://www.worldpublaw.sdu.edu.cn/xueren/index.php? modules＝show&id＝4632。

〔12〕　参见肖蔚云：《论香港基本法对香港特别行政区法治的保障》，2006年6月下载于：http://www.worldpublaw.sdu.edu.cn/xueren/index.php? modules＝show&id＝4632。

再次，任何法律案件一经法院受理后，政府各个部门、咨询团体、传播媒介等，都不可以干扰法庭的审讯，否则可以被控以藐视法庭罪。同样，任何案件在法院作出判决之后，诉讼各方当事人可以提起上诉。除此之外，任何机构、团体和个人都必须尊重法院的判决，不可以干涉法院判决的执行。

司法独立是否会受到全国人民代表大会常务委员会对《基本法》的解释的影响是一个具有争议的问题。根据《基本法》第158条的规定，中华人民共和国全国人民代表大会常务委员会有权解释《基本法》。但是全国人民代表大会常务委员会授权香港特区终审法院对关于香港特别行政区自治范围内的条款自行解释。香港特别行政区法院在审理案件时对《基本法》的其他条款也可解释。但如果香港特别行政区法院在审理案件时需要对《基本法》中关于中央人民政府管理的事务或中央和香港特别行政区关系的条款进行解释，而该条款的解释又影响到案件的判决，在对该案件作出不可上诉的终局判决前，应由香港特别行政区终审法院请全国人民代表大会常务委员会对有关条款作出解释。如全国人民代表大会常务委员会作出解释，香港特别行政区法院在引用该条款时，应以全国人民代表大会常务委员会的解释为准。但在此以前作出的判决不受影响。

《基本法》颁布至今，全国人大常委会三次对《基本法》作出了解释。第一次是在1999年应特区政府的要求，国务院根据中国宪法的授权提请全国人大常委会对《基本法》作出解释（其理由是终审法院的裁决对本港有重大影响）。第二次是在2004年全国人大常委会主动对《基本法》的附件中有关2007年、2008年香港特别行政区行政长官和立法会的选举是否可以是全民直选进行了解释。第三次是2005年对《基本法》第53条有关行政长官任期的解释。

香港有人认为，全国人大常委会对《基本法》的解释直接破坏了终审法院的终审权，进一步破坏了特区终审法院的司法独立和自治性。但是香港政府和另一些人则认为全国人大常委会的解释是基于香港回归以后宪制上的安排，并没有对香港法院的司法独立性构成任何影响。应该说，独立的司法制度对维护公民的权利极为重要。在独立的司法体制下，当在公民与政府或行政机关之间产生纠纷时，公民可以确保得到法院公正的审讯和判决，并且法院不会偏袒政府。回归十一年多来的司法实践证明，香港法院的司法独立并没有受到全国人民代表大会常务委员会对《基本法》解释的影响。而且全国人民代表大会常务委员会只是依法行使其职权，并没有干涉香港法院的司法独立。

（二）法治原则

虽然《基本法》没有明文规定法治原则，但是《基本法》中有些条文间接对法治原则及其主要内容作出了规定。例如，《基本法》第25条规定，"香港居民在法律面前一律平等"，而法律面前人人平等仍是法治原则最主要的内容之一。又如，《基本法》第64条规定，"香港特别行政区行政机关必须遵守法律……"。这一条进一步说明，不仅香港的居民，而且香港政府，特别是行政机关，都得遵守香港的法律，行政机关在法律面前并不享有任何特权。

法治原则要求任何一个政府机构在作出任何一个会影响他人权利和自由的决定时，都要能够证明它的决定是得到法律授权而作出的。这是合法性原则的要求。除此之外，法治原则还要求政府在行使法律所赋予的自由裁量权时必须根据一套规则和原则来进行。否则，立法机关可以通过立法赋予行政机关不受任何限制的自由裁量权，其结果将是政府的任何行为都符合合法性原则，这显然是有悖于法治原则的。

四、宪法原则与司法复核

法治原则要求行政机关与普通居民一样，都必须得遵守香港特别行政区的法律，包括成文法和普通法（判例法）。司法独立原则保证，普通居民、社会团体和法人对行政机关的任何行为的合法性有质疑时，可以向法院提起诉讼，由法院对上述行为的合法性作出判决，任何其他机关和个人都不得对法院的判决有任何干涉。而《基本法》的最高法律地位则决定了不仅行政机关，而且香港特别行政区的立法机关也得遵守《基本法》的规定，任何人若对立法机关的立法是否符合《基本法》有疑问时，也可以通过向法院提起诉讼的方式，由法院对立法机关立法的合宪性作出判决。因此，我们可以说，在香港，《基本法》的最高法律地位、法治原则，以及司法独立原则，是香港行政诉讼法的宪法性原则基础[13]。

---

〔13〕　在英国，韦德认为议会主权、法治原则和三权分立原则是英国行政法的宪法原则。参见：Wade and Forsyth, Administrative Law, 9ᵗʰ edition, Oxford University Press，第8—9页。

第二章　香港特别行政区的司法体制

一、原有制度的保留

萧蔚云教授认为,"比较完善的法律制度要得到真正的实行,还必须有比较良好的司法制度。所以司法制度和法律制度又是密切相连的。香港原有的司法制度比较完善,适应香港社会的需要和经济的发展,没有必要改变原有的司法制度"[1]。这就是为什么《联合声明》第 3 条第 1 段规定"香港特别行政区成立后,除因香港特别行政区法院享有终审权而产生的变化外,原在香港实行的司法体制予以保留"。《联合声明》的这一规定通过《基本法》的第 81 条得到了细化。该条规定:"香港特别行政区设立终审法院、高等法院、区域法院、裁判署法庭和其他专门法庭。高等法院设上诉法庭和原讼法庭。原在香港实行的司法体制,除因设立香港特别行政区终审法院而产生变化外,予以保留。"

在回归以前,作为英国的一个殖民地,香港的法院没有终审权。当时最高的司法机构是英国枢密院(Privy Council)的司法委员会。香港所有的案件若是得到上诉法庭或者是枢密院的司法委员会的上诉许可的话,最终可以上诉到枢密院的司法委员会。在回归之后,由于香港的主权从英国移交给了中国,这一宪制上的变化使得枢密院的司法委员会再不能继续作为香港的终审法院,而必须由中国决定香港的终审权由哪个法院行使。《基本法》第 81 条规定 1997 年后在香港设立终审法院,享有终审权。

终审法院的设立是香港特别行政区司法制度在香港回归之后最大的变化,这赋予了香港特别行政区的法院对其管辖范围内的案件可以作出终审判决。中华人民共和国最高法院不对香港行使终审管辖权。除此之外,《基本法》保留了香港原有的司法体制,只是对原有的一些法院的名称作出了适当的改变。原

---

[1] 参见肖蔚云:《论香港基本法对香港特别行政区法治的保障》,2006 年 6 月下载于:http://www.worldpublaw.sdu.edu.cn/xueren/index.php? modules＝show&id＝4632。

有的香港最高法院已经不再是最高法院,所以改称为高等法院,原来最高法院中的上诉法庭改称为高等法院上诉法庭,原来最高法院中的高等法院改称为高等法院原讼法庭,原有的地方法院改称为区域法院。裁判署法庭和其他专门法庭的名称则没有任何改变。

诉讼制度是香港司法体制的重要组成部分,它是维护司法公正和当事人的合法权益的重要制度,也是实行法治原则的重要保障。因此,《基本法》十分重视香港原有的、行之有效的诉讼制度,并明确规定,为了维护香港的法治,原有诉讼制度基本予以保留[2]。保留原有的司法体制基本不变,不仅有利于香港政权的平稳交接和顺利过渡,而且有利于香港特别行政区的法治[3]。

二、香港法院的设置

香港的法院从上到下包括:终审法院(Court of Final Appeal)、高等法院(High Court)、区域法院(District Court)和裁判署法庭(Magistracy)。而高等法院又包括上诉法庭(Court of Appeal)和原讼法庭(Court of First Instance)。在正式的法院体制之外,还有一些准法庭性质的审裁处:包括土地审裁处(Lands Tribunal)、劳资审裁处(Labour Tribunal)、小额钱债审裁处(Small Claims Tribunal)等。这些审裁处虽然不属于正式的法院体制之内,但是由于它们在日常生活中被广泛地使用,在普通百姓眼中,这三个审裁处通常都被视为法院体制的一部分。这些审裁处的审裁官也都是由具有五年以上工作经验的大律师或者事务律师来担任,而土地审裁处的主席必须是高等法院的法官。因此,在介绍法院体系时一般都会同时介绍这些审裁处。

香港法院加上这三个审裁处相互之间的关系可图示如下。

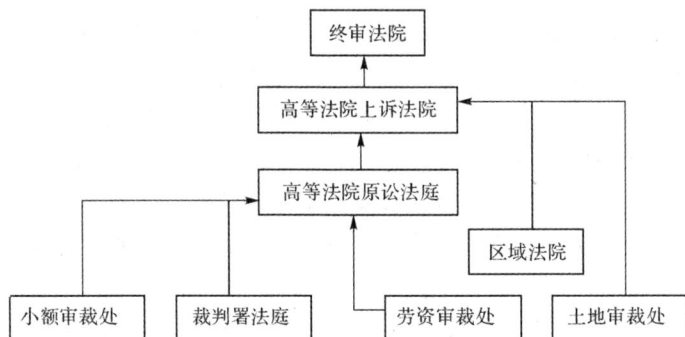

---

〔2〕 参见肖蔚云:《论香港基本法对香港特别行政区法治的保障》,2006 年 6 月下载于:http://www.worldpublaw.sdu.edu.cn/xueren/index.php?modules=show&id=4632。

〔3〕 参见肖蔚云:《论香港基本法对香港特别行政区法治的保障》,2006 年 6 月下载于:http://www.worldpublaw.sdu.edu.cn/xueren/index.php?modules=show&id=4632。

所有的法院可以根据不同的标准来加以分类，其目的是为了更好地了解法院的性质和职能。若根据法院所行使的管辖权来把法院加以分类的话，香港法院可以分为三类。第一类是只受理上诉案件的法院。这一类法院在香港有两个，一个是终审法院，另一个是高等法院上诉法庭。这两个法院不受理第一审案件。第二类是只受理一审案件的法院。这一类法院在香港也有两个，包括区域法院和裁判署法院。第三类是既受理一审案件，也受理上诉案件的法院，这一类法院在香港只有一个，那就是高等法院原讼法庭。另一分类办法是根据法院的管辖是否受到限制来分，若一个法院的管辖权受到限制的话，那么该法院通常被称为低级法院（inferior courts），这一类法院包括区域法院和裁判署法院。若一个法院的管辖权不受到任何限制的话，那么该法院通常被称为高级法院（superior courts），这一类法院具体包括终审法院，高等法院的上诉法庭和原讼法庭。

由于每一个法院都有不同的功能，并分别处理不同严重程度的案件，现将每个法院的职能作一简单的介绍。

（一）终审法院

终审法院是香港特别行政区的最高上诉法庭，它是根据《基本法》的规定所设立的。终审法院的司法管辖权的具体范围由《香港终审法院条例》（香港法例第 484 章）及其他相关的条例加以规定。终审法院由首席法官和三名常任法官所组成。在需要时，终审法院可以邀请非常任香港法官参加终审法院的审判，也可以邀请其他普通法适用地区的法官参加终审法院的审判[4]。终审法院可聆讯民事上诉和刑事上诉的案件。终审法院可确认、推翻或更改上诉所针对的法院决定，或将有关事项发还该法院处理并附上终审法院的指引意见，或对有关事项作出它认为适当的其他命令，包括就讼费作出命令[5]。

就刑事上诉案件的上诉权而言，对于在任何刑事案件或事项中由法律程序的任何一方所提出的针对上诉法庭的最终决定，或针对原讼法庭不能向上诉法庭提出上诉的最终决定（并不包括陪审团的裁决）的上诉，终审法院须酌情决定是否受理[6]。换句话说，终审法院有权决定是否受理当事人向终审法院提出的刑事上诉案件。

就民事上诉案件的上诉权而言，法律规定有两种，一种是当然权利上诉，另一种是酌情上诉。如上诉是针对上诉法庭就任何民事讼案或事项所作的最终

---

〔4〕 参见《香港终审法院条例》第 5 条。
〔5〕 参见《香港终审法院条例》第 17(1) 条。
〔6〕 参见《香港终审法院条例》第 31 条。

判决而提出的,而上诉争议的事项所涉及的款额或价值达 100 万元港币或以上,或上诉是直接或间接涉及对财产的诉讼请求或有关财产的问题,或直接或间接涉及民事权利,而所涉及的款额或价值达 100 万元港币或以上,则终审法院须视提出该上诉为一项当然权利而受理该上诉。如上诉是就上诉法庭就任何民事案件或事项所作的其他判决而提出的,不论是最终判决或非正审判决,而上诉法庭或终审法院(视属何情况而定)认为上诉所涉及的问题具有重大广泛的或关乎公众的重要性的法律论点,或因其他理由,以致应交由终审法院裁决,则上诉法庭或终审法院须酌情决定终审法院是否受理该上诉[7]。简而言之,在除了当然权利上诉之外的任何其他的民事上诉案件中,上诉法庭或终审法院都需行使其酌情权以决定应否由终审法院受理该上诉案件。

向终审法院提出的任何民事和刑事上诉案件都必须取得上诉法庭或终审法院的上诉许可,否则终审法院不予受理。如提出的某一上诉案件涉及的是一项当然的权利,则有关法院不得拒绝给予上诉许可,而需首先按照《香港终审法院条例》第 25 条给予有条件的许可[8]。若一上诉案件并不属于当然上诉权利范围之内,那么就必须得到上诉许可。就终审法院而言,上诉许可的申请由上诉委员会聆讯。上诉委员会成员包括首席法官及两名由首席法官委派的常任法官,或三名由首席法官委派的常任法官[9]。若上诉法庭或原讼法庭(视属何情况而定)证明有关案件的决定是涉及具有重大而广泛的重要性的法律论点,或显示曾有实质及严重的不公平情况,终审法院将给予上诉许可。若上诉法庭或原讼法庭拒绝作出上述证明,当事人可以直接向终审法院申请上诉许可,而终审法院可以受理该申请,作出上述证明,并给予上诉许可[10]。上诉委员会的决定是最终决定,任何人不得对其决定提出上诉[11]。

(二)高等法院上诉法庭

高等法院上诉法庭的组成和其管辖权由《高等法院条例》(香港法例第 4 章)所规定。上诉法庭由高等法院首席法官和香港特别行政区行政长官委任的上诉法庭法官组成。高等法院首席法官可委任一名或多于一名上诉法庭法官为上诉法庭副庭长。原讼法庭法官应终审法院首席法官之请,可以上诉法庭额外法官身份进行聆讯,而在该情况下他具有上诉法庭法官的所有司法管辖权、

---

[7]　参见《香港终审法院条例》第 22 条。另外该条还规定了一些其他的酌情上诉的情况。

[8]　参见《香港终审法院条例》第 23 条。

[9]　参见《香港终审法院条例》第 18(1)条。

[10]　参见《香港终审法院条例》第 32 条。

[11]　参见《香港终审法院条例》第 18(3)条。

权力及特权。高等法院首席法官是上诉法庭庭长，在他缺席时，由其他上诉庭法官按照法律规定的排名次序来决定担任庭长职位的人选[12]。上诉法庭是高级记录法院。

上诉法庭的民事司法管辖来自以下三个方面：(i)对原讼法庭在任何民事讼案或事宜中作出的任何判决或命令的上诉；(ii)根据《区域法院条例》(香港法例第336章)第63条提出的上诉；(iii)任何其他由条例赋予上诉法庭的司法管辖权[13]。

上诉法庭的刑事司法管辖权来自以下六个方面：(i)根据《刑事诉讼程序条例》(香港法例第221章)第四部分对原讼法庭或区域法院的上诉；(ii)来自原讼法庭在行使根据《高等法院条例》第21I(1)条赋予原讼法庭的权力时作出的关于刑事讼案或事宜的判决或命令的上诉；(iii)对根据《刑事诉讼程序条例》第81(1)条保留以待上诉法庭考虑的法律问题的考虑；(iv)对律政司司长根据《刑事诉讼程序条例》第81A(1)条提出的对任何判刑的复核申请的考虑，和对律政司司长根据《刑事诉讼程序条例》第81D条转交的法律问题的考虑；(v)根据《区域法院条例》第84条来自区域法院的以案件陈述(case stated)方式提出的上诉；(vi)任何其他由条例赋予上诉法庭的司法管辖权，例如来自土地审裁处的上诉案件[14]。

上诉法庭是除终审法院以外，香港特别行政区最高的上诉法庭，而上诉程序、期限及上诉案件都会因原审法庭的不同而有所区别。

(三)高等法院原讼法庭

高等法院原讼法庭的组成和其管辖权也是由《高等法院条例》(香港法例第4章)所规定。原讼法庭由高等法院首席法官，香港特别行政区行政长官所委任的法官，香港特别行政区行政长官所委任的特委法官，及终审法院首席法官委任的暂委法官所组成。凡原讼法庭的事务有此需要，上诉法庭法官可在原讼法庭开庭并以原讼法庭法官身份行事，而在该情况下他具有原讼法庭法官的所有司法管辖权、权力及特权[15]。原讼法庭是高级纪录法院。

原讼法庭的民事司法管辖权由以下两个方面组成：(i)与英格兰高等法院的大法官法庭、家事法庭及皇座法庭所具有并行使的原讼司法管辖权及权限的性质及范围相类似的原讼司法管辖权及权限；(ii)任何其他由条例赋予高等法院

---

〔12〕 参见《高等法院条例》第5条。

〔13〕 参见《高等法院条例》第13(2)条。

〔14〕 参见《高等法院条例》第13(3)条。

〔15〕 参见《高等法院条例》第4条。

的司法管辖权,不论是原讼或上诉司法管辖权[16]。

原讼法庭的刑事司法管辖权也是由两个方面组成:(i)与分别由英格兰高等法院及皇室法庭就刑事事宜所具有并行使的原讼司法管辖权的性质及范围相类似的原讼司法管辖权;以及(ii)任何其他由条例赋予高等法院的司法管辖权,不论是原讼或上诉司法管辖权[17]。

高等法院原讼法庭的审裁权,在民事和刑事案件方面,均无限制。此外,该法庭亦有权审裁有关破产、公司清盘、领养、遗嘱认证及精神健康等案件。最严重的刑事案件,如谋杀、误杀、强奸、持械行劫、复杂商业骗案和涉及大量毒品案件,均由原讼法庭法官会同陪审员审讯。

陪审团人数通常为七人,但法官可颁令组成一个九人陪审团。陪审团成员由在香港特别行政区已登记的懂英语的居民的陪审团名单中抽选出来。主控官和辩护律师以及其他证人等在作供之后,由主审法官向陪审团总结该案实情,并向陪审团解释法律,具体包括如何应属有罪、如何应属无罪。主审法官的职责是负责法律的解释和说明,并就法律问题作出决定。陪审团在聆听了主审官对法律的解释和说明之后,退庭商议。陪审团的最重要的任务是就事实,而不是法律,作出决定。具体来说,被告是否有罪是由陪审团作出决定。如果陪审团至少五人认为被告有罪,主审法官将根据陪审团意见,宣布被告罪名成立。在决定被告犯谋杀罪时,由于谋杀是香港最严重的罪刑,因此陪审团的意见必须一致。

(四)区域法院

区域法院的组成和其管辖权是由《区域法院条例》(香港法例第 336 章)所规定。区域法院为纪录法院,具有《区域法院条例》及当其时有效的任何其他成文法赋予区域法院的民事及刑事司法管辖权及权力。其时有效的任何其他成文法所赋予的司法管辖权及权力只受该等成文法所订定的限制所规限[18]。区域法院由两名或多于两名法官组成,他们被称为区域法院法官。区域法院法官须由行政长官以盖有公印的文书委任。这些委任,可在藉以作出该委任的文书的日期前的某一日期开始生效[19]。

区域法院的管辖权由《区域法院条例》所规定。就民事案件而言,凡在任何基于合约、准合约或侵权行为而提出的诉讼中,原告人要求赔偿的款额不超过

---

[16]　参见《高等法院条例》第 12 条。
[17]　参见《高等法院条例》第 12 条。
[18]　参见《区域法院条例》第 3 条。
[19]　参见《区域法院条例》第 4 条。

100万元港币，区域法院具有聆讯和裁定该诉讼的司法管辖权。凡藉互争权利诉讼进行的法律程序所争议事宜的款额或价值不超过100万元港币，区域法院具有聆讯和裁定该法律程序的司法管辖权[20]。对于为追讨凭借当其时有效的成文法可追讨的任何罚金、开支、分担或其他同类索偿的任何诉讼，以及为追讨成文法宣告为可作民事债项追讨的款项的诉讼，区域法院均具有司法管辖权予以聆讯和裁定[21]。不过这一管辖权的行使有两个条件：其一是该成文法或其他成文法并无明文规定该索偿只可在某其他法院追讨；其二是在该诉讼中所要求赔偿的款额不超过100万元港币[22]。凡土地的每年租金或按照《差饷条例》（香港法例第116章）确定的应课差饷租值，或其年值（以最低者为准）不超过24万元港币，区域法院具有聆讯和裁定收回该土地的诉讼的司法管辖权。另外，就属地役权或特许的问题而言，若有人声称对有关土地享有地役权、特许权，或任何其他的涉及土地的权益，并提起诉讼，区域法院享有司法管辖权[23]。

另外，一些本来应该由高等法院原讼法庭管辖的案件，若案件所涉及的款额或价值在《区域法院条例》第37条第2款所规定的最高限额之下时，区域法院具有原讼法庭聆讯和裁定这些法律程序的司法管辖权。具体包括：(a)为管理某死者的遗产或与此有关而进行的法律程序；(b)为执行某项信托或宣告某项信托存在而进行的法律程序，或根据《更改信托条例》（香港法例第253章）第3条进行的法律程序；(c)为止赎或赎回按揭而进行的法律程序，或为强制执行押记或留置权而进行的法律程序；(d)为强制履行或更正、撤销、交付或取消任何出售、购买或租赁财产的协议而进行的法律程序；(e)为幼年人的赡养费或预付受托财产而进行的法律程序；(f)为合伙的解散或清盘而进行的法律程序，不论该合伙的存在是否受争议；(g)为寻求针对欺诈或过失的济助而进行的法律程序[24]。

就刑事案件的管辖权而言，严重的罪案由较高层次的法庭处理。区域法院受理的刑事案件，通常比裁判署法院为严重，但较高等法院原讼法庭为轻。区域法院在审讯较轻微案件时，无需陪审团出席。区域法院可审判较为严重的案件，但谋杀、误杀和强奸等严重案件则除外。区域法院所判监禁刑期不得超过7年。

区域法院可主动或应任何一方的申请，命令将属区域法院司法管辖权范围

---

[20]　参见《区域法院条例》第32条。
[21]　参见《区域法院条例》第33条。
[22]　参见《区域法院条例》第33条。
[23]　参见《区域法院条例》第35条和第36条。
[24]　参见《区域法院条例》第37条。

以内的整项诉讼或法律程序或其中某一部分,移交原讼法庭[25]。

目前全港只有一个区域法院,在湾仔。另一方面,区域法院亦设有家事法庭,负责处理与家庭有关的诉讼,包括离婚、领养等事宜。

(五)裁判署法院

裁判署法院是根据《裁判官条例》(香港法例第 227 章)而设立的。它们处理全港达九成以上的刑事案件。因此,裁判署法院可以说是香港整个司法制度中,特别是刑事司法制度中,非常重要的一环。裁判署法院处理的案件,都是一些轻微的罪行,通常被称为"简易罪行"(summary offences),例如少量的金钱偷窃、打架、公众地方行为不检、无牌小贩、违反交通条例等。这些案件主要是由《简易程序治罪条例》(香港法例第 228 章)加以规定。裁判官判处的案件,一般刑罚是监禁 2 年或罚款 10 万元港币,但有多条例赋予裁判官有权判处高至 3 年的刑期及较大额罚款,最高达 500 万元港币。

(六)劳资审裁处

劳资审裁处(Labour Tribunal)是根据《劳资审裁处条例》(香港法例第 25 章)于 1973 年成立的。其目的是为了解决劳资双方的金钱纠纷。在劳资审裁处提出的索偿款额并无上限。劳资审裁处的管辖权包括:处理劳方的赔偿要求,处理有关违反《雇佣条例》(香港法例第 57 章)及《学徒制度条例》(香港法例第 47 章)的个案,包括在香港履行的雇佣合约或学徒契约,以及根据《往香港以外地区就业合约条例》(香港法例第 78 章)而在香港以外履行的海外雇佣合约。

常见的雇主提起的案件主要有两种:雇员辞职或终止雇佣合约时未通知雇主的代通知金。而由雇员所提起的案件的种类则非常之多,诸如欠薪;被解雇时,雇主没有发放代通知金;雇主违反雇佣条例规定扣减其工资;雇主不发放法定假期工资、年假工资、疾病津贴、遣散费、年终花红,以及佣金等。

当事人必须在事件发生后 12 个月内提出赔偿要求,而劳资审裁处必须在收到申请后 10 日之内提交事件报告。在聆讯期间,审裁主任有权传召证人及要求呈送有关文件。审讯过程公开,但是双方皆不可以聘请律师作为其代表。其主要原因是劳资审裁处的审讯为非正式的法律程序,因此要保持其快捷、简单、非正式化的特点。劳资任何一方如果对劳资审裁处的判决不满的话,都可以要求在 14 日内重判。如果劳资任何一方认为劳资审裁处犯了法律上的错误、或者有越权行为、或者是接受了虚假的誓言的话,那么可以在收到审裁处的判决后 7 日之内向高等法院的原讼法庭提出上诉。

---

〔25〕　参见《区域法院条例》第 42 条。

（七）土地审裁处

土地审裁处（Lands Tribunal）是根据《土地审裁处条例》（香港法例第 17 章）于 1982 年 6 月成立的。它取代了 1974 年成立的租务审裁处。根据《土地审裁处条例》的规定，土地审裁处的职权主要分为四项：(1)在政府或其他人士强制收回土地，或土地因公、私土地发展而致减值时，裁定政府或有关人士应给予受影响人士之赔偿额；(2)审裁处拥有上诉审裁权，审裁涉及差饷物业估价署署长及房屋署署长的决定而提出的上诉；(3)审理与《业主与租客（综合）条例》（香港法例第 7 章）有关案件。审裁处可就加租证明书、收楼及因收楼引起的赔偿问题颁布有关命令、批准订立新租约及裁定市面租值；(4)就《建筑物管理条例》（香港法例第 334 章）指明有关大厦管理事项和纠纷，进行聆讯及作出裁定。

从制度的设计出发，立法的意图是希望保持土地审裁处的程序简化、收费便宜，以及较高的效率。但是事实上，从最近几年土地审裁处的实践来看，其效率并没有比高等法院原讼法庭高很多，有些案件要审理很长的时间。当事人所花的费用也不比到高等法院原讼法庭的诉讼费用低。土地审裁处的审裁官由区域法院法官出任。如果当事人双方任何一方对土地审裁处的决定不满的话，可以向高等法院的上诉庭提出上诉。

（八）小额钱债审裁处

小额钱债审裁处（Small Claims Tribunal）是根据《小额钱债审裁处条例》（香港法例第 338 章）的规定所设立的，审理款额不低于 50 元、不超过 5 万元的钱债案件的审裁处。诉讼双方不得有律师代表，但是申请人可以向审裁处申请由除律师以外的其他人代表他出庭。在得到审裁处的批准之后，当事人才可以授权其他人士代表他出庭。任何一方当事人若不服审裁处的判决，可于收到判决后 7 日之内向高等法院原讼法庭提出上诉。

第三章　香港司法复核制度概述

一、英国司法复核制度与香港司法复核制度之间的关系

英国早在 1984 年就把英国的法律适用于当时居住在香港的英国公民和其他外国人,但是并不适用于当时居住在香港的中国公民[1]。到了 1843 年,英国政府在香港设立了立法机关:即港督。当时的宪制性文件《英皇制诰》,要求港督在制定条例时必须咨询立法局的意见,并根据立法局的意见而立法。港督于 1844 年制定了《最高法院条例》(Supreme Ourt Ordinance(No. 15 of 1844)),该条例第 3 条规定在香港全面适用英国的法律[2]。但是 1844 年的条例并没有规定英国的法律从何时开始在香港适用。两年后,经修改后的《最高法院条例》第 3 条对时间作出了规定。其后,1845 年通过的《最高法院条例》第 5 条对原条例中的条文又作了修改,规定英国法律从 1843 年 4 月 5 日起在香港适用[3]。1966 年,香港的立法机关通过了《英国法律适用条例》(Application of English Laws Ordinance)。该条例对原《最高法院条例》中的规定又作了修改,并于该条例第 3 条规定,英国的普通法和衡平法只要是可以适用于香港当地的情况和香港居民的,将继续在香港适用。不过若当地的情形有所需要,可以对英国的普通法和衡平法加以修改,然后再适用于香港。

行政诉讼在英国又被称为司法复核(judicial review),而司法复核又是普通

---

[1] 参见 Peter Wesley-Smith, The Sources of Hong Kong Law, Hong Kong, Hong Kong University Press,1994,第 87 页。

[2] 参见 Peter Wesley-Smith, The Sources of Hong Kong Law, Hong Kong, Hong Kong University Press,1994,第 89—90 页。

[3] 但是有两个条件,一是若英国法律不符合香港这一殖民地及其居民的当地情况时,英国法律就不适用;二是若英国的法律已经被香港本地的立法机关所通过的法律加以修改,那么英国法律也不适用。参见 1873《最高法院条例》第 5 条。参见注 47,第 90 页。

法的有机组成部分。香港立法机关通过它所制定的上述本地立法把英国的司法复核制度移植到了香港。根据 1966 年《英国法律适用条例》,英国的判例,包括司法复核的判例,在香港是具有拘束力的。另外,香港所有案件,包括司法复核案件的终审权是在英国的枢密院。因此,我们想要对香港的司法复核制度的历史沿革有全面、深入的了解的话,就一定要知道英国司法复核制度的历史沿革。

二、英国行政法的历史发展

英国现代意义上的行政法的历史发展可以大致分为三个阶段:从 17 世纪下半叶到 19 世纪末为行政法的形成期;从 19 世纪末到 20 世纪 50 年代为行政法的停滞期;从 20 世纪 60 年代到现在是现代行政法的发展和成熟期。

(一)形成期

英国行政法学学者韦德(Wade)和佛西斯(Forsyth)认为,英国行政法的历史很长,但是现代意义上的行政法是 17 世纪下半叶才开始出现的。司法复核的有些基本原则可以追溯到这一时期,而另一些原则,例如自然公正原则(principles of natural justice)的历史那就更加悠久[4]。具体来说,在 1688 年革命之后,正式开始了由皇座法院(the Court of King's Bench)对行政进行控制的时代。任何人若想对太平绅士或者其他机构的行政行为的合法性提出挑战的话,可以向皇座法院提出,并由它作出判决。皇座法院可以对太平绅士或者其他行政机关颁发履行义务令(writ of mandamus)、禁止令(writ of prohibition)或移审令(writ of certiorari),也可以给予申请人普通的救济,例如赔偿金(damages)。在 18 世纪,太平绅士在管理地方事务方面起到了非常重要的作用。在 19 世纪,太平绅士在管理地方事务方面的职能基本上都转交给了通过选举而产生的地方机构。在这段时间内,法院一直在扩展越权原则(doctrine of ultra vires)和司法复核的原则。这些原则毫无例外地适用于所有新的法定机构,诸如县委员会(county councils)、工程委员会(boards of works)、学校委员会(school boards),以及各种政府特派专员(commissioners)。当行政国家(administrative state)在 19 世纪后期开始出现时,完全一样的原则被应用到中央政府部门身上。这些法律也就是我们所讨论的,现在还一直在发展的司法复核的法律。因此,我们今天所讨论的英国的行政法,或者司法复核,是从 17 世纪下半叶一直延续发展到今天的。而 18 世纪更是典型的法治时期,

---

〔4〕 参见 Wade and Forsyth, Administrative Law, Oxford University Press, 第九版,第 13 页。

因而提供了非常相宜的环境,使得对行政权进行司法控制的司法复核的基础能够得到巩固[5]。直到 19 世纪末,英国司法复核的发展一直与国家权力的扩张保持同步。

在 1888 年,梅特兰德(Maitland)教授已经指出,"如果你翻开任何一本英国高等法院的皇座法院(Queen's Bench Division)的现代案例汇编,你将会发现其中大约有一半的案例是涉及行政法规则的;我指的是诸如地方税务、地方委员会(部门)的权力、给各类贸易和专业发放许可证、公共卫生法,以及教育法等等"[6]。

遗憾的是他的忠告当时并没有得到重视。在那个年代,没有任何有关行政法的专著出版。若他的忠告得到学者的响应的话,能够把行政法的发展加以归纳和总结,并对行政法的理论加以研究的话,那么很有可能到 20 世纪初时,具有理论支持的英国行政法就不会进入停滞期。

(二)停滞期

但是到 20 世纪,英国司法复核的发展就开始落后了。韦德等学者认为法院似乎对自己宪制上的职能开始失去了信心,对于同步发展新的规则来跟上大量的新的规管性立法的出现也显得犹豫不决。例如,法定调查(statutory inquiry)在 20 世纪初是一种新出现的行政程序,它理应遵从普通人所理解的公平原则,即自然公正原则,但是上议院 1914 年在一个终审案件中却没有把自然公正原则适用于法定调查程序。该错误直到 1958 年才由议会通过立法,以及行政机构的让步才得到纠正。与此同时,议会对部长们也失去了控制。在这两种因素的影响下,法律不能完成其确保行政权的行使是符合公平标准的任务这一问题显得更加明显。

1932 年关于部长权力的报告的目的就是为了平息公众对官僚作风的投诉。但是该报告只包括了部长权力中的授权立法权和司法以及准司法决定权。该报告根本没有讨论司法控制行政的范围应该达到什么程度,也没有讨论自然公正原则适用的范围应该有多广。在这种情况下,人们对行政程序的不满持续上升。而真正所需要的实质性的改革是直到 1958 年《关于行政裁判署和行政调

---

〔5〕 参见 Wade and Forsyth, Administrative Law, Oxford University Press,第九版,第 14 页。

〔6〕 "If you take up a modern volume of the reports of the Queen's Bench Division, you will find that about half the cases reported have to do with rules of administrative law; I mean such matters as local rating, the powers of local boards, the granting of licences for various trades and professions, the Public Health Acts, the Education Acts, and so forth"。参见 Maitland, Constitutional History of England (1955 reprint),第 505 页。

查委员会的报告》(the Report of the Committee on Administrative Tribunals and Enquiries (the Franks Committee)) 的出台才出现。该报告导致了《1958 裁判署与调查法》(the Tribunals and Inquiries Act 1958) 的颁布以及一系列的行政程序改革。但是值得指出的是，所以这些改革都不是在法院的主导下进行的，而是由行政和立法机关所作出的。

第二次世界大战期间以及其后的一段时间内，司法复核在英国是处于几个世纪以来最低谷的时期。韦德认为，法院和律师专业团体似乎已经忘记了他们的前任和先人在司法复核方面所取得的成就，他们对于持续几个世纪以来要求政府遵守法律的工作也失去了欲望。虽然我们完全可以理解在战争时期行政权是至高无上的，但是随着福利社会的诞生而产生了许多新的权力和新的管辖权。二战后的英国理应是处于最需要行政法的时候，但是行政法却没有得到复生，这就让人有点不能理解了。在这段时间内，行政法的原则完全被忽略了，议会赋予了部长们可以作出任何行政行为的权力[7]。

另外，19 世纪末和 20 世纪初英国行政法的不发达与学者和社会对戴雪 (Dicey) 的误解也有一定的关系。有好几代的律师受到的教育都让他们认为，戴雪的观点是，行政法是与英国的宪法不相容的。这主要是因为戴雪在其名著《英宪精义》(The Law of the Constitution) 中指出，行政法对英国宪法来说完全是舶来品，是与法治原则、普通法，以及和我们所理解的宪法所赋予的自由完全不相协调的。这一观点影响了好几代的律师。但是韦德认为，这其实是对戴雪的误解，因为戴雪所说的行政法是从法文中翻译过来的，也就是说戴雪所指的法国那种意义上的行政法是与英国的宪法相冲突的，而非指英国法中大家所理解的行政法，即司法复核。

(三) 发展成熟期

直到 20 世纪 60 年代，司法界的态度才发生了根本性的改变。并认识到对行政原则的忽略已经对唯一能够对抗行政机关滥用权力的程序造成了严重的损害。回顾历史，我们可以发现英国司法态度发生改变的转折点是 1963 年上议院所判决的一个案例 (Ridge v. Baldwin)[8]。在此案中，上议院使得自然公正原则得到了复生。但是锐德大法官 (Lord Reid) 在其判词中指出，英国当时还没有一个发展完善的行政法体制。从那以后，英国法院完全进入了一种崭新的状态。通过随后的一系列判例，法院在不断推动英国行政法的发展。到 1971

---

〔7〕 参见 Wade and Forsyth，Administrative Law，Oxford University Press，第九版，第 16 页。

〔8〕 参见［1964］AC 40。

年时,丹宁大法官(Lord Denning)在一个案件的判词中指出,他认为当时可以真正说英国已经具有了一个完善的行政法体制[9]。到了 20 世纪 80 年代初时,迪普洛克大法官(Lord Diplock)认为,"行政法整个体系的发展和完善的过程是他自己整个司法生涯中英国法院最伟大的成就"[10]。

上述几位上议院的大法官无疑都对英国行政法的发展作出了卓越的贡献。韦德认为,他们的贡献主要是在于把行政法的发展重新引回了几个世纪以来发展的方向,而不是有任何新的偏离[11]。

三、香港行政诉讼制度的历史发展

香港的司法复核在 20 世纪 70 年代后期进入了一个新的台阶。有学者在 1993 年作过统计,虽然在香港可以找到在 20 世纪 50 年代的司法复核案件,但是超过 90% 的司法复核的案例都是在 1950 年之后审理的。而 20 世纪 80 年代香港法院所受理的司法复核案件就超过了 50 年代到 70 年代受理的所有司法复核案件的总和。之所以如此,是因为香港在 20 世纪 50 年代进入了工业革命时期。在 1991 年香港法律判例汇编(HKLR)所报道的一个案件中,法官提供了以下数据:1988 年总共有 29 个司法复核申请,其中 26 个得到了法院的许可,可以进入正式审理阶段,4 件案件最后胜诉。在 1990 年,共有 75 件司法复核申请,其中 62 件得到法院的许可,最后有 9 件胜诉[12]。

根据司法机关所提供的资料,高等法院原讼法庭从 1999 年至 2005 年每年所收到的司法复核申请的数量分别为:147 件(1999 年)、2752 件(2000 年)、3848 件(2001 年)、204 件(2002 年)、131 件(2003 年)、150 件(2004 年)和 125 件(至 2005 年 10 月)。之后每年差不多都有 100 多件司法复核的案件。从这些数据可以看出,2000 年和 2001 年这两年司法复核申请的数量比其他年份要多得多。这主要是因为终审法院在居港权案件中作出判决后,全国人大常委会于 1999 年对《基本法》作出了第一次解释,并明确规定该解释不具有溯及力。这导致了许多人因为担心没有提起司法复核申请而丧失居港权而纷纷提出司法复核。可以说,这两年司法复核申请的大幅度上升是有特殊原因的。而在这

---

[9] 参见 Breen v. Amalgamated Engineering Union [1971] 2 QB 175,第 189 页。

[10] 参见 R. v. Inland Revenue Cmrs ex p. National Federation of Self-Employed and Small Business Ltd. [1982] AC 617。

[11] 参见 Wade and Forsyth, Administrative Law, Oxford University Press,第九版,第 17 页。

[12] 参见 Re Sun Tat-man [1991] 2 HKLR 601, 613,引用于 Clark & McCoy, Hong Kong Administrative Law, second edition, Butterworths Asia, 1993,第 1 页。

段时间内其他年份的司法复核申请的数量基本是保持平稳，在 130 件到 200 件左右。同 1990 年相比，差不多有 1 倍左右的升幅。2005 年下半年刚开始不久时，香港高等法院原讼法庭一个专门负责司法复核案件的法官夏振民（Hartmann）下半年的档期已经全部排满了。由此可见，司法复核案件在 10 年时间内增长了 1 倍，然后就基本上保持平稳。

香港司法复核制度这种历史发展历程是与香港 20 世纪 50 年代后行政管理体制的发展和变化密切相关的。在 20 世纪 50 年代和 60 年代，香港政府虽然对经济有所干预，但是幅度并不是太大。因此司法复核案件的数量也不多。香港政府对经济干预的高峰期是 20 世纪 70 年代到 90 年代，其主要表现为政府立法的数量非常大，其中在 1970 年和 1990 年，政府分别颁布了 105 部条例和 106 部条例，当中包括已颁布条例的修正案。有数据证明 20 世纪 70 年代所爆发的立法潮随后就开始下降了。其具体表现为，在 20 世纪 70 年代，虽然立法的总数还是保持平稳，但是其中新制定条例的数量在下降，而已颁布条例的修正案的数量在上升。另外，附属立法的数量也在上升。因此，有学者指出，法律数量的上升导致了诉讼的上升是一点也不奇怪的。虽然公共行政部门所作出的每一个决定并不一定涉及普通法，但是其中大部分都会涉及成文法的因素。简而言之，公共行政是建基于法律的。因此，有学者认为香港是一个由条例（成文法）所调整的社会[13]。早在 1985 年，当时的港督，爱德华·尤德爵士（Sir Edward Youde），在其向立法会所作的演讲中就指出，在香港政府体制中所作出的所有重大决定，不是在我们的成文法之下所作出的，就是被收入我们的成文法之中[14]。

大量成文法的制定导致了政府管制职能的扩展，其后果之一就是 20 世纪 50 年代之后大量法定机构的成立，包括各种委员会、行政裁判署和其他管理局（署）（boards, tribunals, and authorities）等。由于这些法定机构行使的都是公权力，因此它们所作出的决定都是属于司法复核的范围。

另一方面，不仅政府机构膨胀了，而且政府与经济体制之间的关系也在发生变化。有学者认为政府不仅在调控经济，而且在尽量使经济合理化、中央化。政府职能在渗入私人企业的内部事务，而且为了整个社会的利益而协调私有经

---

〔13〕　参见 Re Sun Tat-man [1991] 2 HKLR 601, 613, 引用于 Clark & McCoy, Hong Kong Administrative Law, second edition, Butterworths Asia, 1993, 第 2 页。

〔14〕　参见 Re Sun Tat-man [1991] 2 HKLR 601, 613, 引用于 Clark & McCoy, Hong Kong Administrative Law, second edition, Butterworths Asia, 1993, 第 2 页。

济活动[15]。政府在进行上述活动过程中所作出的决定也都是属于司法复核的范围。

根据上述讨论,我们不难发现,香港司法复核发展过程中的每一个重大变化都是由于成文法(外来的或者是本地的成文立法)的制定所造成的。大量的成文法的制定导致了政府职能的扩展和法定机构的增加,从而增加了受司法复核管辖的客体的范围。

虽然司法机关没有能够提供从 1991 年至 1998 年的资料,但是 1991 年之后司法复核的数量应该比 1991 年之前又会有显著的增长。这主要是因为《人权法案条例》于 1991 年生效。每年依据《人权法案条例》所提起的司法复核案件就有很多。而 1997 年《基本法》的生效又给司法复核注入了新的生命力,把违宪审查的范围大大拓宽了。因此,1997 年之后司法复核的案件应该是比 1997 年之前要多一些。下文将讨论《人权法案条例》和《基本法》对司法复核的影响。

四、《人权法案条例》对司法复核的影响

1990 年香港立法局颁布的《人权法案条例》(Bill of Rights Ordinance)使香港宪政史产生了重大转换。该条例第 3 条第 2 款规定:"所有先前法例,不可作出与本条例没有抵触的解释的,其与本条例抵触的部分现予废除。"这一条规定赋予司法机关有审查其他条例与《人权法案条例》是否相符的权限。为了确保《人权法案条例》与《基本法》的一致性,英国政府在《人权法案条例》颁布后即对《英皇制诰》作出了修改。《英皇制诰》第 7 条被修改为:"联合国在 1996 年 12 月 16 日常务会议正式通过的国际公民及政治权力公约,如在香港使用,将会透过香港条例而生效。在《英皇制诰》1991(No. 2)在香港生效之后,香港的任何法律均不能与现时在港生效的公约相违,亦不能以任何方法限制现时香港人所拥有的权利和自由。"[16]这一宪政发展使香港 1991 年以后的司法复核制度与先前的制度出现了相当的差别,司法复核的概念及范围亦均因此而发生了变化。

司法复核的范围与一国宪法架构中的权力分配密切相关。在英国,司法复核主要是集中于审查行政部门之行为是否合法和恰当。由于英国没有成文宪法,而其议会是至高无上的,故英国国内的法院不能对议会通过的法律的合法

---

〔15〕　参见 Re Sun Tat-man [1991] 2 HKLR 601,613,引用于 Clark & McCoy, Hong Kong Administrative Law, second edition, Butterworths Asia, 1993,第 3 页。

〔16〕　该修正案于 1991 年 6 月 8 日通过并生效。

性有任何质疑[17]。虽然香港在 1997 年回归之前是英国的殖民地，但其宪法架构却与英国有所不同。其主要区别是，香港有成文的宪法性文件，即《皇室训令》[18]和《英皇制诰》[19]。它们是由英皇根据当时政府的指示制定，并经枢密院通过而成立的[20]。香港的立法机关是由《英皇制诰》的授权而行使立法权，其所通过的条例（Ordinance）的地位比《英皇制诰》及《皇室训令》为低。任何条例若与《英皇制诰》有所抵触的话，在理论上会因违宪而有可能被法院认定无效[21]。另外，若香港立法机关通过的主要条例和附属条例与当时在香港有效的英国法律有抵触的话，香港的法院有权审理有关本地条例是否与英国法律相抵触的司法复核案件[22]。

在 1991 年前，与《英皇制诰》相关的案件主要是涉及政府所行使的一些权力是否越权，即是否以《英皇制诰》为基础。例如，林玉明诉律政司[23]一案主要是牵涉到行政机关根据《英皇制诰》、殖民地条例及政府规章是否有权命令公务员停职而不需给付报酬。另一案件涉及的是立法局是否有权辩论和通过与在香港适用的英国法律相抵触的法案。枢密院裁定香港立法局有此权限，但同时认为港督可以拒绝签署，这样法案就不能成为生效的条例[24]。除此之外，司法复核案件差不多全是关于行政行为的合法性。因此在 1991 年《英皇制诰》修订之前，香港很少案件是涉及因违反殖民地宪法性文件而审查香港立法局通过的条例的合法性。

在《人权法案条例》颁布之后以及《英皇制诰》在 1991 年修改之后，法院在审查行政行为是否越权的过程中，需首先审查该行为所依据的本地条例的合宪性，即是否符合宪法性文件《英皇制诰》和《人权法案条例》。由于《人权法案条例》因《英皇制诰》的修改而上升为宪制性文件，因此，在 1991 年之后，司法复核

---

〔17〕 参见 De Smith, Woolf & Jowell, Judicial Review of Administrative Action, London, Sweet & Maxwell, 1995。

〔18〕《皇室训令》最早是在 1843 年 4 月 5 日通过的。《皇室训令》盖有国王的私印并由国王签署。

〔19〕《英皇制诰》最早也是在 1843 年 4 月 5 日通过的。上面盖有国印并由国王签署。

〔20〕 参见 Peter Wesley-Smith, Constitutional and Administrative Law in Hong Kong, Longman Asia Ltd. , 1993，第 2 页。

〔21〕 参见 Peter Wesley-Smith, Constitutional and Administrative Law in Hong Kong, Longman Asia Ltd. , 1993，第 10—11 页。

〔22〕 不过在实际生活中，香港法院在 1990 年之前几乎没有审理过任何涉及本地条例与英国法律或《英皇制诰》相抵触的司法复核案件。

〔23〕 参见 Hong Kong Law Report [1980] 815 (CA)。

〔24〕 参见 Rediffusion (Hong Kong) Ltd v AG [1970] HKLR 231 (PC)。

案件中违宪性审查的案件比 1991 年之前有了显著的增加。同时,《人权法案条例》的颁布对传统的司法复核案件也有所影响。

(一)违宪性审查

这一类别的案件是由司法机关审查条例的违宪性,即审查立法机关制定的条例是否与保护人权的宪法性文件相符合。1991 年以后对不符合宪法性文件的条例审查已不再是没有可能,而且在香港更是越来越普遍。基于 1991 年对《英皇制诰》的修订和《人权法案条例》第 3 条的规定,某些条例中的条款因与《人权法案条例》和《英皇制诰》不相符而被司法机关撤销。在很多案件中,《人权法案条例》已被直接引用来废除有些条例中的一些条款。例如,香港政府诉洗友明(R v. Sin Yau Ming)[25]一案是涉及携带危险药物做非法买卖。上诉法庭被请求考虑《危险药物条例》第 46 条和第 47 条中的有关条文是否符合《人权法案条例》第 11 条第 1 款,即未经依法确定有罪之前,应假定其无罪之权利的规定。上诉法庭给予了明确的答案,宣判所有《危险药物条例》中有关的条文均应在 1991 年 6 月 8 日后因与《人权法案条例》该条规定相抵触而被撤销。

同样,在香港政府诉李广桔(R v. Lee Keong-kit)[26]一案中,被告被控拥有大量金钱,而这些金钱被怀疑是偷取或是通过不合法途径获得的,从而违反了《简易程序治罪条例》第 30 条的规定。被告人表示第 30 条是与《人权法案条例》第 11 条第 1 款相抵触的。高等法院[27]及上诉法庭均判决认为《简易程序治罪条例》第 30 条是与《人权法案条例》第 11 条第 1 款相违背并应予以废除。律政司上诉至枢密院挑战原高等法院及上诉法庭的判决[28]。但枢密院驳回了律政司的上诉。在以上两个案件中,法院作出判决的关键因素是由于相关条例中的有关条款与《人权法案条例》有抵触,这正是违宪审查的核心,即审查香港立法机关制定的条例是否合宪。

在下面两个判例中,申请人对本地条例合宪性的挑战失败了。在律政司诉中国国家建筑工程公司(AG v. China State Constitution Engineering Crop)[29]一案里,答辩人是某建筑地盘的负责人,他被控违反《人民入境条例》第 38 条,即在地盘内发现非法入境者。但第 38A(3)条规定了免责条件,即只要地盘负责人能够证明他已用可实行的方法防止非法入境者在地盘出现就可以免除责

---

〔25〕　参见[1991] 1 HKPLR,第 88—142 页。

〔26〕　参见 [1992] 2 HKPLR PLR, 第 94—108 页。

〔27〕　1997 年以后改称为原讼法庭。

〔28〕　参见[1993] 3 HKPLR,第 72—100 页。

〔29〕　参见[1996] 1 HKC,第 53 页。

任。裁判官裁决第 38A 条已被《人权法案条例》所废除。律政司遂提出上诉，上诉法庭裁决第 38A 条并没有抵触《人权法案条例》。而明报诉律政司[30]（Ming Pao Newspaper Ltd. & others v. A. G.）一案关系到言论自由。上诉人被控违反《防止贿赂条例》第 30 条，即犯了没有有效权力或合理理由向其他人，主要是《明报》读者报道被调查中的罪行之罪。裁判官裁定《防止贿赂条例》第 30 条第 1 款与《人权法案条例》第 16 条所保障的言论自由有所抵触，故予以废除。律政司基于该条例符合《人权法案条例》为理由提出上诉，上诉法庭认同上诉请求，理由是第 30 条第 1 款的目的是需要用来保障推行法律的效率及尊重他人的权利和名誉，故这与《人权法案条例》第 16 条是符合的。上诉人又向枢密院上诉。最后枢密院驳回上诉，维持原判。

以上这些诉讼案件的成功与失败提醒我们，当处理以《人权法案法例》为依据的司法复核案件时，一定要留心处理。个人利益与公众利益之间必须要作出一个精细的平衡。在这方面，枢密院在律政司诉李广桔一案中的判词是值得注意的：[31]

"虽然香港的司法部门热衷于在《人权法案条例》之下维护个人利益，但亦要清楚有关《人权法案条例》效力的争论是不能失控的。在处理涉及香港《人权法案条例》的问题时应基于现实和良知，而不过于偏激。如果不能做到这一点的话，《人权法案条例》将会成为不公平的起源，并会被公众质疑。为了在整个社会与个人利益之间保持平衡，在司法机关试图解决困难的问题时，不应把一些僵硬的和不灵活的标准强加于立法机关身上。司法机关必须谨记任何涉及政策的问题主要是立法机关的责任。"

尽管法庭已聆讯了很多案件，但在 1991 年至 1997 年香港回归之前这段时间内，审查条例违宪性的范围依然非常狭窄。只有那些与个人基本权利相关的条例才可以被司法机关审查。大部分案件的争论点均基于相关条例是否与《人权法案条例》有抵触，且不一定是根据传统的司法复核的方式进行的。在香港，所有法院均有权力审理和判决某一特定的条例是否与《人权法案条例》有抵触。而传统的司法复核的权力是原高等法院[32]固有的，其他任何法院都无权审理司法复核案件。

另外，虽然大部分案件的判决依据均是《人权法案条例》，亦有一些案件只提及《人权法案条例》，但真正违反的是修改后的《英皇制诰》第 7 条。这一类案件发生在所受质疑的条例是在《人权法案条例》生效之后方由立法会通过而成

---

[30]　参见[1996] 6 HKPLR，第 103 页。

[31]　参见[1993] 3 HKPLR，第 78 页。

[32]　1997 年回归后改称为原讼法庭。

为条例的情况下。因为《人权法案条例》第 3 条只适用于在《人权法案条例》制定之前由香港的立法机关制定的条例[33]，而《人权法案条例》的第 4 条[34]并没有给予司法机关废除在《人权法案条例》制定之后由香港的立法机关制定的条例的权力。因此，在审理《人权法案条例》通过之后颁布的条例的合宪性时，法院的法理依据是《英皇制诰》第 7 条。例如在李妙玲诉律政司（Lee Mui Ling and another v. A. G.）[35]一案中，上诉人质疑《立法会（选举条例）条例》中有关功能组别的条款。他们投诉该条例提供某些人能在功能组别和地方选举中分别投票而其他人只可投一票，这是与《人权法案条例》第 21 条所保障的全民及公平投票权相冲突的。他们进一步提出功能组别的比例变化甚大，故一票在细小的组别是比在大组别中更为重要。这亦是与《人权法案条例》相违背的。但上诉被驳回。法院在判词中指出被质疑的条款是在《人权法案条例》生效以后才实施的，因此问题的实质并非这条例是否违反《人权法案条例》，而是它有否违反宪法性文件，即《英皇制诰》而要被废除。功能组别比例的差异由 39 至48.7 万位投票人，是违反平等原则的不同等对待。但若有常识及公平的人均承认不同对待是有真正需要的，那么这种差别对待则是合法的，而且应该被允许存在。法院宣判这案件中的差别对待在香港当时特定的条件下是合理的和有需要的，因而是合法的。值得指出的是，这一案件也不是通过传统的司法复核的途径提出的。

（二）《人权法案条例》与传统的司法复核

第二类诉诸《人权法案条例》的案件是在传统的司法复核案件中引用《人权法案条例》的某些条款为提起司法复核的理据，即证明传统的司法复核的依据的存在。司法机关在具体的案件中援用传统的司法复核依据的同时，亦把《人权法案条例》作为司法复核的法律理据。

首先，《人权法案条例》经常被引用来作为判断政府行为不合法性的依据，从而成为判断司法复核案件中不合法性这一司法复核的依据是否成立的成文法理据。若发生行政机构侵犯原告人依据《人权法案条例》所享有的权利，这将会被裁定为非法行使权力。

其次，在司法复核案件中，申请人也会同时引用《人权法案条例》和自然公正原则作为司法复核的依据。具体来说，申请人引用《人权法案条例》第 10 条

---

[33]　第 3 条规定所有先前制定的条件和《人权法案条例》不相符的部分将被废除。

[34]　第 4 条规定《人权法案条例》生效之后所通过的条例在可能的情况下，应尽量解释成和国际公民与政治权利公约相一致。

[35]　参见［1996］1 HKC，第 124 页。

作为其自然公正权利的根源。《人权法案条例》第10条规定:

"人人在法院或法庭之前,悉属平等。任何人受刑事控告或因其权利义务涉讼须予判定时,应有权受独立无私之法定管辖法庭公正公开审问。法院得因民主社会之风化、公共秩序或国家安全关系,或于保护当事人私生活有此必要时,或因情形特殊公开审判势必影响司法而在其认为绝对必要之限度内,禁止新闻界及公众旁听审判程序之全部或一部;但除保护少年有此必要,或事关婚姻争执或子女监护问题外,刑事民事之判决应一律公开宣示。"

自然公正原则的核心内容是作出决定的机构必须是没有偏见的,而且必须赋予当事人陈述自己案情的权利。《人权法案条例》第10条关于"公正公开审问"的要求显然已经包含了自然公正的两个核心内容。

例如,在香港政府诉电梯承包商纪律委员会(R. v. Lift Contractors' Disciplinary Board, ex parte Otis Elevator Company (HK)Limited)[36]一案中,申请人被机电工程署控告在一次电梯意外中疏忽,聆讯由电梯承包商纪律委员会召开。申请人在委员会上主张,理事在纪律委员会的会员资格或他在委员会中的代表地位,是与《人权法案条例》第10条所保障的独立及公平审判不符。这是因为理事既是控诉方,亦是案件的聆讯方。申请人申请法庭宣布纪律委员会的裁定不合法。法庭接纳了这个论点。在另外一些司法复核案件中,申请人也以《人权法案条例》第10条为依据,挑战其他一些法定机构的聆讯是否公平[37]。这些案件显示《人权法案条例》第10条已在司法复核过程中用来作为公平聆讯和反对偏袒权利的法律理据。这是因为这两项普通法中的传统司法复核的依据,已经写入了《人权法案条例》第10条之中。即使这些案件发生在《人权法案条例》生效之前,有关的申请人也可以通过司法复核,并以自然公正原则为依据来挑战那些法定机构的决定。《人权法案条例》所带来的区别是,司法复核的依据从原来的程序不恰当性(违反自然公正原则)变成了违法性。

再次,也有申请人在司法复核案件中同时依据《人权法案条例》和明显不合理性(Wednesbury unreasonableness)作为依据[38],但是成功的基本没有。这主要是因为明显不合理性在普通法中是一个非常高的标准。在一个法治国家或者地区,明显不合理的行政行为通常都很少见。因此,当可以同时依据《人权法

---

[36] 参见[1994] 4 HKPLR,第168—185页。

[37] 参见香港政府诉淫秽物品申裁处(R v Obscene Article Tribunal, ex parte Loui Wai-po),[1994] 4 HKPLR,第5—17页;又见地产发展商协会诉城市规划委员会(Real Estate Developers Association v Town Planning Board),[1996] 6 HKPLR,第180页。

[38] 参见香港政府诉刘山青(R v Apollonia Liu, ex parte Lau Xan-ching)[1994] 4 HKPLR(HC)and(CA),第401—429页。

案条例》和明显不合理性提起司法复核时，还不如只依据《人权法案条例》，即以不合法性为司法复核的依据。这样会更简单。

五、《基本法》对香港司法复核的影响

前文已经讨论过了《基本法》的法律地位以及它与香港殖民地时代宪法性文件的分别。这一节主要讨论《基本法》对香港特别行政区司法复核的影响。《基本法》在 1997 年后取代了殖民地时代的宪法性文件而成为香港的"小宪法"。它在香港特别行政区的法律地位比《人权法案条例》为高。根据《基本法》第 8 条、第 11 条第 2 款以及第 160 条的规定，香港特别行政区立法机关制定的任何法律，均不得同本法相抵触。香港原有法律，即普通法、衡平法、条例、附属立法和习惯法，原有法律下有效的文件、证件、契约和权利义务，在不抵触《基本法》的前提下才予以保留，继续有效，从而受香港特别行政区的承认和保护。因此，就违宪性审查而言，司法复核的焦点就变成这些条例是否与《基本法》有抵触。

（一）对违宪性条例的司法复核

对条例违宪性的司法复核权，香港特别行政区的司法机关在 1997 年之后仍然享有。但《基本法》比香港殖民地时期的宪制性文件（《英皇制诰》、《皇室训令》和《人权法案条例》）包含的内容更广泛。《基本法》包括序文、总则、中央和香港特别行政区的关系、香港居民的基本权利和义务、政治架构、经济、教育、科学、文化、体育、宗教、劳工、社会服务及对外事务。因此，违反香港小宪法的司法复核将不会只限于审查立法机关对公民及政治权利的限制。

就公民及政治权利而言，香港宪法学者佳日思教授认为：《基本法》有关人权保护的章节所保障的人权，只是比《人权法案条例》稍为狭窄一点，这实质上不会对审查香港本地条例的合法性的范围有影响[39]。虽然《人权法案条例》的第 3 条、第 4 条已被人大常委会宣布废除[40]，但在 1997 年之后，申请人和法院均能依靠《基本法》第 11 条来代替《人权法案条例》第 3 条去审查那些侵犯公民及政治权利的条例的合宪性。再者，《基本法》第 39 条与《英皇制诰》第 7 条第 3 款有相同的作用，即认可在香港实施《国际公民及政治权利公约》。《基本法》第

---

〔39〕　参见 Yash Ghai，The Hong Kong Bill of Rights Ordinance and the Basic Law of the HKSAR：Complementaries and Conflicts，Journal of Chinese and Comparative Law（1995）Vol. 1，No. 1.，第 54 页。

〔40〕　全国人大常委会 1997 年 2 月 23 日所作出的《关于根据〈中华人民共和国香港特别行政区基本法〉第 160 条处理香港原有法律的决定》的附件二认定《香港人权法案条例》第 3 条、第 4 条与《基本法》相冲突因而被废除。

39 条在 1997 年后能够以与 1997 年之前法院所引用的《英皇制诰》第 7 条第 3 款相同的方法而被法院加以引用[41]。因此,即使《基本法》所覆盖的公民及政治权利比《人权法案条例》狭窄,但《基本法》第 39 条仍能在司法复核中被引用,作为审查违反小宪法的条例的法律渊源[42]。故此,关于公民及政治权利法律合宪性的审查,在《基本法》下是不会比 1997 年之前宪法性文件所设定的范围窄。

此外,在《基本法》之下,对香港特别行政区立法机关在 1997 年之后所颁布的条例的违宪性司法复核是与对 1997 年之前颁布的条例的审查完全一样的。由于《基本法》的覆盖较《人权法案条例》为广,一个明显的改变在 1997 年之后已经出现,这就是法院已经受理了更多有关是否与《基本法》相符的司法复核案件。这种司法复核是类似于美国式的司法复核。但人们能否胜诉取决于对《基本法》的解释和对被质疑的条例的解释。

(二)对行政行为的司法复核

《基本法》规定 1997 年后普通法及普通法制度将予以保留。而司法复核是香港普通法制度的一部分,故在香港 1997 年回归之后仍会得到保留。所有司法复核的理据,例如不合法性、不合理性和程序不恰当性,均是没有和《基本法》相抵触,因此,它们仍在 1997 年后作为香港法律的一部分。换句话说,在《基本法》之下,司法复核的法律依据和 1997 年之前是完全一样的。

对于行政行为的司法复核,《基本法》的颁布和实施所产生的最大的影响是由《基本法》的覆盖范围所引起的。从上文的讨论中我们知道,《基本法》包含了香港回归之前的宪制性文件所包含的所有范围。除此之外,《基本法》还包含了许多回归之前的宪制性文件所没有包含的内容。就行政权而言,《基本法》不单包括公务员的任命,而且亦包括经济、劳工、文化、和社会福利在内[43]。这些权力亦可能被非法运用。因此,《基本法》不仅能够被引用来作为质疑行政行为不合法的法律理据,而且在《基本法》之下,受司法复核管辖的不合法性的行政权力的范围要比 1997 年之前广泛得多。这就是说,《基本法》与殖民地时期宪法性文件在法律地位及覆盖上的差异,导致了在《基本法》之下被质疑的权力会比

---

〔41〕 参见 Yash Ghai, The Hong Kong Bill of Rights Ordinance and the Basic Law of the HKSAR:Complementaries and Conflicts, Journal of Chinese and Comparative Law (1995)Vol. 1, No. 1.,第 56-58 页。

〔42〕 参见 Yash Ghai, The Hong Kong Bill of Rights Ordinance and the Basic Law of the HKSAR:Complementaries and Conflicts, Journal of Chinese and Comparative Law (1995)Vol. 1, No. 1,第 56-58 页。

〔43〕 例如《基本法》第五章和第六章所列举的行政权力在《英皇制诰》中并没有提及。

1997 年之前更广。但对条例违宪性和行政行为的司法复核均依赖于对《基本法》的解释。因此,《基本法》的解释权和方式将会对司法机关的司法复核有重要的影响。

(三)《基本法》的解释对司法复核的影响

《基本法》第 158 条是一条非常复杂的条款,绝大多数学者都同意全国人大常委会对《基本法》拥有最终的立法解释权。人大常委会在主权移交之时有权对回归年 7 月 1 日之前香港所有的法律进行审查并宣布那些与《基本法》相冲突的法律无效[44]。在主权移交之后,如需修改或废除那些与《基本法》相抵触的香港法律,就应该根据《基本法》所定明的程序来进行[45]。至于《基本法》的解释,虽然全国人大常委会对《基本法》拥有最终解释权,但是在香港回归以后,依据《基本法》第 158 条的规定,只有那些涉及中央政府与香港特别行政区关系以及专属中央政府管辖的条款的解释才有可能要由全国人大常委会作出解释[46]。即使对这些条款,香港特别行政区的司法机关亦享有一定的解释权。只有当案件上诉到终审法院时,才有必要提请全国人大常委会作出解释。而对那些涉及香港特别行政区自治范围内事务的《基本法》条款的解释权,则完全由香港特别行政区的司法机关独享[47]。但是在司法实践中,对于如何界定《基本法》某一条款是否涉及中央与香港特别行政区的关系以及中央政府专属管辖的事项,则缺乏客观的标准。香港特别行政区上诉法庭在马维昆诉香港特别行政区一案中[48]的观点与终审法院在吴嘉玲诉人民入境事务处一案中的观点就完全不同。在吴嘉玲一案中,终审法院所采用的标准是在符合以下两个条件时,终审法院有责任将有关条款提交全国人大常委会:(1)当有关的《基本法》条款为范围之外的条款;(2)当终审法院在审理案件时,有需要解释这些范围之外条款,且这些条款的解释将会影响案件的判决,而只有终审法院有权决定某条款是否符合这两个条件。在考虑某条款是否符合第一个条件(类别)时,应考虑实质上法院审理案件时最主要需要解释的是哪条条款,如果是一条范围之外的条款,则法院必须将之提交人大常委会,反之,则不必提交[49]。该观点被全国人

---

[44]　参见肖蔚云,《一国两制与香港基本法律制的》,北京大学出版社,1990 年
[45]　即根据《基本法》第 160 条第 1 款及第 17 条第 3 款的规定办。
[46]　参见《基本法》第 158 条第 3 段。
[47]　参见 Yash Ghai, The Hong Kong Bill of Rights Ordinance and the Basic Law of the HKSAR: Complementaries and Conflicts, Journal of Chinese and Comparative Law (1995)Vol. 1, No. 1.,第 54 页。
[48]　参见[1997] 2 HKC 315。
[49]　参见[1999] 2 HKCFAR,第 68—70 页。

大常委会在其 1999 年 6 月 26 日关于《基本法》第 22 条和第 24 条的解释否定。全国人大常委会认定第 22 条和第 24 条都涉及中央与香港特别行政区关系,因此,全国人大常委会有权对这两条作出相应的解释[50]。这一解释本身暗示全国人大常委会行使解释权的依据是《基本法》第 158 条第 3 款。但解释的请求却是由国务院应香港特别行政区的要求而提出的。另外,关键是全国人大常委会的解释并没有提出界定中央与香港特别行政区关系以及专属中央管辖事项的标准。

由于人大常委会解释的出台,香港终审法院在刘港榕诉入境事务处处长一案中承认人大常委会解释《基本法》的权力是全面及无限制的,且不受《基本法》第 158 条第 2 款及第 3 款的限制[51]。同时终审法院亦指出其在吴嘉玲一案中所确立的标准在以后适当的案件中需要重新加以考虑[52]。换句话说,终审法院认为其在吴嘉玲一案中所确立的标准有可能是错的。因此,目前的法律状况是,没有确切的标准来判断《基本法》的哪些条款应由人大常委会解释,哪些条款应由香港特别行政区法院解释。

再者,终审法院在一系列的判例中都指出,在解释《基本法》时,法院应采用立法目的解释(purposive approach)这种方法,即法院必须考虑《基本法》的立法目的和有关条款,同时必须按文件的背景来考虑文本的字句[53]。在吴嘉玲一案中,终审法院认为《基本法》的目的是在一国两制的原则下成立与中华人民共和国不可分离的香港特别行政区,并实行高度自治。而在确定《基本法》某项条款的目的时,法院可考虑该条款的性质,或《基本法》的其他条款,或参照包括《联合声明》在内的其他有关外来资料[54]。这一立场在其后的所有有关《基本法》的案件中都没有受到质疑。因此可以说,香港法院在解释《基本法》时所采用的是立法目的说(purposive approach)。

但是,全国人大常委会在 1999 年 6 月 26 日所作出的关于《基本法》第 22 条第 4 款以及第 24 条第 2 款的解释中明确指出作出解释的另一原因是香港终审法院对《基本法》这两条的解释不符合其立法原意(original legislative intent)[55]。由此可见,全国人大委员会在解释《基本法》时所采用的是"立法原

---

〔50〕 参见全国人大常委会 1999 年 6 月 26 日对《基本法》第 22 条和第 24 条的解释。
〔51〕 参见[1999] 2 HKCFAR,第 322—324 页。
〔52〕 参见[1999] 2 HKCFAR,第 324 页。
〔53〕 参见吴嘉玲诉入境事务处处长,[1992] 2 HKCFA,第 66—67 页。
〔54〕 参见吴嘉玲诉入境事务处处长,[1992] 2 HKCFA,第 66I—67B 页。
〔55〕 参见中华人民共和国全国人民代表大会常务委员会公报,1999 年第 4 号,第 325—326 页。

意"说。这在《基本法》的解释理论方面就提出一个问题,即"立法原意"说与"立法目的"说是否同一回事？从现有的判例来看,特别是吴嘉玲一案及其所引起的争议和全国人大常委会最后对《基本法》第 22 条和第 24 条的解释来看,"立法目的"说与"立法原意"说是有区别的。而在另一有关香港人在中国大陆领养子女永久居留权一案中,香港原讼法庭认为"所生"一词根据"立法目的"说应解释为包括领养子女。但数名《基本法》的草委都指出在起草《基本法》时根本没有考虑到领养子女的问题[56]。而全国人大常委会关于《基本法》的解释亦只指及港人亲生子女的永久居港权而没有包括领养子女在内[57]。再从理论上来看,"立法原意"指的是在法律由立法机关通过时立法机关制定该法律的意图,因而是特定的,而且并不会随着时间的推移而改变。但"立法目的"说则侧重考虑某一特定条款的"性质"或精神。这一性质虽不会因时间的推移而改变,但对某一特定条款的具体内容的解释却会因时而易。举例来说,美国宪法所保障的选举权在两百年前所保护的只是有产阶级和男人的选举权,并不包括奴隶和妇女在内。但在两百年后的今天,享有选举权的主体已经扩大到包括所有的人[58]。如按"立法原意"来解释的话,那么时至今日妇女与黑人也不应有选举权。

当然以上的论述是把"立法原意"理解成立法时立法机关对法律的具体内容的认定,这种认定一定是有时间局限性的。但若把"立法原意"理解成立法时立法机关对法律的"性质"的认定的话,那么"立法原意"说与"立法目的"说就是一回事了。即使如此,《基本法》解释的实践证明,香港法院和全国人大常委会对《基本法》某一特定条款的"立法目的"的解释也是有可能不同的。否则就不会出现 1997 年回归之后,全国人民代表大会常务委员会对《基本法》的三次解释。这是由于香港和中国大陆所属的法系不同。因此,对《基本法》的同一条款香港法院和全国人民代表大会常务委员会作出不同的解释在一定程度上是不可避免的。

不仅在对香港特别行政区立法机关所制定的立法行为的司法复核案件中,而且在大部分对行政行为提起的司法复核案件里,法院均需面对法律解释的问题,包括对条例和《基本法》的解释[59]。对《基本法》的不同解释会直接影响香

---

〔56〕 参见 Xie Xiao Yi v. Director of Immigration，[2000] 2 HKLRD 161 。

〔57〕 参见中华人民共和国全国人民代表大会常务委员会公报,1999 年第 4 号,第325—326 页。

〔58〕 参见 M. F. Morris, History of the Development of Constitutional and Civil Liberty, Littleton, Colo. , Fred B Rothman, 1995.

〔59〕 参见 De Smith, Judicial Review of Administrative Action, Butterworths, 1980,第96 页。

港的司法复核制度运作的结果,特别是对香港立法机关所制定的条例是否违"宪"(即《基本法》)这类司法复核案件的结论。因此,全国人民代表大会常务委员会对《基本法》的解释,会对香港立法机关所制定的条例是否违反"小宪法"有直接的影响。

六、对香港行政诉讼制度未来发展的展望

司法复核是普通法的一部分,而中国政府亦保证维持香港普通法制度至少五十年不变[60]。但随着香港宪制的改变,其司法复核制度亦产生了相应的变化。从以上的讨论可作出一个结论,在香港,司法复核的概念已经扩大到不仅包括对行政行为的审查,而且还包括对违宪的立法行为的审查。在《基本法》取代殖民地时代的宪法文件后,司法复核的范围亦扩大了,即从传统的对违法的具体行政行为和抽象行政行为的审查扩展到对违反"小宪法"的条例及行政行为的审查。这说明,香港的司法复核制度将会朝着类似美国和欧洲大陆的司法复核模式发展,而比传统英国的司法复核更为活跃。司法复核将在香港的司法、行政和立法三者之间的权力制衡中担当重要的角色。

---

〔60〕 参见《基本法》第 50 条。

第四章　香港司法复核制度的基本内容

一、司法复核概述

香港特别行政区是用司法复核的概念代替行政诉讼。司法复核的指导思想应该说是非常明确的,那就是要通过当事人向法院对行政机构的越权行为提起司法复核的形式来由法院对行政机构的行政行为是否越权作出司法判决,其核心是由司法权对行政权加以制衡。

从本书第三章第一节对香港行政诉讼制度的历史沿革的讨论我们知道,香港的司法复核制度是与英国的司法复核制度一脉相承的。虽然香港在1997年7月1日正式回归了中国,香港的最高法律,其宪制性文件——《基本法》,是由中国的立法机关,即全国人民代表大会所制定的,但是《基本法》明确规定了一国两制为一基本原则。这就强调,一方面香港是中国不可分割的一部分,另一方面又保证香港原有的制度,包括法律制度,五十年不变。而作为香港法律制度重要的一部分的司法复核制度也就当然被确保五十年不变。

司法复核的核心是由司法机关对行政机关的行为进行监督的宪制安排。司法复核可以分为两类:其一是违宪审查,审查的对象主要是立法机关所制定的条例;其二是传统的司法复核,即对行政机关的越权行为(ultra vires acts)而提出的司法复核。

(一)司法复核的性质

在英国,司法复核是高等法院固有的权力。因为法院作为司法机关有权力对任何组织,包括行政组织的行为的合法性加以审查。该权力只有高等法院可以行使,其他法院都不具有此权力。该权力的来源是高等法院的地位和职能,而非来自于成文法。在回归之前,香港作为英国的殖民地,自然是沿袭了英国的制度,只有原来的高等法院(现在改名为高等法院原讼法庭)享有司法复核权。回归之后,香港特别行政区保留了原有的司法制度,因此,仍然只有高等法院原讼法庭享有司法复核权。

　　司法复核是高等法院原讼法庭对下级法院、审裁处和其他行使准司法功能或者公共职能的机构和个人的决定和程序行使其监督管辖权的程序。此管辖权源自于普通法，原来被认为是高等法院原讼法庭的固有权力。但是在回归之前，已经有成文法（条例）和法院的规则对司法复核加以调整和规管。回归之后，《基本法》第35条第2款规定"香港居民有权对行政部门和行政人员的行为向法院提起诉讼"。这从宪制性文件上对香港特别行政区法院的司法复核权作出了确定。不过，即使没有这一确定，由于《基本法》规定了香港特别行政区保留原有的普通法制度和传统，法院的司法复核权也因此而得到保留。

　　司法复核的本质是控制行使行政权力的合法性。不过，并不是每一个权利受到行政机关侵犯的人都可以通过司法复核申请司法救济[1]。这是因为法院肩负着依据宪法和法律去决定行政权力之界限的职责[2]。若任何行政机关行使行政权超越了法定的界限，那么法院将会介入[3]。为了获得司法复核这一救济，申请人必须先证明行政行为是越权行为，这是司法复核的核心所在[4]。如英国著名的行政法学者德·史密斯（De Smith）教授所言，如果他们（行政机关）不正当地行使权力，或是采用不适当的方法，又或犯了实质性的错误，那么行政机关将会超越他们的权力[5]。

　　司法复核并非针对被提起司法复核的决定的对与错，而是针对作出该决定的过程。司法复核的目的是确保当事人得到作出决定的决策机构（者）的公平对待，而不是要用法院的决定来代替被法律授权作出相应决定的机构的决定。因为根据三权分立的原则，法院只应该行使司法权，而不能行使行政权。若法院用自己的决定来代替行政机构的决定的话，那法院本身就超越了审判权而行使了应该由行政机构行使的行政权。法院的职责是应该把自己限于对法律问题的审查。具体来说，是审查某一决定是否（a）不合法（illegality）；（b）不理性（irrationality）；（c）明显不合理（Wednesbury unreasonableness）。由司法复核的上述特征可见，司法复核不同于上诉。首先，司法复核是高等法院原讼法庭固有的权力，是普通法的一部分，所以不需要任何成文法的授权，任何人都享有

---

　　〔1〕　参见 De Smith, Woolf & Jowell, Judicial Review of Administrative Action, London, Sweet & Maxwell, 1995。

　　〔2〕　参见 Bradbury v Enfield LBC〔1967〕3 All ER434, at p. 442（CA）

　　〔3〕　参见 Re Racal Communications Ltd〔1981〕AC 374, at p. 383（HL）。

　　〔4〕　在香港的司法复核体系中的"越权"（ultra vires）这一概念要比中国大陆行政法中的"越权"要广得多。

　　〔5〕　参见 De Smith, Judicial Review of Administrative Action, Butterworths, 1980, 第96页。

提起司法复核的权利;而上诉权是一种法定权利,必须有成文法的明确授权,当事人才可以针对某一判决提起上诉。其次,司法复核只针对作出决定的程序,而上诉会对某一决定的对与错作出判断。

(二)司法复核许可(Leave for Judicial Review)

《高等法院条例》第 21K 条规定,除非已按照法院规则取得原讼法庭的许可,否则不得提出司法复核申请,而除非法院认为申请人与申请所关乎的事宜有充分利害关系,否则不得批予提出该项申请的许可。因此,提起司法复核有两个步骤:第一步是向高等法院原讼法庭申请许可;第二步是在得到许可之后正式提起司法复核。这是司法复核程序的独特之处,民事和刑事诉讼程序都没有要求当事人得先取得法院的许可才可以提起诉讼。

这是因为司法复核的对象,即行政机构的特殊性所决定的。司法复核是针对行政机关的行为是否超越了其权力范围,审查的对象是行政机关的行为。而行政机关的运作需要效率和确定性。以行政许可为例,不同的行政机关每天都会作出许多行政许可决定,诸如各种许可证的发放。如果任何人在相对长的一段时间内都可以提起诉讼的话(例如在民事案件中当事人有 6 年时间可以决定是否提起诉讼),那么就会有成千上万的行政决定会受到影响,这对一个国家来说将是一场噩梦。换句话说,某一行政决定的效力的不确定性将导致成千上万的行政决定的不确定性,这将使得行政机关无法正常运作。另外,行政机关的运作需要效率。若整天都有人对行政机关的任何决定都提起诉讼,而不管诉讼的结果将会是如何,那么行政机关就得花费大量的精力应付诉讼,而不是在行政工作上面,这将会影响行政机关工作的效率。因此,考虑到行政机关的特殊性,为了确保行政机关工作的效率和行政决定的确定性,在司法复核程序中,申请人必须在获得高等法院原讼法庭的许可之后,才可以提起正式的行政诉讼。为了得到高等法院的许可,申请人必须在行政决定作出后第一时间(尽快)提起司法复核请求,希望法院能够给予许可。申请人必须在行政决定作出后 3 个月之内提出这一申请。但是仅仅满足 3 个月这一要求还不够。申请人还必须证明在 3 个月的期限内,他已经是尽快提出了他申请司法复核的请求。在决定是否批准申请人的申请时,法院所适用的标准是申请人的申请材料是否能够证明从表面证据来看,申请人的司法复核申请提出了一个在法律值得争论的问题,而且并不存在解决这一问题的其他方式。

(三)穷尽其他救济(Exhaustion of Other Remedies)

提起司法复核的另一要求是当事人必须得向法院证明他已经穷尽了其他的救济方式。这是因为是否允许当事人提起司法复核属于法院的自由裁量权的范围。若当事人还可以通过任何其他的方式,例如上诉途径,而得到救济的话,那么法院在行使其自由裁量权时通常都不会允许当事人通过司法复核来取得救济。但是,在有些情况下,虽然存在其他的救济方式,高等法院原讼法庭也可以行使其自由裁量权允许当事人提起司法复核。例如,当其他的救济方式不如司法复核那么方便、有益和有效的话,或者其他的救济方式并不能够像司法复核一样提供方便、有效的救济时,法院会允许当事人提起司法复核。当有其他救济途径存在时,法院在决定是否准许当事人提起司法复核时通常会考虑以下一些因素:(1)上诉与司法复核的本质区别,以确保不是用司法复核来取代上诉;(2)其他法律所规定的救济途径是否能够完全和直接解决当事人所提出的相关问题;(3)其他法律途径是否比司法复核更快或者更慢;(4)所涉及的事项是否需要一些特别的或者技术上的知识,而其他救济途径更具备这一类知识。在综合考虑这些因素后,法院才决定是否让当事人提起司法复核。

(四)司法复核的范围(Scope of Judicial Review)

公共组织(机构)可以被定义为被授权为了公众的利益而非个人的利益而行使职权的机构。但是并非每一个行使上述职权的机构都被明确定义为公共机构。在不同的条例中,公共机构的含义并不完全相同[6]。有时,某一个机构虽然不是公共机构,但是它却具有一定的公共职能并行使相应的公共权力。一旦作出某一机构所行使的职能是公共职能这一认定的话,就会有非常重要的法律后果,即该机构将受司法复核的管辖[7]。

司法复核主要是设计来防止公共机构超越和滥用权力的。在大多数案件中,公共机构的权力是由成文法所授予的。因此,司法复核主要的审查范围是法定权力。不过,公共机构并不因为其所行使的权力的来源不是成文法而是普通法或者是其他的法定来源而不受司法复核的管辖。

在英国和香港特别行政区的行政法中,确定某一机构是否属于司法复核的范围的传统标准是看该机构的权力的来源。若一个机构权力的来源是成文法,包括《基本法》、香港特别行政区立法机构所制定的条例,以及由条例所授权的机构制定的附属立法,那么该机构就会受司法复核的管辖。

不过权力的来源现在并非唯一的确定某一机构是否受司法复核管辖的标准。事实上除了需要看权力的来源之外,还需要看权力的本质,而权力的本质可以说是确定某一机构是否受司法复核管辖的另一个标准。即使不算一个独

---

〔6〕 参见 Halsbury's Laws of Hong Kong, vol. 1(1)(2003 Reisue), Administrative Law, by Philip Dykes, S.C., 第 10.006 段。

〔7〕 参见 Halsbury's Laws of Hong Kong, vol. 1(1)(2003 Reisue), Administrative Law, by Philip Dykes, S.C., 第 10.008 段。

立的标准,权力的性质对确定司法复核的范围肯定是有帮助的。在香港目前的司法复核实践中,法院在决定是否行使司法复核这一监督管辖权时所考虑的关键因素被统称为"公共因素"(public elements)。而公共因素意味着政府或者准政府因素的存在。公共因素是可以有不同的表现形式,例如权力的来源是成文法,作出决定的机构是行政机构,作出决定的机构是法定机构,或者作出决定的机构的经费是来自于政府拨款,等等。但是上述某一个因素的存在,例如财政来源是政府拨款,并不一定说明该机构就是受司法复核的管辖。法院认为应该综合考虑所有因素后才作出一个全面的判断。

但是若提交管辖的唯一的权力来源是双方当事人的一致同意的话,具体来说,若权力的来源是合同,例如私人仲裁中的仲裁者的权力,那么该权力是被排除在司法复核的范围之外的。因此,司法复核并非用来挑战私人或者内部审裁处的决定的恰当程序。

在确定了一个机构是属于司法复核的范围之后,并不是说可以针对这一机构所作出的所有的决定提起司法复核。在考虑这一类机构的某一具体决定是否属于司法复核的范围时,关键的考虑因素是该决定是否行使法定权力所作出的决定。若答案是肯定的,那么就可以对此决定提起司法复核。

概括来说,若一个决定是受司法复核的管辖的话,该决定的作出者必须是由公法所授权作出此决定的;一旦该决定经有效作出之后,将导致由法律所赋予权力的行政机关作出一行政行为或者拒绝作出一行政行为;那一决定必须是影响有些人的私人权利或者剥夺了某人被允许享有的,或者期望享有的,或者他具有合理期望可以得到或者享有的另一种利益。

(五)公法救济程序

若当事人欲向法院申请公法性质的救济,诸如履行义务令、禁止令、移审令或者强制令时,就必须通过司法复核的程序来向高等法院原讼法庭提起诉讼,而不可以通过私法的途径来提起诉讼。换句话说,若申请人欲对一个公共机构的决定提起诉讼的话,那么它就必须通过司法复核的程序来进行。其主要目的是防止当事人滥用民事程序,从而导致行政机构的决定长期处于不确定状况,而行政机构的决定得不到恰当的保护。

《高等法院条例》第21K条和《高等法院规则》第53号命令都没有明确规定若当事人的受公法保护的权利受到侵犯时,他想申请法院作出宣布(declaration)或授予强制令(injunction)这两种救济时,是否一定只能通过司法复核的途径来取得这两种救济。不过,作为一个一般的原则,若允许当事人通过其他途径,即私法途径,来取得这两种救济的话,那将有违公共政策,也是对法院程序的一种滥用,并且规避了《高等法院规则》第53号命令给予公共机构的保护[8]。

二、司法复核的原则和依据

(一)司法复核的基本原则:越权原则(Doctrine of Ultra Vires)

作为普通法一部分的司法复核制度的基本原则主要是沿袭了英国司法复核制度的原则。因此,香港司法复核的基本原则也是沿用了英国司法复核的基本原则,那就是越权原则(Doctrine of Ultra Vires)。

韦德认为,行政法的核心原则就是一个行政机关不可以超越自己的权限。在很大程度上,行政法的发展是由法院通过扩展和进一步细化此原则来进行的。由于英国没有成文宪法,加上议会至上原则(the Principle of Parliamentary Sovereignty)的存在,因此法院(法官)必须确保在所有的案件中它都是执行通过议会所制定的法律所反映出来的议会的立法意图。任何一个行政行为只有两种可能性,即或者在授权范围之内,或者是越权。只有当一个行政行为是越权时,法院才有权谴责该行政行为。这是因为在宪制上,法院没有权力去干涉一个属于授权范围之内的行政行为。换句话说,若一个行政行为是属于授权范围之内的(within jurisdiction),那么就是得到议会的许可的,法院也就无权干涉。当法律有明确授权条款并且授权的范围非常明确时,法院的主要职责是解释该法律条文以确定所涉的行政机关是否越权。但是当法律并无明文规定时,法院就必须通过寻找法律所隐含的行使法律授权的条款或者条件来确定某行政机关的行为是否越权。

香港特别行政区由于有自己的成文宪法,即《基本法》,因此,在香港的司法复核制度中,越权原则的范围要比英国宽。具体来说,成文宪法的存在使得法院在司法复核程序中不仅可以对行政机构的行为是否越权加以审查,而且可以对立法机构的立法行为是否越权加以审查。

而所有司法复核的具体的依据在传统上都是越权原则的具体的内容。但是自从迪普洛克勋爵(Lord Diplock)在1985年英国上议院的判决之后,英联邦国家的现代行政法,包括香港的行政法,都把司法复核的依据分为三大类:(1)不合法性(illegality);(2)程序不恰当性(procedural impropriety);(3)不理性(irrationality)(或者明显不合理性)。当然这并不是一个完整的清单,随着时间的推延和社会的发展,肯定会有不同种类的新的依据的产生。例如,在1985年的判决中,英国上议院的法官就认为比例原则(proportionality)将可能成为

---

[8] 参见 Halsbury's Laws of Hong Kong, vol. 1(1)(2003 Reisue), Administrative Law, by Philip Dykes, S.C.,第 10.060 段。

一种新的司法复核的依据。因此,本文将根据新的分类法对香港特别行政区司法复核的依据加以讨论。

(二)司法复核的依据:不合法性(illegality)

若政府权力的行使会直接影响个人的权利的话,那么它就必须有合法的行使权力的基础。例如,各政府部门及其工作人员所行使的权力必须直接或者间接来自于《基本法》、其他成文法或者普通法。这些权力的行使是否是在法律所规定的范围之内则应该由法院所决定。行政机关并不享有普遍的或者说是内在的制定具有普遍约束力的规则的权力[9]。不合法性本身是包含了一大类司法复核的具体依据。它是迪普洛克勋爵所归纳的四类司法复核依据中范围最大的一类。不合法性这一类司法复核依据的核心是确保公共机构在行使公共权力时没有超越其管辖权,以及没有滥用其管辖权或者自由裁量权。

1. 对管辖权的控制

当一个公共机构被授予有限的法定权力时,它行使权力时受到法律的限制。一方面,该公共机构不可以行使任何没有授予它的权力;另一方面,它也不可以把法律所授予它用来实现某一目的的权力用来实现另一个非法律所规定的目的,或者任何其他的目的。否则,该公共机构就超越了其管辖权。不过,若另一目的是与法定目的相关的,而且是在实现法定目的的过程中通常会达到的,在这种情况之下,实现另一目的也是法律所允许的[10]。

若公共机构在行使法定权力时侵犯了他人在法律上得到认可的权利的话,那么法院享有固有的管辖权对该权力的行使进行审查。这是因为权力的行使必须是公平的,而不应该超越法律所规定的界限,也不应该被滥用。而且若某一机构被赋予某种权力或者义务的话,那么当行使该权力或者履行该义务的情形产生时,所涉及的机构就应该行使其权力或者履行其义务。而且上级法院对下级法院和法定审裁处也具有类似的管辖权。

香港特别行政区的法院享有对任何来自《基本法》,以及其他由香港特别行政区立法机关所制定的条例的,可以由法院加以审查的权力的固有管辖权。同样,法院对行政机关行使那些并非来自《基本法》或者其他成文法的权力也可以进行审查。但是,其前提条件是该权力是属于可以受法院审查的权力范围之内,而审查的依据则与对行政机构行使法定权力的司法复核的依据是一样的。

----

〔9〕 参见 Halsbury's Laws of Hong Kong, vol. 1(1)(2003 Reisue), Administrative Law, by Philip Dykes, S. C. ,第 10. 002 段。

〔10〕 参见 Halsbury's Laws of Hong Kong, vol. 1(1)(2003 Reisue), Administrative Law, by Philip Dykes, S. C. ,第 10. 019 段。

香港特别行政区的法院不仅可以对公共机构行使法定职权的行为进行审查，而且可以对那些行使公共职权的非公共机构的行为进行审查，例如对那些行使公共职责的非法定审裁处的审查。法院对后一类非公共机构的审查和对公共机构以及法定机构的审查完全是基于相同的原则而进行的。但是法院对私有性质的非法定审裁处的审查通常是非常有限的。法院对这一类机构的审查通常包括：决定非法定审裁处的决定是否属于其权限范围之内；其行使职权是否公平、善意，以及是否符合自然公正原则。

上级法院的主要职责之一就是确保下级法院、审裁处及其他组织，特别是行政机构和法定机构，在其管辖权之内行使法定权力。若一机构没有权力对某一事件进行调查，那么它就没有管辖权。若该机构在这种情况下仍然作出调查的话，那么它就超越了其管辖权[11]。具体来说，一个机构在下列情况下没有管辖权：(1)其组成不恰当；(2)所提起的程序并不恰当；(3)赖以作出决定的职权是不合法地授予的；(4)它没有能力处理某一事项[12]。超越管辖权与缺少管辖权之间并没有任何实质性的区别，这两个词可以互相替代加以使用。下文将对涉及超越管辖权的司法复核的具体依据逐一加以介绍。

(1)涉及管辖权的事实问题(issue of fact going to jurisdiction)

当某一机构的管辖权是依赖于某一特定事态的存在时，该特定事态可以被称之为附属于具体案情(collatoral to the merits of the issue)的事态，或者是管辖性的事态。如果在一机构开始调查之时，有人对其管辖权提起挑战，那么该机构首先要回答的问题就是，它对争议中的具体案情有没有管辖权，并作出相应的决定。换句话说，该机构必须得而且能够对管辖性问题作出裁决。不过，此裁决是涉及管辖权的事实问题，因此，该机构的裁决是否合法则得由法院作出最后的决定。那就是说，申请人若对上述裁决不满的话，可以通过提起司法复核要求法院对有关裁决进行审查[13]。

通常很难确定某一事件是否是附属于具体案情的事态，从而是管辖性的，还是涉及具体案情的事态。这一判断对于当事人是否可以提起司法复核，以及法院是否可以行使司法复核管辖权来说是非常重要的。若某一行政机构，或者审裁处，或者下级法院对争议中的案件的有关案情作出错误的决定的话，除非

---

[11] 参见 Halsbury's Laws of Hong Kong, vol. 1(1)(2003 Reisue), Administrative Law, by Philip Dykes, S. C. ,第 10. 061 段。

[12] 参见 Halsbury's Laws of Hong Kong, vol. 1(1)(2003 Reisue), Administrative Law, by Philip Dykes, S. C. ,第 10. 062 段。

[13] 参见 Halsbury's Laws of Hong Kong, vol. 1(1)(2003 Reisue), Administrative Law, by Philip Dykes, S. C. ,第 10. 063 段。

该决定法律上存在错误,或者是一个法律错误非常明显地存在于有关决定的书面记录文件中(on the face of the record of the determination),或者是成文法明确规定可以就有关的错误决定向法院提起上诉,否则有关决定将是不可怀疑的(unimpeacheable),即不可以对有关决定提起司法复核[14]。但是若有关决定不是涉及具体案情的,而是涉及管辖权的,那么申请人对有关决定不满的话,就可以提起司法复核。

管辖权所依赖的事态得根据每个具体个案中的相关的法律(成文法)来加以确定。若行使法定权力是基于对相关事实的错误理解的话,那么不管这些事实在相关的法律中是否被表述为管辖性事实,只要能够证明决策者在考虑了相关的法律之后,他不能合理地得出那一观点,那么法院就可以撤销该行政机构行使管辖权所作出的决定。在有些案件中,法院可以在司法复核程序中基于事实错误而撤销已经作出的决定。

(2)涉及管辖权的法律问题(issue of law going to jurisdiction)

在解释赋予某一机构管辖权或者自由裁量权的法律时,存在一个法律上的假设,那就是如果那个机构意图在其管辖权范围内作出某一行为或者行使其权力,并在作出有关行为或者行使有关权力时犯了法律上的错误,那么它所作出的决定或者是行为将被认为超越了其职权,而应该被撤销。这一法律假设的前提条件是,上述决定或者行为必须是依据这一错误所作出的。这一法律上的错误被称为涉及管辖权的法律问题。例如,若某一机构没有遵守法律所规定的适当的程序,或者是考虑了不应该考虑的因素,或者是问了并且回答了错误的问题,那么该机构就是犯了涉及管辖权的法律问题。在现代行政法中,法院通常认为它们在任何案件中在决定可适用的法律原则方面的专长并没有被立法机关所排除[15]。换句话说,法院对法律问题拥有最终的解释权。若有关机构对法律的解释是错误的,而该解释直接影响到有关机构对争议中的事件是否享有管辖权的话,那么受影响的当事人可以以有关法律问题涉及管辖权为依据提起司法复核程序。

(3)在书面记录中存在的错误(Error on the Face of Record)

如果诉讼文件本身显示出某一机构的决定在法律上是错误的话,那么法院可以颁发移审令状(certiorari)来撤销此决定。例如,如果提交给裁判署的起诉书中的控罪根据起诉书中的信息在法律上并不构成由裁判署来惩罚的罪刑时,

<hr>

[14]　参见 Halsbury's Laws of Hong Kong, vol. 1(1)(2003 Reisue), Administrative Law, by Philip Dykes, S. C.,第 10. 063 段。

[15]　参见 Halsbury's Laws of Hong Kong, vol. 1(1)(2003 Reisue), Administrative Law, by Philip Dykes, S. C.,第 10. 064 段。

法院可以颁发移审令状来撤销此起诉[16]。由于在现代行政法中，绝大多数的法律错误都是涉及管辖权的。即使法律错误并不是存在于书面记录中，申请人也都可以基于超越管辖权或者缺乏管辖权这一依据而提起司法复核。这就意味着，基于存在于书面记录中的错误这一司法复核的依据已经是越来越不重要了。因此，法律错误是否是存在于书面记录中已经不是非常重要[17]。

2. 滥用自由裁量权（或者管辖权）

在许多情况下，成文法的授权都赋予公共机构在行使公共权力时具有一定的自由裁量权，例如"若有关机构认为……"、"若……满意的话"，等等。但是，在公法领域，没有绝对的不受约束的自由裁量权。这就是说，自由裁量权是受法律约束的。而法院具有内在的管辖权来决定公共机构是否超越了法定的权限。在有些情况下，成文法确实会限制或者剥夺法院独立决定行使某一公共权力的前提条件是否存在（得到符合）的权力。这时，法院的权力将局限于以下一些问题，例如，(i)有关的公共机构是否善意行使其权力；(ii)是否在成文法所授权的范围内行使其权力；(iii)其所持有的观点是否有事实基础的支持。在现代行政法中，法院通常会看，当一个合理的人没有在法律或者事实上误导自己时是否得出同样的结论[18]。若答案是肯定的，有关的公共机构就没有滥用其职权。否则，法院就会裁定有关的公共机构滥用了其职权。

除非行使法定权力的公共机构在行使权力时是诚实的和善意的，否则它对法定权力的行使将是无效的。若行使法定权力是故意为了达到一个法律赋予决策者应该达到的目的之外的其他的公众的或者私人的目的的话，那将被认为是恶意行使法定权力的行为。但是在一个法治国家，这一类恶意的行政行为很少会真正出现[19]。

若某一行政行为是通过明显的欺诈行为而作出的话，那么法院可以通过颁发移审令状（certiorari）来撤销此行政行为。当表面证据能够证明某行政机关错误行使权力时，若行政机关提供证据来证明，它在作出具体行为时并没有犯任何错误，故它的行为应该是有效的。在这种情况下，将由法院来推断该行政

---

[16] 参见 Halsbury's Laws of Hong Kong, vol. 1(1)(2003 Reisue), Administrative Law, by Philip Dykes, S. C. ,第 10.068 段。

[17] 参见 Halsbury's Laws of Hong Kong, vol. 1(1)(2003 Reisue), Administrative Law, by Philip Dykes, S. C. ,第 10.068 段。

[18] 参见 Halsbury's Laws of Hong Kong, vol. 1(1)(2003 Reisue), Administrative Law, by Philip Dykes, S. C. ,第 10.020 段。

[19] 参见 Halsbury's Laws of Hong Kong, vol. 1(1)(2003 Reisue), Administrative Law, by Philip Dykes, S. C. ,第 10.020 段。

机关是否是为了某种法律规定之外的目的而行使其职权[20]。这意味着申请人仍然可以提起司法复核的请求,至于他是否能够得到任何救济,则由法院作最后的决定。

滥用自由裁量权有许多不同的表现形式。以下三种是较为常见的,但是绝不是仅有的三种形式。

(1)没有公平地作出行政行为

决定一公共机构有否滥用法定权力的依据之一是看有关机构有没有公平地作出行政行为。具体决定有关机构是否公平作出决定的办法之一是,假设决策者不是公共机构,而是一个普通的民事决定,然后看其行为是否构成违约行为,或者是否违反了决策者所之前作出的表述(representation)。若答案是肯定的话,那么即使决策者并不是为了任何不恰当的目的,它对法定权力的行使仍然是属于不公平的。这是因为自由裁量权必须公平地,而不是随意地加以行使[21]。因此,法院可以基于滥用权力这一依据把该决策者的决定加以撤销。

(2)没有考虑相关的因素或者是考虑了不相关的因素

没有考虑相关的因素或者是考虑了不相关的因素(Failure to take into account relevant consideration, or Taking into account irrelevant consideration)都是具体的司法复核的依据。当法律赋予某一机构自由裁量权后,该机构在行使自由裁量权时,必须为了与授权法律相一致的适当的目的。若决策者在作出决定时,没有考虑相关的因素或者是考虑了不相关的因素的话,那么法院可以撤销决策者行使上述自由裁量权所作出的决定。有些由香港特别行政区立法机关所制定的条例详细列举了一些或者所有的需要考虑的相关因素。在这种情况下,法院就比较容易决定有关的机构在作出决定时是否考虑了相关的因素。但是另外一些条例则有可能根本没有列举任何相关因素或者所列举的相关因素并不全面。在这种情况下,法院将要根据法律所隐含的目的来决定任何特定的因素是相关的还是不相关的因素[22],并作出相应的裁决。

(3)终局性条款(Finality Clause)的效力

有时立法机关会意图限制法院对某些行政行为是否在授权范围之内作出解释的权力,即把某些行政行为排除在司法复核的范围之外。其通常的做法就

<hr/>

[20] 参见 Halsbury's Laws of Hong Kong, vol.1(1)(2003 Reisue), Administrative Law, by Philip Dykes, S.C.,第10.020段。

[21] 参见 Halsbury's Laws of Hong Kong, vol.1(1)(2003 Reisue), Administrative Law, by Philip Dykes, S.C.,第10.070段。

[22] 参见 Halsbury's Laws of Hong Kong, vol.1(1)(2003 Reisue), Administrative Law, by Philip Dykes, S.C.,第10.071段。

是通过成文法规定，某个行政机构或者法定机构的行为是终局性的行为，从而不受法院的管辖。但是普通法国家和地区的法院，包括英国和香港特别行政区的法院则拒绝赋予这一类法律规定字面上的含义。法院在一系列的判例中，通过适用普通法中对立法意图的假设，而指出，立法机关的真正意图并不是真的想剥夺法院对这一类终局性的行政行为的司法复核权；而是只有当这一类终局性行政行为是合法时，才不受法院司法复核程序的管辖。因此，当一个行政行为被成文法规定为"终局性的"行政行为时，任何人都不可以针对此行为提起上诉。但是否可以对该行为提起司法复核则取决于行政机构或者法定机构在作出有关行政行为时有没有违法。通常情况下，法院所采用的原则是，若作出该行政行为的行政机关或者法定机构在作出该行为的过程中有不合法因素的话，那么法院就可以对该行为行使司法复核权。不过，若成文法只是规定了在非常有限的一段时间内限制当事人对某一行政行为提起司法复核，或者若某一行政行为被取消会对个人或者公共利益造成重大损害的话，那么法院的司法复核权将会受到限制[23]。所以，当成文法规定某一行政机构或者法定机构所作出的行为是终局性时，其行为并不一定是不受司法复核程序管辖的。根据判例法的发展，大部分终局性的行为仍然是受司法复核程序管辖的。

（三）程序不恰当性（Procedural Impropriety）

程序不恰当性是除不合法性之外的另一大类提起司法复核的依据。这是在自然公正原则的基础上发展出来的对行使公共权力的程序要求，它的范围比传统的自然公正原则要来得宽。它具体包括：没有遵守成文法或者其他具有法律效力的文件所明确规定的程序；自然公正原则；或者是没有能够满足一个合理的期望[24]。

1. 法律规定的程序要求

法律规定的程序要求通常包括强制性和指导性要求。许多人都认为，不遵守法律规定的程序要求的法律后果取决于所涉及的程序是强制性还是指导性程序。若一行政机构或者法定机构不遵守强制性程序，那么它所作出的行为将是无效的；若该机构不遵守指导性程序，那么它所作出的行为将是可撤销的，但是并不一定无效。事实上，即使所涉及的是强制性程序，法院也拥有自由裁量权来决定是否给予当事人诸如履行义务令状、禁止令状、移审令状、作出宣布或授予强制令等救济。因此，所涉及的程序是强制性程序还是指导性程序并不一定决定了所作出

---

〔23〕 参见 Halsbury's Laws of Hong Kong, vol. 1(1)(2003 Reisue), Administrative Law, by Philip Dykes, S. C. ,第 10.071 段。

〔24〕 参见 Halsbury's Laws of Hong Kong, vol. 1(1)(2003 Reisue), Administrative Law, by Philip Dykes, S. C. ,第 10.025 段。

的行为是否有效,而只是意味着法院在决定相关行为是否有效时所需考虑的因素会有所不同[25]。因此,若任何行政机构或者法定机构因行使公共权力而作出某一行为时违反了法律规定的程序要求的话,那么受到其行为影响的人可以提起司法复核。但是,法院可以行使其自由裁量权以决定是否给予申请人任何救济。

2. 合理期望(Legitimate Expectation)

合理期望是普通法所建立的一种公共权力行使者所应遵守的程序要求。当所行使的权力是公共权力时,有可能受到影响的当事人可以有一种合理的期望,即希望公共权力的行使者会给予他某种待遇,例如颁发许可证给他,或者批准他延长许可证的申请等。这种合理期望可能产生于行政机构的陈述(representation),或者是当局的许诺,或者是隐含的许诺,或者是过往一贯的做法/实践[26]。这一程序要求只适用于公共权力的行使。若所涉及的权力是私法上的权力的话,例如合约的一方决定不再与另一方续约,那么另一方在合同法上并没有权利期望对方一定要与它续约。

在不同的案件中,由于案情的不同,当事人的合理期望也有可能不同。而不同的合理期望的存在可能会产生不同的法律后果。首先,合理期望的存在可能会使得当事人满足具有申请提起司法复核许可的条件。其次,合理期望的存在也可能意味着行政机构或者法定机构在没有迫切的公共政策理由时不可以作出某一行为。再次,合理期望的存在也可能意味着行政机构或者法定机构在决定不满足当事人合理期望之前,应该允许当事人就有关事项陈述其观点[27]。

3. 咨询(磋商)(Consultation)

公共机构在作出决定之前咨询相关的当事人的义务有可能来自于成文法的规定,也有可能来自于那些当事人的合理期望。当应该被咨询的当事人是由成文法所规定时,只有法律所明确规定的人才有权利要求公共机构在作出决定之前必须咨询他们的意见。其他人就不可以说相关的公共机构也应该咨询其意见。有时,成文法也有可能授予决策者自由裁量权,让决策者自己决定应该咨询哪些人。在这种情况下,法院通常不会干涉决策者选择被咨询人的决定[28]。只有当决策

---

〔25〕　参见 Halsbury's Laws of Hong Kong, vol. 1(1)(2003 Reisue),Administrative Law,by Philip Dykes, S. C. ,第 10. 075 段。

〔26〕　参见 Halsbury's Laws of Hong Kong, vol. 1(1)(2003 Reisue),Administrative Law,by Philip Dykes, S. C. ,第 10. 076 段。

〔27〕　参见 Halsbury's Laws of Hong Kong, vol. 1(1)(2003 Reisue),Administrative Law,by Philip Dykes, S. C. ,第 10. 076 段。

〔28〕　参见 Halsbury's Laws of Hong Kong, vol. 1(1)(2003 Reisue),Administrative Law,by Philip Dykes, S. C. ,第 10. 077 段。

者在作出决定时是怀有恶意的，或者它作出的是任何合理的人都不会作出的（即是明显不合理的）决定时，法院才会对决策者的决定加以干涉。

4. 提供理由的责任（Duty to Give Reasons）

在普通法中，公共机构并没有对它所作出的每个决定都提供理由的一般义务。只有当成文法规定了提供理由的责任时，公共机构才需承担该责任。有时，成文法会明确规定公共机构有为其所作出的决定提供书面或者口头理由的义务。在有些情况下，所提供的理由必须是全面的、充分的，而且必须是解释了受争议的主要论点。根据公共机构所提供的理由，当事人和法院应该能够知道它考虑了哪些因素，以及它就有关的事实和法律问题所形成的观点[29]。若成文法没有要求决策者提供理由，那么通常都不会认为可以从自然公正或者公平这两个要求中推导出公共机构具有提供理由的义务。法律并不认可行政机构具有提供理由的一般的义务。不过，在一些适当的情况之下，法院可以说公共机构具有隐含的为其决定提供理由的义务[30]。特别是当有足够的其他证据存在时，法院有可能推断公共机构有提供理由的义务。

5. 自然公正（Natural Justice）

自然公正原则包含着两个基本原则，即没有人应该在与自己有利益关系的案件中做裁判，和任何人在受到谴责之前都应该有作出辩解的权利（no man shall be a judge in his own cause, and that no man shall be condemned unheard）。法院、审裁处、仲裁员，以及任何其他的有义务向法院那样行使职能的机构和人员都应该遵守这两条基本原则。事实上，不仅那些被要求遵守法院程序和证据规则的机构需要遵守自然公正原则的义务，而且所有的公共机构都有必要遵守这两个原则。由于自然公正原则在历史上首先是针对那些需要遵守法院程序和证据规则的机构，为此，在现代行政法中，法院开始少提自然公正，而更多提公平原则（principle of fairness），即公平地作出行为的义务（duty to act fairly）。这样，行政机构也具有公平地行使职权的义务。所不同的是，当行使权力的机构不同时（看一个机构是法院，还是行使司法功能的机构、准司法机构，还是行政机构），公平原则对相关机构行使其相应的职权的要求会有所不同[31]。

自然公正原则和公平原则在现代行政法中可以互相替代。司法、准司法以

----

〔29〕 参见 Halsbury's Laws of Hong Kong, vol. 1(1)(2003 Reisue), Administrative Law, by Philip Dykes, S. C. ,第 10.078 段。

〔30〕 参见 Halsbury's Laws of Hong Kong, vol. 1(1)(2003 Reisue), Administrative Law, by Philip Dykes, S. C. ,第 10.078 段。

〔31〕 参见 Halsbury's Laws of Hong Kong, vol. 1(1)(2003 Reisue), Administrative Law, by Philip Dykes, S. C. ,第 10.079 段。

及公共机构通常都必须遵守这两个基本原则,但是这两个原则的标准实际上具有很大的弹性。因此,在一个具体的情况下,一个公共机构在自然公正或者公平原则下所需遵守的具体的程序要求将取决于公共机构所作出的决定或者判决所涉及的主体,以及案件的所有其他的情况[32]。在不同的个案中,具体的要求有可能会不同。事实上,我们不可能把必须公平地作出行为的情形一一加以列举(穷尽)。随着社会的发展,特别是公共职能的扩展,判例法也会有相应的发展。这将导致应该公平作出行为的机构及职能的范围的不断扩大。目前,可以说,在公法领域的所有决策过程,决策者都具有公平作出行为的义务,但是公平的内涵则有可能不同[33]。

自然公正原则和公平原则在判例法中主要有以下两种具体的表现形式,即具体的司法复核的依据。

(1)不存偏见(Bias)

自然公正原则和公平原则中的一个具体的原则就是决策者不应该有偏见。具体来说,那就是当任何人在所涉及的争端中具有任何直接的经济利益,不管是如何小,他都不具有资格对所涉及的争端作出判决或者决定。任何其他的利益的存在若会让第三者觉得决策者有可能会因为自己的利益而在作出决定时会抱有偏见的话,当事人也可以以此为依据而提起司法复核[34]。

如果决策者确实有偏见,那么法院可以通过司法复核撤销相关的决定。即使决策者在事实上并非确实是有偏见,但是只要决策者"确实有存在偏见的危险"(real danger of bias)的话[35],受其决定影响的当事人就可以提起司法复核,而法院也可以撤销相关的决定。如果决定是由几个人集体作出的,只要决策者之一确实有偏见或者有可能有偏见,那么即使其他的决策者并没有偏见,他们集体作出的决定将会被法院加以撤销。但是,若当事人完全知道决策者有偏见或者有可能有偏见,而且也有足够的机会去反对相关的决定,但是却没有反对的话,那么就会被当作是放弃了其反对的权利[36]。法院也就不会撤销有关的

---

[32] 参见 Halsbury's Laws of Hong Kong, vol. 1(1)(2003 Reisue), Administrative Law, by Philip Dykes, S. C.,第 10.079 段。

[33] 参见 Halsbury's Laws of Hong Kong, vol. 1(1)(2003 Reisue), Administrative Law, by Philip Dykes, S. C.,第 10.079 段。

[34] 参见 Halsbury's Laws of Hong Kong, vol. 1(1)(2003 Reisue), Administrative Law, by Philip Dykes, S. C.,第 10.081 段。

[35] 参见 Halsbury's Laws of Hong Kong, vol. 1(1)(2003 Reisue), Administrative Law, by Philip Dykes, S. C.,第 10.084 段。

[36] 参见 Halsbury's Laws of Hong Kong, vol. 1(1)(2003 Reisue), Administrative Law, by Philip Dykes, S. C.,第 10.086 段。

决定。另外,受到偏见影响的决定只是可撤销的,而不是无效的。因此,在相关的决定被法院或者其他有管辖权的机构撤销之前,该决定都是有效的。

不过该原则也有一些例外。当法律有明确规定时,或者当事人一致同意,或者是出于必要的话,那么即使决策者有利益关系,他也可以在涉及自己的案件中作有关的决定。例如,若所有的有权对所涉及事项作出决定的机构的成员都不符合资格,那么根据普通法中的出于必要的原则,可以授权这些成员审理相关事项。

（2）获得通知的权利和答辩的机会(Right to notice and opportunity to be heard)

一个人在没有就对他的指控得到事先通知(prior notice)并有公平的机会对指控陈述自己的观点(答辩)之前是不可以被谴责的这一原则是自然公正原则和公正公平原则(principle of justice)的基本内容之一。普通法已经把此原则适用到所有的行政机构。而且,即使在没有任何指控的情况下,若行政机构行使自由裁量权的结果会严重影响到某个人的权利时,也可能会产生隐含的遵守此规则的义务[37]。但是该规则只是适用于那些将作出最终决定或者行为的行为,而不适用于初步决定的作出。例如,当某个人还可以向上一级行政机构作出上诉的话,那么只要在上诉阶段该当事人得到事先通知并有公平的机会对指控陈述自己的观点的话,就满足此原则的要求了。

此原则有两个具体的要求。第一个要求是,决策者在作出决定之前,应该事先通知所有有可能受到其决定影响的人,并告诉他们即将进行的任何聆讯的时间和地点,对他们的指控,以及任何他们需要回答的问题[38]。

该原则的第二个要求是,对当事人之间的争论作出裁决的机构或者个人必须给予每一方当事人公平的机会陈述他自己的案件,更正或者反驳任何对他不利的陈述。即使某一机构所作出的决定将只会与一方当事人的利益有关,或者只会影响该机构与一方当事人之间的关系,该机构也负有让有关当事人作出答辩的机会。在有些情况下,公平甚至会要求决策者主动邀请有关的当事人作出相应的陈述[39]。

（四）明显不合理性(Wednesbury Unreasonableness)

明显不合理性是一个由普通法发展出来的提起司法复核的依据。迪普洛克勋

---

[37] 参见 Halsbury's Laws of Hong Kong, vol. 1(1)(2003 Reisue), Administrative Law, by Philip Dykes, S.C. ,第 10.089 段。

[38] 参见 Halsbury's Laws of Hong Kong, vol. 1(1)(2003 Reisue), Administrative Law, by Philip Dykes, S.C. ,第 10.090 段。

[39] 参见 Halsbury's Laws of Hong Kong, vol. 1(1)(2003 Reisue), Administrative Law, by Philip Dykes, S.C. ,第 10.091 段。

爵(Lord Diplock)在 1985 年上议院的一个案件中把它称为"不理性"(irrationality)。这两者在法律上是完全相同的依据。一个审裁处或者任何其他公共机构行使法定自由裁量权的行为可以因为明显不合理性而被法院撤销。作为司法复核的依据,明显不合理性和其他的司法复核的依据,例如恶意、不当目的、考虑不相关因素、不考虑相关因素等,之间互有交叉。虽然如此,明显不合理性在普通法国家中,特别是在英国和香港的司法复核制度中已经成为一个独立的司法复核依据。当一个决定是如此的不合理,以致没有任何合理的机构,当它考虑了应该适用的法律后,会得出(作出)同样的决定时,那么该决定就是属于明显不合理的决定。法院就可以在司法复核程序中以明显不合理性为依据而撤销此决定[40]。

需要指出的是,法院真正适用此依据来撤销一个公共机构行使公共职权所作出的决定的情形是非常有限的。这主要是因为,在一个法治国家或者地区内,所有行使公共职权的机构一般都希望,而且应该尽力确保它所作出的决定是合理的决定。因此,公共机构真正作出明显不合理决定的可能性不大。当一个决定并非明显不合理时,不同的人可能对此决定是否合理有不同的判断。而法院不会因为它不同意某一决定或者是因为它认为有关决定是基于一个严重的错误判断而撤销有关决定。因此,只有在非常例外的情况下,法院才会基于明显不合理性这一依据而撤销某一公共机构所作出的决定[41]。

(五)比例原则(**Proportionality**)

比例原则是普通法中正在发展中的一个司法复核的依据。在英国和香港的行政法中,比例原则还不是一个发展成熟的司法复核的依据。该原则的核心是公共机构所作出的决定必须与所要达到的目标成比例。特别是在行使自由裁量权的过程中,若所要达到的目的与所采用的方式之间不存在一合理的比例关系,或者是当行政机构所作出的处罚与它所针对的违法行为完全不成比例时,法院可以在司法复核程序中撤销行使自由裁量权所作出的决定。迪普洛克勋爵(Lord Diplock)在 1985 年上议院的一个案件中认为比例原则有可能在英国行政法中会成为司法复核的一个独立的依据。比例原则在英国判例中出现的频率是越来越高,但是还没有成为一个完全独立的司法复核依据。它通常是被当作明显不合理性的一个佐证[42],即被引用来证明公共机构所作出的某个

---

[40]　参见 Halsbury's Laws of Hong Kong, vol. 1(1)(2003 Reisue), Administrative Law, by Philip Dykes, S.C.,第 10.072 段。

[41]　参见 Halsbury's Laws of Hong Kong, vol. 1(1)(2003 Reisue), Administrative Law, by Philip Dykes, S.C.,第 10.072 段。

[42]　参见 Halsbury's Laws of Hong Kong, vol. 1(1)(2003 Reisue), Administrative Law, by Philip Dykes, S.C.,第 10.073 段。

决定是明显不合理的决定。

在香港，比例原则主要适用于涉及人权的案件。当政府的某一行为，包括立法和行政行为，对国际人权公约，特别是《联合国公民与政治权力公约》、《基本法》和《人权法案条例》所规定的基本人权作出的限制不符合比例原则时，法院可以根据比例原则来宣布相关的立法或者行政行为因不符合比例原则而应该无效并被撤销[43]。

三、司法救济

在司法复核诉讼中，申请人可以向原讼法庭要求两类救济，一类是公法救济，另一类是私法救济。就公法救济而言，申请人可以要求原讼法庭颁发：履行义务令、禁止令、移审令、作出宣布，或授予强制令。原讼法庭可以批予其中一种或多于一种救济。若申请人在司法复核申请中要求原讼法庭作出宣布或授予强制令，那么在考虑了(a)可藉履行义务令、禁止令或移审令批予救济的事宜的性质；(b)可藉该等命令批予救济所针对的人及团体的性质；及(c)有关案件的所有情况后，若法庭认为作出宣布或授予强制令是公正及适宜的话，那么法庭可以作出所要求的宣布或授予所要求的强制令[44]。

如在接获寻求移审令的申请司法复核后，原讼法庭撤销该项申请所关乎的决定，则原讼法庭可将有关事宜发回有关的法院、审裁处或主管当局，并指示须按照原讼法庭的裁断而重新考虑有关事宜和达成决定。凡原讼法庭认为在提出一项申请司法复核时有不当的延迟，如法院认为批予所寻求的救济相当可能会对任何人造成实质困难或在实质上对任何人的权利造成损害，或会有损良好的行政运作，那么法庭可拒绝批予申请人所寻求的任何救济济助[45]。

就私法救济而言，在申请人申请司法复核时，如申请人已在其申请中加入就申请所关乎事宜引致的损害赔偿并提出相应的诉讼请求，而且法庭信纳，假若申请人是在其申请提出时开展诉讼而他又在该诉讼中提出该诉讼请求，则本可获判给损害赔偿的话，那么原讼法庭可将损害赔偿判给申请人[46]。

---

〔43〕 参见 Halsbury's Laws of Hong Kong, vol. 1(1)(2003 Reisue), Administrative Law, by Philip Dykes, S.C., 第 10.073 段。

〔44〕 参见《高等法院条例》第 21K 条。

〔45〕 参见《高等法院条例》第 21K 条。

〔46〕 参见《高等法院条例》第 21K 条。

第二编

香港有关行政诉讼的法律法规

高等法院条例(香港法例第 4 章)[1]

第 21I 条　履行义务令、禁止令及移审令[2]

(1)原讼法庭具有司法管辖权,在其有权在紧接《1987 年最高法院(修订)条例》(1987 年第 52 号)生效日期前作出履行义务令、禁止令及移审令的各类案件中,作出该等命令。(由 1998 年第 25 号第 2 条修订)

(2)每项该等命令均属最终命令,但须受就任何该等命令提出上诉的权利所规限。

(3)就原讼法庭根据任何成文法则,规定裁判官或区域法院法官或人员须作出任何与其各别职位的职责有关的作为的权力而言,或规定裁判官须陈述案件以便原讼法庭给予意见的权力而言,如原讼法庭以前凭借任何成文法则曾具有司法管辖权可就任何该等目的而使某项规令成为绝对规令或一项命令,原讼法庭即可以履行义务令行使该权力。(由 1997 年第 47 号第 10 条修订,由 1998 年第 25 号第 2 条修订)

(4)在任何成文法则中——

　　(a)凡提述履行义务令状、禁止令状或移审令状之处,须解释为提述相应的命令;及

　　(b)凡提述发出或给予该等令状之处,须解释为提述作出相应的命令。

　　(由 1987 年第 52 号第 18 条增补)

第 21J 条　禁制任何人担当其无权担当的职位的强制令[3]

(1)凡某人无权担当本条适用的职位而担当该职位,原讼法庭可——(由 1998 年第 25 号第 2 条修订)

---

〔1〕　该条例是 1997 年 7 月 1 日版本。具追溯力的修订——见 1998 年第 25 号第 2 条。

〔2〕　比照 1981 c. 54 s. 29 U.K.。

〔3〕　比照 1981 c. 54 s. 30 U.K.。

  (a)授予强制令，禁制该人担当该职位；及

  (b)如情况有此需要，宣布该职位悬空。

  (2)本条适用于任何成文法则所设立的任何公职或职位。(由1987年第52号第18条增补)

  第21K条　申请司法复核[4]

  (1)向原讼法庭要求批予以下一种或多于一种济助的申请——

    (a)履行义务令、禁止令或移审令；

    (b)根据第21J条授予禁制一名无权担当该条所适用的职位的人担当该职位的强制令，

  须按照法院规则以一项称为申请司法复核的程序作出。

  (2)要求作出宣布或授予强制令(并非第(1)款所述的强制令)的申请，可按照法院规则以申请司法复核的方式提出，而原讼法庭在接获该申请后，如在考虑到——

    (a)可藉履行义务令、禁止令或移审令批予济助的事宜的性质；

    (b)可藉该等命令批予济助所针对的人及团体的性质；及

    (c)有关案件的所有情况，

  认为作出宣布或授予强制令(视属何情况而定)是公正及适宜的，可作出所要求的宣布或授予所要求的强制令。

  (3)除非已按照法院规则取得原讼法庭的许可，否则不得提出申请司法复核，而除非法院认为申请人与申请所关乎的事宜有充分利害关系，否则不得批予提出该项申请的许可。

  (4)在有人申请司法复核时，如符合以下情况，原讼法庭可将损害赔偿判给申请人——

    (a)申请人已在其申请中加入就申请所关乎事宜引致的损害赔偿而提出的申索；及

    (b)法院信纳，假若申请人是在其申请提出时开展诉讼而他又在该诉讼中提出该申索，则本可获判给损害赔偿。

  (5)如在接获寻求移审令的申请司法复核后，原讼法庭撤销该项申请所关乎的决定，则原讼法庭可将有关事宜发回有关的法院、审裁处或主管当局，并指示须按照原讼法庭的裁断而重新考虑有关事宜和达成决定。

  (6)凡原讼法庭认为在提出一项申请司法复核时有不当的延迟，如法院认为批予所寻求的济助相当可能会对任何人造成实质困难或在实质上对任何人

----

〔4〕　比照1981 c. 54 s. 31 U.K.。

的权利造成损害,或会有损良好的行政运作,可拒绝批予——

　　　　(a)提出该项申请的许可;或

　　　　(b)该项申请所寻求的任何济助。

　　(7)第(6)款不损害任何具有限制提出司法复核申请时限的效力的成文法则或法院规则。(由 1987 年第 52 号第 18 条增补,由 1998 年第 25 号第 2 条修订)

　　第 21L 条　强制令及接管人[5]

　　(1)在原讼法庭觉得如此行事是公正或适宜的所有情况下,原讼法庭可藉命令(不论是非正审命令或最终命令)授予强制令或委任一名接管人。

　　(2)任何该等命令可无条件作出,或按法院认为公正的条款及条件作出。

　　(3)根据第(1)款或第 21M 条,原讼法庭授予非正审强制令以禁制任何法律程序的一方将位于原讼法庭的司法管辖权范围内的资产由该司法管辖范围内移走或以其他方式处理的权力,不论在该一方是否居于或身在该司法管辖权范围内的个案中,抑或在该一方的居籍或本籍是否在该司法管辖权范围内的个案中,原讼法庭均可行使。(由 2008 年第 3 号第 9 条修订)

　　(4)如在聆讯任何讼案或事宜之前、之时或之后,有人申请强制令以防止任何有受威胁会发生或唯恐会发生的土地损坏或侵入行为,则如原讼法庭认为适合,可授予强制令,不论——

　　　　(a)所寻求的强制令所针对的人是否根据任何声称的业权或其他权利而管有有关的产业,或(如非管有的话)是否假托任何业权之名而声称有权作出所禁制的作为;及

　　　　(b)双方或任何一方所申索的产业权是法律上或衡平法的产业权。

　　(5)原讼法庭由于衡平法执行而委任接管人的权力,可就土地的所有法律产业权及权益运作,而该项权力——

　　　　(a)可就土地的产业权或权益行使,不论已否因为强制执行有关判决、命令、判令或裁决的目的而根据第 20 条对有关土地施加一项押记;及

　　　　(b)是增加而非减损任何法院在强制执行该项押记的法律程序中委任接管人的权力。

　　(6)凡根据第 20 条作出的为强制执行某项判决、命令、判令或裁决的目的而施加一项押记的命令,已根据《土地注册条例》(第 128 章)第 2 条注册,该条例第 3(2)条对在以下情况作出的委任接管人的命令即不适用——

―――――――――――

　　[5]　比照 1981 c. 54 s. 37 U.K. 。

(a)该命令是在强制执行该项押记的法律程序中作出的;或

(b)该命令是以衡平法执行判决、命令、判令或裁决的方式作出,或是以衡平法执行该判决、命令、判令或裁决中规定须缴付该项押记所保证的款项的部分的方式作出(视属何情况而定)。(由1987年第52号第18条增补,由1998年第25号第2条修订)

第22A条 人身保护令状的申请及发出

(1)属以下情况的申请可向原讼法庭提出——

(a)指称申请所指名的人是无合法理由而被羁留;并且

(b)要求就该人发出人身保护令状。

(2)申请可由指称被羁留的人或由任何其他人代为提出,尤其可由声称在法律上有权看管某另一人的人提出,或由他人代该如此声称的人提出。

(3)申请可单方面提出。

(4)原讼法庭在接获申请后,必须在切实可行范围内尽快查究该项申请人是被非法羁留的指称。所有根据本条进行的法律程序,均须在公开法庭进行,但如法庭在其所指明的例外情况下,命令法律程序或其某部分须以非公开形式进行,则不在此限。在每一个案中,所有就该等法律程序作出的命令及决定,以及作出该等命令及决定的理由,均须在公开法庭宣布。

(5)原讼法庭在考虑申请时,如信纳申请是有实据的,则必须作出以下其中一项行动——

(a)命令发出人身保护令状,指示看管申请人的人在指明日期指明时间,将申请人带到法庭席前,并向法庭核证将申请人羁留的理由;

(b)命令看管申请人的人在法庭席前出庭,以提出将申请人羁留是合法的理由。

(6)原讼法庭如经考虑人身保护令状的申请后信纳申请是无实据的,则可驳回申请。

(7)人身保护令状所致予的人必须在令状所指明的日期,并在不迟于令状所指明的时间——

(a)在原讼法庭法庭席前交出指称被羁留的人;及

(b)就令状作出正式回报。

但原讼法庭如信纳有好的理由将遵从人身保护令状的时限延展,则可如此行事。

(8)如因任何理由,人身保护令状所致予的人不可能遵从令状,则该人仍必须向原讼法庭作出回报,指明不可能遵从令状的理由。

(9)凡某人按照人身保护令状被带到原讼法庭法庭席前,法庭必须立即查究有关该人被羁留的情况,并且除非信纳羁留该人是合法的,否则必须命令将该人从羁留中释放。

(10)如看管被羁留者的人按照一项根据第(5)(b)款作出的命令在法庭席前出庭,但没有使法庭信纳羁留该名被羁留者是合法的,则法庭必须命令立即将该名被羁留者从羁留中释放。

(11)如已有人身保护令状就某名被羁留者发出,则直至该令状已被撤销或有关的法律程序完结为止,看管该名被羁留者的人不得——

    (a)容许该名被羁留者被送往香港另一羁留地方,但根据《监狱条例》(第234章)的授权或任何其他就将人羁留作出明文规定的成文法则的授权则除外;或

    (b)容许该名被羁留者被移离香港。

(12)如先前以某一理由被羁留的人因人身保护令状的发出或按照一项根据第(10)款作出的命令而获释放,则任何人只可在有关的情况有重大改变的情况下,始能以同一或相类的理由再度羁留该人。

(13)任何人——

    (a)没有遵从人身保护令状或本条的规定;或

    (b)违反第(12)款,

即属犯藐视原讼法庭罪。

(14)根据普通法取得人身保护令状的权利现予保存,并只在其与本条有抵触的范围内始受本条影响。

(15)就本条而言——

    (a)某人看管另一人,不但指该人实际看管该另一人的人身,亦指该人对该另一人的人身具有支配权或控制权;及

    (b)就代某人提出的申请而言,凡提述申请人亦包括提述该人。(由1997年第95号第3条增补,由1998年第25号第2条修订)

第23条 对重复提出人身保护令的申请的限制[6]

(1)即使任何法律或法院规则另有规定,凡已有一项人身保护令申请由任何人或就任何人提出,除非援引新证据支持该项申请,否则该项申请不得由该人或就该人以相同理由再向原讼法庭或任何原讼法庭法官提出。(由1997年第95号第4条修订,由1998年第25号第2条修订)

(2)(由1997年第95号第4条废除)

---

〔6〕 比照1960 c. 65 s. 14 U.K.。

第 24 条　人身保护令程序的上诉[7]

向上诉法庭提出来自原讼法庭对一项人身保护令申请所作决定的上诉，乃属当然权利，不论原讼法庭是命令释放被羁留的人或是拒绝作出上述命令。（由 1997 年第 95 号第 5 条修订，由 1998 年第 25 号第 2 条修订）

第 25 条　作出移审令时原讼法庭更改刑罚的权力[8]

(1)凡就某项罪行而被裁判官或区域法院判处刑罚的人向原讼法庭申请移审令，以将在裁判官或区域法院席前进行的法律程序移交原讼法庭，而原讼法庭裁定裁判官或区域法院并无权力处以该项刑罚，则原讼法庭可修改定罪判决，以裁判官或区域法院有权力施加的任何刑罚取代已处的刑罚，而不将定罪判决撤销。

(2)原讼法庭凭借本条用以取代裁判官或区域法院所处刑罚而处以的任何刑罚，除非原讼法庭另有指示，否则须自假若该刑罚是由裁判官或区域法院所处即本应开始之时开始。

(3)本条在加以必要的变通后，适用于裁判官或区域法院在将罪犯定罪时所作出但不属构成定罪部分的任何命令，一如其适用于定罪判决及刑罚。（由 1998 年第 25 号第 2 条修订）

---

〔7〕　比照 1960 c. 65 s. 15 U. K.。
〔8〕　比照 1960 c. 65 s. 16 U. K.。

高等法院规则(第4A章)

53号命令：申请司法复核*

1A. 释义（第53号命令第1A条规则）

在本命令中——

"司法复核申请"（application for judicial review）包括按照本命令提出的、要求复核下述事项的合法性的申请——

    （a）某成文法则；或

    （b）关乎行使公共职能的决定、行动或没有作出作为；

"有利害关系的一方"、"有利害关系的各方"（interested party）就某司法复核申请而言，指直接受该申请影响的任何人（申请人及答辩人除外）。（2008年第152号法律公告）

1. 适宜司法复核申请的案件（第53号命令第1条规则）

（1）在以下情况下，必须提出司法复核申请——

    （a）申请人寻求一项履行义务令、禁止令或移审令；或

    （b）申请人寻求一项根据本条例第21J条授予的、禁制某人担当他无权担任的职位的强制令。

（2）在以下情况下，可提出司法复核申请——

    （a）申请人寻求一项宣布；或

    （b）申请人寻求一项强制令（并非第（1）（b）款所述的强制令者）。

（3）司法复核申请可包括要求判给损害赔偿、复还或讨回到期应付款项的申请，但不得只寻求该等补救。（2008年第152号法律公告）

2. 就济助提出的申索的合并（第53号命令第2条规则）

在申请司法复核时，如申请是由同一事宜所引致或是与同一事宜有关或相

---

* 这是2009年4月2日版本。

关联，则第 1(1) 或 (2) 条规则所述的任何济助，可代替或附加于该等规则所述的任何其他济助而予以申索。

3. 批予许可以申请司法复核（第 53 号命令第 3 条规则）

(1)除非已按照本条规则取得法庭的许可，否则不得提出司法复核申请。

(2)申请许可必须单方面提出，方式是将下列文件送交登记处存档——

  (a)一份采用附录 A 表格 86 格式的通知书，而该通知书须载有以下事宜的陈述——

   (i)申请人的姓名或名称及描述；

   (ii)答辩人的姓名或名称及描述；

   (iii)所寻求的济助及寻求该济助所据的理由；

   (iv)申请人所知悉的有利害关系的各方（如有的话）的姓名或名称及描述；

   (v)代表申请人的律师行（如有的话）的名称及地址；及

   (vi)（如申请人没有律师代表行事）申请人的送达地址；及 （2008 年第 152 号法律公告）

  (b)核实所依据的事实的誓章。

(3)除非申请通知书有请求进行聆讯，否则法官可在不进行聆讯的情况下就许可申请作裁定，并且无须在公开法庭上进行聆讯，但在任何情况下，司法常务官均须将法官的命令的文本送达申请人。(1998 年第 25 号第 2 条；2008 年第 152 号法律公告)

（香港)(4)凡申请许可遭一名法官拒准或在有条款施加的情况下获批予，申请人可在该名法官作出命令后 14 天内，针对该命令而向上诉法庭提出上诉。(1998 年第 25 号第 2 条；2008 年第 152 号法律公告)

(6)在不损害第 20 号命令第 8 条规则所赋予的权力的原则下，聆讯申请许可的法庭，可容许申请人的陈述书按法庭认为适合的条款（如有的话）而作出修订，不论是以指明不同或附加的理由或济助的方式作出，或是以其他方式作出。

(7)除非法庭认为申请人在申请所关乎的事宜中有足够权益，否则不得批予许可。

(8)凡有人寻求许可申请移审令，以移走某宗上诉所针对的判决、命令、定罪判决或其他法律程序，目的是为了将之撤销，而提出该上诉是有时限的，则法庭可将该许可申请押后，直至该上诉已有裁定或上诉时限已届满为止。

(9)法庭如批予许可，可施加其认为适合的关于讼费及提供保证的条款。

(10)凡获批予许可申请司法复核，则——

  (a)如所寻求的济助是禁止令或移审令，而法庭指示批予该命令，则该

项批予的作用即为将该申请所关乎的法律程序搁置,直至该申请已有裁定或法庭另有指示为止;

(b)如寻求任何其他济助,法庭可在任何时间,在有关的法律程序中批予可在藉令状开展的诉讼中批予的中期济助。

4. 申请济助的延迟(第 53 号命令第 4 条规则)

(1)申请司法复核的许可,须从速提出,并无论如何均须在申请理由首次出现的日期起计三个月内提出,但如法庭认为有好的理由延展提出该申请的期限,则属例外。(1988 年第 356 号法律公告)

(2)凡所寻求的济助是就任何判决、命令、定罪判决或其他法律程序作出移审令,则申请理由首次出现的日期,须视为该判决、命令、定罪判决或法律程序的日期。

(3)先前各款不损害任何具有限定提出司法复核申请时限的效力的法定条文。

4A. 批予许可的命令的送达(第 53 号命令第 4A 条规则)

(1)法庭凡批予对司法复核申请的许可,亦可就管理有关案件作出指示。

(2)司法复核的申请人须在许可批予后 14 天内,将批予许可的命令及任何根据第(1)款作出的指示,送达——

(a)答辩人;及

(b)法庭指示的有利害关系的各方。(2008 年第 152 号法律公告)

5. 申请司法复核的方式(第 53 号命令第 5 条规则)

(1)凡对申请司法复核的许可已批予,该申请必须藉向在公开法庭进行聆讯的法官提交采用附录 A 表格 86A 格式的原诉传票提出,如批予许可的法官有此命令,则必须藉向在内庭的法官提交采用该格式的原诉传票提出。(2008 年第 152 号法律公告)

(3)原诉传票必须送达所有直接受影响的人,而凡原诉传票是关于某法庭的任何法律程序或关于在某法庭席前进行的法律程序,而申请的目的是迫使该法庭或其人员作出与该等法律程序有关的任何作为,或撤销该等法律程序或在该等法律程序中作出的任何命令,则该原诉传票亦必须送达该法庭的书记主任或司法常务官,又凡会对有关法官的行为提出任何反对,则该原诉传票亦必须送达该名法官。(2000 年第 28 号第 47 条)

(4)除非批予许可的法庭另有指示,否则原诉传票的送达与其所指明的聆讯日期之间必须相隔最少 10 天。

(5)原诉传票必须在批予许可后 14 天内发出以待聆讯。

（6）一份提供所有已获送达原诉传票的人的姓名、名称及地址以及送达地点和日期的誓章，必须在上述送达的 7 天内送交存档，而如任何根据本条规则应获送达原诉传票的人并未获送达，则该誓章必须述明此事及其理由；在该原诉传票进行聆讯时，必须已有该誓章在法庭席前。

（7）如在聆讯原诉传票时，法庭认为任何根据本条规则或其他条文应获送达原诉传票的人并未获送达，则法庭可按其所指示的条款（如有的话）将聆讯押后，以便将原诉传票送达该人。（2008 年第 152 号法律公告）

5A. 誓章证据（第 53 号命令第 5A 条规则）

在司法复核申请的聆讯中，除非符合下述规定，否则不得依据誓章——

　　（a）已符合第 6(3)、(4) 或 (5) 条规则（视属何情况而定）就誓章的使用的规定；

　　（b）该誓章已按照法庭的任何指示送达；或

　　（c）法庭批予许可。（2008 年第 152 号法律公告）

5B. 法庭听取任何人陈词的权力（第 53 号命令第 5B 条规则）

（1）任何人均可申请许可，以——

　　（a）将证据送交存档；或

　　（b）在司法复核申请的聆讯中陈词。

（2）第（1）款所指的申请必须从速作出。

（3）法庭除非觉得申请人是在司法复核申请的聆讯中获得聆听的恰当的人，否则不得根据第（1）款批予许可。（2008 年第 152 号法律公告）

6. 陈述书及誓章（第 53 号命令第 6 条规则）

（1）用以支持根据第 3 条规则提出的许可申请的陈述书的文本，必须连同原诉传票一并送达，而除第（2）款另有规定外，在聆讯时，除在陈述书中列出的理由及济助之外，不得依据其他理由或寻求其他济助。（2008 年第 152 号法律公告）

（2）法庭在聆讯原诉传票时，可容许申请人按法庭认为适合的条款（如有的话）将其陈述书修订，不论是以指明不同或附加的理由或济助的方式而修订，或是以其他方式而修订，并可容许申请人使用进一步的誓章。（1995 年第 223 号法律公告；2008 年第 152 号法律公告）

（3）凡申请人拟要求容许修订其陈述书或使用进一步的誓章，申请人须就其意图及任何拟作的修订，向其他每一方作出通知。

（4）任何答辩人，如拟在聆讯时使用誓章，则须在切实可行范围内，尽早将誓章送交登记处存档，且除非法庭另有指示，否则无论如何均须在第（1）款所规定送达的文件送达他后 56 天内将誓章送交存档。（1991 年第 404 号法律公告）

(5)该申请的每一方,均必须向其他每一方提供其建议在聆讯时使用的每一份誓章的文本,如属申请人则亦包括用以支持根据第3条规则提出申请许可的誓章。

(6)在第(3)及(5)款中提述某一方,包括提述根据第4A(2)条规则规定须获申请人送达批予司法复核许可的命令的有利害关系的一方。(2008年第152号法律公告)

7. 就损害赔偿提出的申索(第53号命令第7条规则)

(1)在有人申请司法复核时,在符合第(2)款的规定下,如符合以下情况,法官可将损害赔偿判给申请人——(1998年第25号第2条)

　　(a)申请人在用以支持其根据第3条规则提出申请许可的陈述书中已包括就申请所关乎事宜引致的损害赔偿而提出的申索;并且

　　(b)法庭信纳,假若申请人是在其申请提出时开展诉讼而他又在该诉讼中提出该申索,则本可获判给损害赔偿。

(2)第18号命令第12条规则适用于关于就损害赔偿而提出的申索的陈述书,一如其适用于状书。

8. 就文件透露、质询书、盘问等提出的申请(第53号命令第8条规则)

(1)除非法官另有指示,否则在应申请司法复核而进行的法律程序中作出的任何非正审申请,均可在内庭向任何法官提出,或可向一名聆案官提出。(1998年第25号第2条)

(2)在本款中,"非正审申请"(interlocutory application)包括要求根据第24或26号命令或第38号命令第2(3)条规则作出命令的申请,或要求作出按各方同意而撤销法律程序的命令的申请。

(3)本条规则不损害限制针对官方作出命令的任何法定条文或法律规则。

9. 申请司法复核的聆讯(第53号命令第9条规则)

(1)在根据第5条规则提交的任何原诉传票进行聆讯时,任何人如意欲获得聆听以反对或支持该原诉传票,而法庭又觉得其获得聆听是恰当的,则即使并未获送达该原诉传票,该人仍须获得聆听。

(2)凡所寻求的济助是或包括用以移走任何法律程序以将之撤销的移审令,申请人不得质疑任何命令、手令、交付羁押、定罪判决、调查或记录的有效性,但如在原诉传票进行聆讯前,该人已向司法常务官递交一份该命令、手令、交付羁押、定罪判决、调查或记录的经由誓章核实文本,或已就其没有如此行事而向聆讯原诉传票的法庭作出令法庭信纳的交代,则属例外。

(3)凡在第(2)款所提述的任何情况中作出移审令,则除第(4)款另有规定

外,该命令须指示有关法律程序在被移送至原讼法庭时即须予以撤销。(1998年第25号第2条)

(4)凡所寻求的济助是移审令,而法庭信纳有理由撤销申请所关乎的决定,则法庭在撤销该决定之外,尚可将有关事宜发还有关的法庭、审裁处或主管当局,并指示须按照法庭的裁断而重新考虑有关事宜及达成决定。

(5)凡所寻求的济助是声明、强制令或损害赔偿,而法庭认为该济助不该应司法复核申请而批予,但假若申请人在提出其申请时有藉令状开展诉讼并在其中寻求该济助则该济助或会批予,则法庭即可命令继续进行有关法律程序而不拒准该申请,犹如有关法律程序是藉令状开展一样;此外,第28号命令第8条规则适用。(2008年第152号法律公告)

10. 关于为服从履行义务令而行事的人的保留条文(第53号命令第10条规则)

不得就任何人为服从履行义务令而作出的任何事情,针对该人开展或进行任何诉讼或法律程序。

12. 申请的合并(第53号命令第12条规则)

凡有多于一宗申请根据本条例第21K条待决,而该等申请是就同一职位及以相同理由针对多人提出,则法庭可命令将该等申请合并。

13. 法官所作出的命令可予作废等(第53号命令第13条规则)

(香港)可向上诉法庭提出来自法官所作出的批予或拒准司法复核申请的命令的上诉,而上诉法庭可将任何该等命令作废,或确认任何该等命令或代之以本应作出的命令。(1998年第25号第2条)

14. "法庭"的含义(第53号命令第14条规则)

就法官对根据第3条规则提出的申请许可或对司法复核申请所进行的聆讯而言,本命令中凡提述"法庭"(the Court)之处,除文意另有所指外,均须解释为提述法官。(1998年第25号第2条)

15. 关乎《2008年修订规则》第24部的过渡性条文(第53号命令第15条规则)

(1)凡在紧接《2008年修订规则》的生效日期 * 前,对申请司法复核的许可的申请仍然待决,则该修订规则第24部的任何条文不得就该申请及(如批予许可)其后的司法复核申请而适用,而在紧接该生效日期前有效的本命令须继续适用,犹如该部并未订立一样。

(2)凡在紧接《2008年修订规则》的生效日期前,司法复核申请仍然待决,则《2008年修订规则》第24部的任何条文不得就该申请而适用,而在紧接该生效日期前有效的本命令须继续适用,犹如该部并未订立一样。(2008年第152号法律公告)

第三编

行政诉讼经典案例评述

1　欧某诉署理港督案 *

申请人：欧某(Alick Au Shui Yuen)
第一答辩人：署理港督(Sir David Ford)
第二答辩人：惩教署署长
第三答辩人：廉政公署专员
第四答辩人：香港律政司
第五答辩人：Charles Warwick Reid
主审法官：Kaplan J.
聆讯日期：1990 年 12 月 19—21 日
判决日期：1991 年 2 月 6 日

【判决书】

1. 在我面前的是一份由 Alick Au(欧某)提交的司法复核申请。在这份申请中，欧某主要认为 Sir David Ford，署理港督，根据《监狱条例》(Prisons Ordinance)(香港法例第 234 章)第 12(2)条作出的一项命令是不合法的。

背　景

2. Warwick Charles Reid 是律政署的首席政府律师。他具体的职位是政府检控官，主管商业犯罪组的检控部门。

3. Reid 贪污。对他的调查早已开始，在此期间他出逃，并最终在马尼拉被捕，于 1990 年 3 月 30 日被押解回香港。他准备认罪，并为政府提供对一些人不利的证据。其中一人为欧某，他现正被拘押等待今年迟些时候的审讯。Reid 将会是主要的证人。Reid 的第一份证供是在 1990 年 6 月 4 日作出的。

---

* 此案收录于[1991] 1 HKLR 525，[1991] HKLY 1，[1991] HKLY 753。

4. Reid 被遣返香港后就被拘押在美利道的廉政公署扣留中心。1990 年 6 月 20 日,他在裁判官(Magistrate)面前认罪,承认他触犯了《防止贿赂条例》(The Prevention of Bribery Ordinance)第 10 条,即他的财产超过了他的正当收入。依照《裁判官条例》(Magistrates Ordinance)(香港法例第 227 章)第 81B(6)条,他被移送至高等法院接受判处。

5. 1990 年 7 月 6 日,Reid 在高等法院出庭,被首席大法官判处 8 年监禁,并需支付大约港币 1200 万元贪污所得收益。

6. 1990 年 7 月 5 日,署理港督 David Ford 爵士根据《监狱条例》(Prisons Ordinance)第 12(2)条签署了一项命令。为了帮助理解双方向我作出的详细陈词,我先列出该法例第 9—12 条的内容。

> 9. 囚犯须受署长管束,而署长可——
>
> (a)将囚犯分配往署长控制下的合适院所;
>
> (b)按照行政长官会同行政会议不时根据第 25 条订定的分类方法,
> 将囚犯分类。(由 1999 年第 15 号第 3 条修订)

10. (1)任何人,不论是因刑事或民事法律程序而被带往或带离或囚禁于其可被合法囚禁的监狱,或是为工作或其他理由而在惩教署人员羁押或管束下处身于该监狱之外,均须当作为囚犯及当作受合法羁押。

(2)根据任何法官或裁判官或其他有权将囚犯押交监狱的人员的命令行事的任何警务人员或其他人员,可将囚犯解往或解离该囚犯可被合法押交或移离的任何监狱。

11. 署长如信纳任何囚犯患了病,但无法在监狱获得妥当治疗,或信纳囚犯应接受及意欲接受某项无法在监狱妥当进行的外科手术,又或信纳任何女囚犯怀孕且可能即将分娩,可命令将该囚犯带往政府医院或其他合适地方,以便接受治疗或进行手术或分娩,而该囚犯依据该命令离狱外出期间,须当作受合法羁押。

12. (1)如法院、审裁处或其他执行司法职能的机构作出要求,或为施行任何成文法则,需要某囚犯到任何地方出席,则署长须安排转解该囚犯前往与离开该地方,在转解期间,该囚犯须当作受合法羁押。(由 1969 年第 19 号第 3 条订)

(2)在不损害第(1)款的原则下,行政长官在咨询署长后,如信纳为了公正或为进行任何公开研讯的目的,某囚犯宜到任何地方出席,为达致公正或该等目的,可藉命令指示将该囚犯带往该地方,而该囚犯在依据该命令离狱外出期间,须当作受合法羁押。(由 1983 年第 31 号第 3 条增补,由 1999 年第 15 号第 3 条修订)

7. 1990 年 9 月 5 日，Reid 再作了一份包括有关欧某的更加详尽的证供。1990 年 9 月 7 日，O'Connor 法官给予欧某许可，申请司法复核。

8. 1990 年 7 月 5 日发布的命令是写在政府信纸上的，并明确指出是根据《监狱条例》第 12(2) 条作出的。它是发给惩教署署长和廉政公署专员的。它详述了一些基本事实，包括 Reid 应当于 7 月 6 日出庭接受判处，并进一步指出 Reid 现正受廉政公署羁押，并协助政府调查有关法律从业员和其他公众人物所触犯的贪污及其他刑事罪行。它续指，Reid 已表明愿意在被判处后继续协助调查。它还引述廉政公署专员已经对惩教署署长作出一些有条件承诺，即 Reid 必须被判处有年期的监禁。这些承诺涉及：(1) Reid 从判处日起到被送交回惩教署羁留当日止的稳妥羁押；(2) Reid 在被判处后从高等法院到廉政公署扣留中心和扣留随后把他带回监狱的稳妥羁押；(3) 羁押的时间将不会超过为了完成调查和为后续审讯提供证据的必要期限；(4) 廉政公署承诺在 Reid 被羁押期间负责提供足够的食物、衣服和其他生活物品；(5) 当 Reid 被遣返回监狱时给予提前通知；以及 (6) 廉政公署将负责 Reid 被羁押期间的身体健康。

9. 这份命令接着陈述，惩教署署长已经同意将 Reid 送交廉政公署羁押的提议，而有关命令续写如下：

> 我信纳若该 Charles Warwick Reid 被判处有期监禁，那么他被拘押于廉政公署扣留中心将是符合司法利益的。

> 我，David Robert Ford，署理香港总督，在此命该 Charles Warwick Reid 如因前述罪行被判处有期监禁，他需根据前述廉政公署专员向惩教处署长作出的承诺，马上被带到并拘押于位于香港美利道停车场大楼 10 楼的廉政公署扣留中心。

10. 从 1990 年 3 月 30 日 Reid 自马尼拉被押送回来一直到 1990 年 7 月 6 日 Reid 被带往最高法院接受判处，他一直被羁押在廉政公署扣留中心。这是双方同意的事实。另他自 7 月 6 日判处后又被押送回廉政公署扣留中心，并一直关押至今，亦是双方同意的事实。

11. 同样是双方同意的事实是，廉政公署扣留中心并不属于根据《监狱条例》政府宪报中所指定的监狱。

12. 所有答辩人都承认，Reid 是被建议留在廉政公署扣留中心，直至所有审讯或他需要出庭作证的审讯都结束。这很可能会被延长至 1992 年。

13. Reid 案吸引了香港及海外相当广泛的报道。Reid 被拘押的情况也引发了很多评论，其中大多数是道听途说的。欧某的案件被他热情充沛和能干的律师团所推动的方式也是值得一提的。最终我要自主地作出判决，而不是追随其他人的看法。所以，纠正一些误解是非常必要的。

Reid 是一个特例吗?

14. 首先,Reid 并不是第一个根据第 12(2)条被羁押于廉政公署扣留的证人。1986 年 5 月,居民检举计划出台了。根据一份由 Mr. J. Sissons(Herbert Smith 律师事务所的合伙人,同时也是廉政公署的法律顾问)签署而未受质疑的宣誓书所述,当时在这一计划下按上述条款被廉政公署依总督的命令羁押的已定罪犯人有 10 位。这一计划是用来给予那些准备协助廉政公署调查及在法庭上代表政府作证的犯人的安全羁押的。Mr. J. Sissons 确认这一计划是在咨询法律政策专员、保安局秘书长、惩教署署长、香港皇家警察及香港海关后才被引入的。Mr. J. Sissons 续称,这一计划与英国本土机构运作的方案是相似的。第一个被廉政公署按此条款发出命令羁押的已定罪犯人在廉署度过了他 3 年徒刑中的 9 个月又 12 天。他协助调查,并等候提供证据,但却因为答辩人认罪而被证明这是没有必要的。另一个已定罪的犯人在廉署的羁押中度过了他全部 1 年 6 个月的服刑期。

Reid 被羁押的环境比在监狱要好得多吗?

15. 关于这一点有两个证据来源。一是 Mr. Sissons 对 Reid 羁押环境的证词;二是我从 Reid 本人,即本案的第五答辩人的描述而获得。

16. Reid 每天有 23 个小时被关押在单人房间里面,这个小房间没有窗户,也没有自然光。他可以每天在美利道停车场大楼的屋顶上活动两个半个小时。除了活动时间和协助廉政公署回答他们的查问以外,Reid 都被单独关押,不能与其他被关押者接触。这做法自 1990 年 3 月 30 日他被遣返香港之后就一直如此。在工作日期间,Reid 的食物由廉政公署餐厅提供,周末当餐厅关闭时,则从外面,一般是快餐店购买。同媒体的报道相反,自 Reid 被定罪以来,从来没有食物是从酒店获取的,亦没有向他提供过酒精饮料。廉政公署扣留中心没有任何设备可让 Reid 工作,但 Reid 依然自愿承担一定的清洁工作并且,至 1990 年 10 月底,共挣取了 64.80 元港币。Reid 可以看电视和录像,听收音机。他被允许用自己的钱购买小额物品,如糖果。他可以使用健身单车。自从他被定罪以来,他的父母来探望过他一次,他的妻儿探望过两次。除了这些探望外,他只见过律师和太平绅士。他可以每两周给他在新西兰的家人打一次电话。他可以看报纸,并允许保留一定数量的期刊和书籍。

17. Reid 表示有意就他被拘禁的孤独环境提出投诉。他强调,在本案中,报章对他被拘押的环境过分夸张。他还提到,他狱室里面的电流非常低,这是为了降低有自杀倾向的人触电自杀的风险。他说这也意味着,室内日光灯的亮度是很低的。

18. Reid 清楚地表明,他同意有关的命令,也没有认为它在哪一方面有不合法的地方。他希望继续留在现在被拘押的地方,尽管非常孤独,因为他不想冒被带到监狱的内在风险。

19. 根据在我面前未受质疑的证据,我不能总结出 Reid 现在的监禁环境是舒适的或安逸的(借用麦高义先生呈交的意见中夸张的说法)。我注意到,《监狱规则》(Prison Rule)第 63 条规定,监狱负责人可以命令一个被定触犯某些罪行的犯人被单独关押不超过 28 天。而 Reid 已经被单独关押了 265 天,而当中大约 200 天是被判刑以后的。很明显,Reid 是属于一般意义上的囚犯,而并非 Mr. Taylor 宣誓书中附上的一份报章剪报指称的"虚假监禁"。

20. 我已经就此问题作出了详细阐释,因为这是申请人寻求司法复核的一项理据:"Reid 例外的住宿环境及优越的情况(Reid 作为一名承认触犯严重贪污罪行的人),与被假定为无罪的申请人在监狱里的住宿及情况,形成强烈对比。"我已努力证明这一点是没有依据的。

21. 以下我要提及几个在整份判决书必须牢记的关键事实。

David Ford 爵士及其命令的良好意图并未受挑战

22. 麦高义先生(Mr McCoy)的案情并未指 David Ford 爵士发布的命令是基于恶意或某种不正当或隐秘的动机。它正确地接受了 David Ford 爵士是认为 Reid 被羁押在廉政公署扣留中心是符合司法利益的。

没有 Wednesbury 的挑战

23. 尽管第五个理据指该命令缺乏合理性,但这已被正确地撤回。因此,就该命令缺乏合理性或理性的挑战已不存在。

该命令并未向首席大法官披露

24. 第四个理据是该 1990 年 7 月 5 日签署的命令并未在首席大法官于 1990 年 7 月 5 日判处 Reid 的时候提起。证据明显地显示,廉政公署原意是要向首席大法官提出的,但也许是出于一时疏忽,或他认为这一命令与案件无关,检控官并没有这么做。很遗憾这一命令未能让首席大法官注意到,尽管我并不认为这一事实会对后来作出的判处有任何重大影响。首席大法官会说,这是一个执行上的问题,而他肯定不会要求就这命令的合法性作调查。

25. 我很遗憾 O'Connor 法官在 1990 年 9 月 7 日聆听申请人申请司法复核时,也许在仓促间,及肯定在没有所有事实都在他面前的情况下,提出首席大法官可能被这未经披露的命令欺蒙了。虽然,如我所说,未能向首席大法官公开这命令是很遗憾,但我认为即使公开,它也不大可能影响判处的结果。

26. 因此,我看不出第四个理据有任何理由能够成立,因为它与第 12(2) 条完全无关。就这点我曾向申请人的代表律师提出,但却未得到令人满意的解释。

Reid 的被羁押有"改进"了他那不利于欧某的证据吗?

27. 在麦高义先生不同阶段的陈词中,他将 Reid 在廉政公署的羁押比作是互利的行为。这就是说,因为 Reid 获得了特殊(较好的)待遇,或者说是因为他住在调查者的总部,他就或会在提供证供时接受指导,或自愿提供更多关于欧某牵涉在这些案件中的资料。

28. 必须申明的是,麦高义先生并没有指控廉政公署有任何不当行为。而且无论如何没有任何证据显示廉署存在不当行为。

29. 同样需说明的是,麦高义先生并没有就在廉政公署羁押期间,Reid 不利于欧某的证供是否有改进的问题向我作出陈词。就这点是没有任何证据支持的,而就我所知,Reid 作过两份证供,第一份在 6 月 4 日,第二份在 9 月 5 日。(Mr Huggins 在证据披露的聆讯结尾时曾提到 Reid 曾作过第三份证供,但是这已无关于欧某,因此在这里也没必要提及了)

30. 这一点在我考虑"诉讼资格(locus standi)"的问题时将会再提及。

Reid 是跟控方住在一起吗?

31. 麦高义先生的陈词一直指出 Reid 跟控方住在一起,这本身就是不适当。他说一个证人不应当跟检控官住在一起,他还谈到"提供和接受好处"。尽管廉政公署被赋予了相当的权力,但是就我所知他们依然没有被授予在香港法庭上检控的权力。廉署依然是一个调查机构。起诉的决定权一直是,而且我希望永远是属于律政司的。是否去起诉一个人或者以什么样的罪名起诉是由律政司决定的。无疑,律政司将考虑调查机关的观点,比如廉政公署,香港皇家警察,或者海关,但最后的决定权是在律政司手里。因而在诉讼程序的任何阶段,律政司拥有决定权,而不受调查部门的观点左右。律政司可以独立自主地将案件提交法庭,并不受制于调查机构。

32. Reid 并不是被控方羁押。他在廉署的羁押是不寻常的,但绝非独一无二的。而更重要的是,总督已经认定他留在那里是符合司法利益的,关于这一决定的良好意图和合理性是未被质疑的。

Reid 在 1990 年 6 月 20 日（认罪当日）到 1990 年 7 月 6 日（被判处当日）期间被羁押在廉政公署是合法的吗？

33. 在 1990 年 6 月 20 日，Reid 在裁判署认罪。《裁判署条例》（Magistrates' Courts Ordinance）第 80B(5) 条规定，在"答辩人认罪时他应当尽快被带到高等法院接受判处"。这一部分还规定，高等法院的法官拥有如同罪犯没有认罪时同样的判决权力。

34. 第 80B(6) 条的规定如下：

> 将被控人交付判处的裁判官，在将被控人押交<u>监狱</u>或准其<u>保释</u>方面所具有的权力，须如同他将一名被控人交付审判时所具有的一样。（下划线是我加上用以强调的）

35. 麦高义先生的陈词指出，由于自从 6 月 20 日 Reid 认罪之后，Reid 就被带到了廉政公署扣留中心而不是监狱，因此，至少在 7 月 5 日命令生效之前，他的羁押是不合法的。他指称根据第 80B(6) 条的规定，法官只有两种选择，入狱或保释。而 Reid 既没有被送进监狱也没有被允许保释，因此他声称至少有 16 天，Reid 在廉公署的拘押是不合法的。

36. 尽管不同意这段拘押时期是不合法，但无论是李先生还是 Mr. Huggins 都没能提出足够的反驳证据。Mr. Huggins 提出，当一个答辩人认罪后依照《裁判官条例》（Magistrates Ordinance）第 81B 条规定被判处监禁时（他称 Reid 就是这样）就是一个"囚犯"，不管他是否被关押在指定的监狱。

37. 尽管这非常有趣，但是我看不出在 1990 年 7 月 5 日命令生效以前在廉署扣留中心的羁押怎么能够帮助解释第 12(2) 条的含义以及依照该命令而作的拘押合法与否。麦高义先生的陈词称 Reid 是被非法拘押，而《裁判官条例》（Magistrates Ordinance）第 81B 条的规定显示了立法机关如何认真地区分一个人应该被还押监狱还是被允许保释。这是仅有的选择。我要求麦高义先生解释他这方面的陈词如何与 1990 年 7 月 5 日的命令的合法性或合理性有关，但他并没有给予令人满意的解释。

38. 我并没有发现这一点对解决我目前的问题有任何帮助，也就是欧某是否有足够的诉权资格提出申请，以及 7 月 5 日的命令是否越权无效。

对《监狱条例》第 12(2) 条的解释

(a)欧某的陈词

39. 简要而言，麦高义先生的陈词认为《监狱条例》第 12(2) 条仅适用于"囚犯",而 Reid 从未成为过因犯。他接着很多次使用"出席(attendance)"这个词,言下之意是说 Reid 的羁押带有临时的性质。他进一步指出,这个词和第 10(1)条中使用的"禁闭(confined)"一词存在着明显的对比,第 12(2)条并没有授权可以将一个罪犯长期羁押在非监狱的其他地方。他向我指出在《监狱规则》(Prison Rules)中"出席(attend)"这个词一般是用于与例如宗教服务或教育性课堂相关。

40. 麦高义先生强调,廉政公署扣留中心并非政府已在宪报中所指定的监狱,而《监狱条例》中并没有"监狱"一词的定义。尽管如此,他同意,如果 Reid 在被判刑之后被带到赤柱监狱,哪怕 5 分钟,他后来被移送到廉署扣留中心就将是合法的,因为他至少曾经有 5 分钟是因犯。麦高义先生亦同意如果 Reid 曾经被带上惩教署的押送车,就算没有被送去监狱而是去了廉署扣留中心,那么他依然算是一个被判处了监禁的因犯。但就我看来,如果本案所提出的问题的答案是在如此的细节上,这将是非常的不幸。

41. 要知道 7 月 6 日在 Reid 身上发生了什么事,我们必须看看有关的证据。以下这些未被挑战的事实是来自代表惩教署的 Allen and Overy 律师事务所的一份非常有用的事实陈述:

2. (a)1990 年 7 月 6 日,Charles Warwick Reid(以下简称"CWR")被廉政公署带到位于金钟道 38 号的香港最高法院,听候首席大法官的判处。

(b)大约 8:55,CWR 在最高法院被送交惩教署(以下简称"CSD")看管,CSD 的警官后来一直和 CWR 在一起。廉政公署的官员也有陪同。

(c)首席大法官的判处聆讯开始于 9:59,结束于 12:45。

(d)判决之后 CWR 被带到最高法院收押部门。收押部门是由 CSD 控制和运作的。CWR 被带到一间会谈室,并由 CSD 负责判决之后接管囚犯的人员进行相关处置,包括按手印、照相、宣读"犯人权利"手册和发配一个号码并保存在 CSD 的记录中。

(e)CSD 的员工给 CWR 提供了一顿犯人午餐。

(f)CWR 后来在一间由 CSD 控制的会面室,在 CSD 接待主任 A. D. Dad面前与 CSD 总主任 Mr. U. Wai-hon 面谈。廉政公署职员并无出席面谈。此面谈是关于

——对待遇的投诉

——申请法律援助的合适性

——上诉的权利

——他将被移送到廉政公署扣留中心关押,直至另行通知的事实。

(g)其后,在 16:05 之前不久,Mr. I. Dunn(廉政公署的职员)在一份为惩教署拟好有以下条款的确认书上签字,而 CWR 在以下条款被确认后被移交给廉政公署:

"根据 7 月 5 日由总督代表 David Robert Ford 签发的命令,上述囚犯现在被移交给你处,并受你方稳妥拘押,直到命令上(3)的情况出现为止。"

3. 就 CWR 在美利道廉政公署总部羁押,并无 CSD 的官员曾经或在驻守。

42. 就此证据,很明显可以看得出在 1990 年 7 月 6 日大约 8:55 的时候,Reid 被移送给惩教署监管,并在那里一直留到大约 16:05。就在此时,他被交给廉政公署。由于 Reid 已经被判处监禁,总督命令开始生效。

43. 麦高义先生对这份命令的形式进行了一系列攻击。他批评这样的用语,"押送回惩教署监管"。他指出,因为 Reid 从来没有在惩教署的监管之下,也就不存在什么押送回去。此点并没有怎么影响我信纳在 7 月 6 日 Reid 已处于惩教署的监管之下。他批评有关廉政公署用了"羁押"一词,因为他认为廉政公署没有合法权力去羁押 Reid。这又回到了我需要决定的问题上去了。

44. 麦高义先生说,这份命令最严重的缺点在于实行部分。该命令是这样说的:Reid 一旦被判处有期监禁,他就应该"马上被带到并羁押于"廉政公署扣留中心。而根据第 12(2)条的条款,总督无权命令将任何人拘禁在廉政公署。

麦高义先生还说,因为那份命令是先于判决签署的,因此它是违法的。最后一点毫无理由,因为命令明显是以 Reid 被判处一定时期的监禁为条件的,它仅仅在这事件发生之后方才生效。

45. 麦高义先生最强烈的指控是,声称在 7 月 6 日 Reid 曾经被廉政公署转交给惩教署的说法是站不住脚的。他指出,Reid 事实上一直处在廉政公署的羁押之下。他说,7 月 6 日发生的一切仅是偶然的而非计划好的。他指出,Reid 在 7 月 6 日依然是在廉政公署的控制之下,他只不过是被惩教署负责管理的部门看管了一下。他邀请我去了解一下当时的实际情况。

46. 在转向麦高义先生所依赖的主要案例前,我必须指出《证据条例》(the Evidence Ordinance)(香港法例第 8 章)第 81 条是有关"亲身出庭令"的条款。它是指由法官作出,命令合法在押的人出庭"使该人能在该法庭席前提出或继续任何刑事或民事法律程序,就任何刑事或民事法律程序进行抗辩,或在该法庭席前进行的任何刑事或民事法律程序中以证人身份接受讯问"。这一条与第 12(2)条之间的关系在我的判决中极为重要。第 12(2)条设定了出庭的两种情形,一是当符合公众利益的时候,二是"以公开研讯"为目的的。而公开研讯并没有被包括在《证据条例》(the Evidence Ordinance)第 81 条中，因为它仅仅把"亲身出庭命令"限定于法庭上的刑事或民事诉讼程序。当我读到第 12(2)条的时候，我的第一反应就是该条确实限定了它的适用范围。当总督认为一个因犯出庭协助调查是符合司法利益的时候，第 12(2)条就会适用。事实上，它可以被合法运用于这样的目的而不至于违法。由于这里有《证据条例》的"亲身出庭令"，在诠释第 12(2)条时必须牢记此点，以及有关它的诠释必须是狭义的陈词。

47. 麦高义先生的意见非常依赖英国法院的一个上诉案例判决，Becker v. Home Office [1972] 2 Q. B. 407。Becker 夫人因以破产人身份申请借贷而被送进监狱。在这之前，她刚开始就一个案件以信托人身份提出诉讼。为此，她申请离开监狱以进行该诉讼。内政部长依照 1961 年刑法第 29 条发布出庭令，条件是她必须先偿付讼费。她先后离开监狱 9 次以完成她的诉讼，而她总共被扣除了 8.17 英镑。在该诉讼中，她要求发还这笔钱。她在县法院获得胜诉，但在上诉时败诉。

48. 1961 年刑法第 29 条规定如下：

(1)如果主管大臣认为一个已被拘押在监狱的人出席其他场合是符合司法利益的，或者对任何公开研讯有帮助，那么他可以发布指令将这个人带到其他场所。

49. 麦高义先生的依据在于 Stephenson, L.J. 判决意见中第 423H－424C 页的下面这段话。这位博学的法官说：

依照 1961 年刑法第 29(1)条的规定，国务部长(the Secretary of State)拥有酌情权让囚犯离开他服刑的地方，但是除非依据第 29(2)条的规定，否则不得解除拘禁状态。实施这项指令的一个必要条件是囚犯出席其他场所是符合司法利益或者为了公开研讯的目的。只有在满足这一条件的时候，他才能被转移到其他地方。这句话的意思就是，囚犯离开监狱在民事或刑事诉讼中作为一方当事人或者证人的情形必须被限定在有关的法律文义和历史解释范围之内。

50. 在此，引用这位博学的法官的意见非常重要。他明确地指出第 29 条措辞是被限定在它们的文义和历史解释中。此点在李先生其中一部分的陈词中非常强调。

51. 麦高义先生的意见同样建基于 R. v. Governor of Brixton ex parte Walsh [1985] A. C. 154。Walsh 面对着两项指控。其中一项他被允许保释，而另一项他则须被遭还押看守。监狱的负责人拒绝就他被保释的那个案件的审理将他移送法庭。在判决书第 165 页，Lord Fraser 提及了刑法第 29 条，并补充了麦高义先生非常倚重的这句话：

> 1961 年刑法第 29(1)条的适用的结果是，监狱负责人在认为囚犯出庭符合司法利益时，可以发布命令将囚犯移送法庭。

52. 麦高义先生的陈词声称，这段话清楚地表明，这一条款仅适用于临时将囚犯从监狱带到法庭出席某些司法程序的关键环节。他还说 Becker 一案支持这一看法。

53. 我认为，麦高义先生的陈词可以大体上归纳如下：

(1)Reid 从没有做过囚犯；

(2)Reid 从没有入狱；

(3)第 12(2)条仅适用于囚犯；

(4)《监狱规则》仅仅适用于"囚犯"；

(5)如果第 12(2)条有意包括"羁押"，它就应该提到它；

(6)"出席"言下之意就是暂时或者短暂的停留；

(7)《廉政公署条例》中没有条文表明它允许像这种长时间的拘押；

(8)Stephenson，L. J. 在 Becker 案中的意见是正确的；

(9)因而 1990 年 7 月 5 日的命令是不合法的，应该被宣告无效。

(b)答辩人的陈词

54. 它们可以被归纳如下：

(1)根据对第 12(2)条的适当解释，1990 年 7 月 5 日的命令在当时及现在也是合法有效的，并未越权。

(2)依照该命令 Reid 在廉政公署的拘押在当时及现在都是合法的。

(3)第一答辩人和第二答辩人将就总督依照第 12(2)条所作的酌情决定不受司法复核这论点，保留上诉到上级法院的权利。

55. 御用大律师李国能先生(Mr. Andrew Li)建议我采用目的解释的方法而不是纯粹文本的解释。他提醒我考虑香港法例第一章第 19 条。就该条适用人员类别的解释而言，他认为不仅应结合条例中的其他条款，还应当结合其他条例中的相关条款(参见 Attorney General v. Prince Augustus of Hanover [1975] A.C. 436 at 461)。

56. 御用大律师李国能指出，《证据条例》第 81 条就是对适用类别进行解释时需要参照的相关条款。

57. 他的意见是第 12(2)条的"或"这个单词应该被分开来看。因此，"或为进行任何公开研讯的目"这个表达方式并没有对申请人的立论有所帮助。

58. 他认为，第 12(2)条包含了两个步骤。第一，总督应当认定囚犯出席其他场合是符合司法利益。第二，如果司法利益被认定，那么总督可以发布命令将囚犯带去可以获得这一利益的场所。当囚犯离开监狱的时候，他应当被认定是处在合法羁押中。

59. 他的陈词声称，法律将酌情权确定给总督这一点非常重要，这显示出立法机关认为这一权力涉及重要的和敏感的事务，值得由政府中最高级别的官员考虑定夺。但是我看不出这陈词对此案有任何帮助。许多条例都提及了总督，但并不是它们都关系到重大国家事务。例如，《监狱规则》第31条规定，总督批准囚犯的饮食标准。这很难说是敏感事务或者国家高层事务。无论如何，李先生也承认，总督是可以将第12(2)条的权力委托给其他人的。

60. 李先生强调，条文中规定的"宜(desirable)"一词比"必须(necessary)"一词的标准要低得多。这一点对我并无帮助，因为申请人并没有质疑证明命令的良好意图或者其合理性。

61. 李先生认为，"符合司法利益"这一表述应当采用普通的和一般的理解，而不应该被赋予一个狭隘的和技术性的解释，把它们限定在法庭审讯或者其他类似的活动范围之内。他强调说，对腐败指控的调查和引入那些能够帮助调查和起诉的人便很明显是符合司法利益了。

62. 至于"出席(attendance)"的意思，他认为根据普通的和一般的理解，它就是"出现在"的意思。他说"出席"是相对于"拘禁或拘押"的，因为审讯的地方很可能不是一个封闭的地方。他说在普通的谈话中，一个人说他的孩子"上"("attendance"同时有该意)寄宿学校或者大学时，这并不是指短时间或者暂时。

63. 他认为，"任何地方"就其本意也包括由廉政公署控制的拘禁场所。该命令指示将 Reid 带到这个叫廉政公署扣留中心的地方，就是为了获得司法利益。

64. 他还说命令中"拘禁"一词并不含有任何错误的或者险恶的意图。指定的地方就是拘禁的地方，因而他"在(attendance)"那里就是一种拘押形式，如同被判处一定期限的监禁一样。

65. 至于时间，李先生说那一条款所规定的出席时间是指所预期的意图能够被实现的一个期间。换句话说，只要是由总督认定的司法利益需要，囚犯就可以被羁押在那里。在 Reid 案中，这就是指完成调查和他在其他诉讼中提供证据的目的得以实现。

66. 至于 Welsh 一案，李先生认为，麦高义先生所倚重的那一段话并不是关于1961年刑法第29条适用范围的解释，而是归纳了该条款的适用效果而已。

67. 至于 Becker 一案，李先生认为，麦高义先生所引证的Stephenson, L. J.判决意见中的那段话对第 12(2)条的解释并没有任何帮助。他指出,Stephenson, L. J.当时也是犹犹豫豫的,当时也没就该条款的意思作争论,他的那段话仅仅是一个欠缺权威性的言论。

68. 更重要的是,李先生指出了那位博学的法官对法律解释的评论是限于它们的文义和历史。他认为,香港法例的文义和历史本质上不同于英国法例,因此,这些评论对麦高义先生的论点并无帮助。

69. 至于麦高义先生所声称的总督命令中的措辞不精确,李先生认为这些批评是误解,而且就算是存在着不精确的表述,那对命令本身的效力没有任何影响。

70. 关于 Reid 是否是一个囚犯这一关键点,李先生认为当总督命令适用于 Reid 的时候,他就是第 12(2)条规定的囚犯。李先生的意见是"囚犯"一词应当被赋予普通的和一般的含义。Mr. Huggins 作为第二答辩人和第三答辩人的代表,向我提供了《牛津法律辞典》关于"囚犯"一词的定义:

> 被关押在监狱或者被监禁的人;因为法律程序的结果而被监禁的人,或者是已经被判处有罪而被关押,以作为惩罚,或者是拘押等候对某一罪行的审判。

该词典对"监狱"的解释:

> 关押罪犯的地方;将罪犯监禁的地方或者其他拘禁场所。

Stroud 法律辞典的表述如下:

> 一个囚犯在服刑期内并不因为被转移至一所精神病院就不再是"囚犯"。

该词典对"监狱"的定义如下:

> 任何限制人身自由的地方都是监狱;因而一个人被带进避难所而后来又离开那里,它就可以被称为"越狱"……可能对"监狱"一个更加完整的定义是对一个因其行为,不论是民事行为的或者刑事行为,而被限制自由的人进行安全羁押的场所……或者一个关押被宣判有罪的人或者有合法理由而被下令监禁人的场所。

71. 李先生的陈词指出"囚犯"包括已经被判处监禁尚未被投入监狱的人。当然它也包括那些被判刑后依法监禁的人。《监狱条例》第 12(2)条、第 7 条、第 9 条都是在这个意义上使用"囚犯"一词的。他还引证了麦高义先生曾经引用过的 R. v. Moss & Harte 一案([1986] 82 CAR 116)。在该案中,一名囚犯被关押在一所皇家监狱,他被带到地方法院,并在那里被关押了一周。上诉人帮助他从法院逃脱，因而被指控触犯了 1952 年《监狱法》第 39 条而犯有协助和教唆囚犯越狱罪。这一条规定，任何帮助"囚犯从监狱逃脱或者试图逃脱的"行为都是犯罪。上诉庭认为这一条仅仅关涉那些关在监狱里的囚犯而非其他人。在判决书第 118 页，Cantley，J. 给出了以下判决意见：

> 毫无疑问，他们（指上诉人）帮助了一个不管是律师还是外行人都可以认为是囚犯的人脱逃。他在地方法院关押时在普通意义上也是一个囚犯，因为他并没有被合法释放。

李先生说这正是 Reid 的法律地位。

72. 至于第 10 条，他说这只是一个判断条款。它只是提供了一个概括性的假定，而没有穷尽所有适用情形。他认为一个人即使不在第 10 条的范畴之内也可能是一个囚犯。如果他这样说是错的，他会指 Reid 是第 10 条范畴内的囚犯。他依赖的事实是当 Reid 在最高法院收押室的时候，囚犯接收的程序就已经完成了。正如他所说的，这是"将囚犯收押并分配关押场所的程序中的一部分"。

73. Mr. Huggins 认为当 Reid 在 1990 年 7 月 6 日被判处 8 年监禁的时候，他已经是一个囚犯了。从那时起，7 月 5 日签署的命令开始生效。他的意见认为，一个答辩人在以下的情况下也可能是一个囚犯：

(a)在实际被判处监禁以前；

(b)在尚未被关进由监狱条例所指定的监狱时。

74. 他呈交的意见进一步声称，第 12(2)条"囚犯"这个词不仅应包括被判处监禁的人，还应包括被法院移交给监狱或者其他安全场所以及等待判决的人。Mr. Huggins 提到了《地方法院条例》第 20(3)条，并认为被地方法院移送到非监狱的其他安全场所的人依然是该条意义上的"囚犯"。

75. 我必须澄清一点，Mr. Oderberg 也代表欧某作了以下的陈词：即我应当对第 12(2)条作狭义解释，因为如果对该条作广义解释的话，将对 Reid 产生非常严重的后果。他认为 Reid 已经不再是囚犯，因而也丧失了作为囚犯所享有的一些好处，例如对良好行为的刑期减免。他指出，第 10(1)条有这样的规定：一个囚犯每当他被带进或带离监狱，"他都应当被视为囚犯"。这一表述与第 11 条和第 12 条是不同的。在这些条款中间，只能找到"应当被视为处在法定监禁之中"的表述。他声称，监禁本身并不足以使一个人成为囚犯。断定性条款并不是多余的。他建议我断定，因为第 12(2)条缺失断定性条款，所以一旦总督的命令生效，Reid 就不再是一个囚犯。如果他从那一刻起只是处在法定监禁之中而不再是一个囚犯，那么因犯制度就不能再适用于他。这个论点更认为，就算 Reid 曾经是一个囚犯，但是一旦根据第 12(2)条命令被带离，他就不再是一个囚犯了。他认为 Reid 从来就没有成为一个囚犯，就算他在最高法院收押室那会暂时做过囚犯，当他被廉政公署带走的时候就不再是囚犯了。

76. Mr. Oderberg 提出，如果这就是我认为吸引的结论，那么要避免它我就必须拒绝给予答辩人一直寻求的第 12(2) 条的广义解释，我应当给予该条款特别狭义的解释。就"出席"一词，我不应该将（在廉署的）拘押包含在它的范围之内。

77. 他说，一个狭义的解释将使得第 12(2) 条能被适用于合理的目的。他声称，如果根据对这些条款狭义解释 Reid 被认定为非囚犯，那么我能够将损失控制到最低。他建议"出席"应当被解释为"极短时间内的逗留"。

78. 李先生与 Mr. Oderberg 有不同的意见。他说同样的推理可以适用于第 11 条和第 12 条的缺失。他说，第 11 条和第 12 条适用于那些在最初是囚犯，被移送之后还是囚犯的人，除非法律上明确规定了身份的变化。囚犯的身份并不因为断定性条款的缺失而改变。断定性条款在第 11 条和第 12 条并不需要，因为当事人已经是囚犯，而且一直都将是囚犯。第 10(1) 条中的断定性条款处理了一些有限的情况。它处理了一些可能的灰色地带。一个不在第 10(1) 条范畴内的人仍然可以是一个囚犯。因此，概括性的假设是一个人可以在一个情况下，亦可以在另一情况下成为囚犯。

79. 李先生说，对方的理由将导致极大的荒谬，我不应该采纳。在第 11 条和第 12 条的情况下，囚犯并没有选择。例如，如果因为监狱里面没有足够的医疗设施，因此犯人被带出监狱，这时他没有任何过错。何以囚犯在没有任何选择下离开就会被剥夺了权利，包括减免刑期的权利呢？因此，他建议我们判决，第 11 条和第 12 条适用于犯人，并且适用于任何目的的离开。他还进一步建议我不要减损第 12(2) 条中所用的措辞的一般含义。

结　论

80. 我非常感谢所有大律师意趣盎然和洋洋洒洒的法庭陈词。我从他们归纳成文书的陈词中获得了巨大的帮助，因为这省去了可观的法庭时间，也节省了双方的费用。

81. 我计划对《监狱条例》第 12 条采用目的解释的方法并考虑香港法例第一章第 19 条的规诫。

82. 我打算给"出席"这个词以普通的和一般的含义，也即"等待到场回应权威机构的召唤（例如提供证据等等），等待，等候，停留"。我认为第 12(2) 条中的"出席(attendance)"一词是能够包含 Sir David Ford 发布这项特定命令的时候心中想的情形的。诚然，这一条的规定本可以说"或者拘押"，但是在我的判决中这将是多余的,因为"出席"就足够广泛地包含许多事实情形,无疑,这就是为什么条例中只用了"出席"一词。在我的判决中,Reid 明显是在"出席(attendance)"廉署扣留中心。

83. 我并不认为第 12(2)条只是意在规定暂时的到场,这是不公允的解读。我有权去考虑《证据条例》第 81 条关于"亲身出庭命令"的条款,而将第 12(2)条限定在如此或者类似的场合将是错误的。

84. 至于 Stephenson, L. J. 在 Becker 一案中的附带意见,李先生的历史分析已经给我留下了深刻印象,在我这已经够长的判决中就不再赘述了。我信纳香港法例的文义和历史本质上是不同于英国的法例,而法官的见解,被限制在英国法律文义和历史的领域下,对本案没有借鉴意义。法官的意见明显是附带的,而这些措辞的意思并没有得到充分的争论。法庭上的其他两位法官并没有对此特定问题发表意见。

85. 下一个我要决定的问题是,Reid 是不是一个囚犯。我认为基于两点,他是一个囚犯。首先,考虑到囚犯一词普通的和一般的含义,当 Reid 被押到答辩人席上,首席大法官判决他 8 年监禁的时候,他就是一个囚犯了。就算我的这一点理由是错误的,那我还可以举出其他无可置疑的证据。在 1990 年 7 月 6 日上午 8:55,他被移送惩教署,并处在他们的羁押之下,直到下午晚些时候。所有一般程序都是由惩教署职员在最高法院收押室里办理的。如果在这种情况下还有人要说尽管如此,他还不是一个普通意义上的囚犯,那么我就感到万分惊讶了。在我的判决中,他直到依照 1990 年 7 月 5 日命令被移送廉政公署之前,一直处在惩教署的监管之下。我不接受什么建设性羁押或意外的说法。

86. 我相信,这一论据的错误在于它将"囚犯"与"监狱"等同了起来。《监狱条例》中没有任何定义明确指出,囚犯只能是关押在监狱中的人。我回溯到先前已经提到的辞典定义,麦高义先生给了我一些 William Blake 关于监狱的话。但或许更为相关的评论应当是 Richard Lovelace (1615—1658)所说的,"并不是只有石墙和铁栅栏才能构成一座监狱"。

87. 对我来说,上述提及的英国上诉法庭在 Moss & Harte 一案中的判决也支持这一观点。即尽管 Reid 没有被关押在监狱里面,但是他自从 7 月 5 日起一直是在合法监禁中,因此,他明显是普通和一般意义上的囚犯。

88. 至于 Mr. Oderberg 的论点,有关第 10 条中的断定性条款在第 11 条和第 12 条中缺失的问题,我拒绝有关 Reid 在判刑之后依照总督 7 月 6 日的命令被廉政公署拘押之后仍是非囚犯的观点。在第 11 条和第 12 条中断定性条款的缺乏并不影响我的结论。我接受认为第 10 条中的断定性条款是有遗漏的这一论点。我同时看不出为什么同样的论点不适用于第 11 条,这确实产生了李先生所指出的荒谬结果。所以我拒绝接受 Mr. Oderberg 的陈词。我不认为根据第 12(2)条发布的命令就会中止囚犯的身份,我也不认为从这三条的意思会得出这个结论。

89. 我判定,Reid 从他被判处 8 年监禁及第 12(2)条的命令生效的那一刻起就是一个囚犯。他不会因为依照命令被押送到廉署扣留中心就停止囚犯的身份。他是并一直将是一个囚犯,直到服满刑期为止,不论最后刑期被确定为多少。我不认为监禁合法性的理由对此问题有什么帮助。

90. 我判定,第 12(2)条的所有要素都已被满足,因此这份命令并非不合法。所有的要素如下:

(a)总督信纳;

(b)为了追求司法利益;

(c)将 Reid 押送到一个叫廉政公署扣留中心的场所;及

(d)从那份命令生效之时起,Reid 就是一个普通和一般意义上的囚犯。

91. 因此,我拒绝此申请寻求的救济。

诉讼资格的问题

(a)陈词

92. 随着论述的深入,我认为有必要阐明我在诉讼资格问题上的观点。《最高法院规则》(the Rules of the Supreme Court)第 53 号命令第 3(7)条规定,除非法庭认为申请人与申请事项有充分的利害关系,它不应授予申请人以司法复核的许可。

93. 这一规定还出现在《最高法院条例》(the Supreme Court Ordinance)第 21K(3)条。它规定,法庭受理的申请必须与案件事实有实质联系。

94. 命令直接影响的当事人 Reid 并不挑战它的合法性,而且已经同意了它。那么欧某有什么利害关系去宣称这份命令是非法的以及 Reid 在廉政公署的羁押不能计算在 8 年的刑期之内呢?

95. 麦高义先生也承认琐屑无聊或无理取闹的申请人是不应该被赋予诉讼资格的。他也接受上诉条款是用来防止爱管闲事的人肆意干涉他人事务的。他认为,这些条款是用来防止不适当的申请被递交上法庭的。他说这是一个特别的案件并指控答辩人在拼命就欧某没有诉讼资格作陈词。

96. 他的陈词是这样的,任何公民有权像欧某在本案中那样,就一份不合法的命令提出申诉。他说,当合适的当事人,例如 Reid 没有提起诉讼时,法院就会发现欧某对此有充分的利害关系,因为任何公民都有权维护法律规则。

97. 但是在本案中,他声称欧某还具备一些特别之处。他是被关押在政府宪报中所指定的监狱里的，而 Reid 却没有。Reid 是不利于欧某的主要证人，而持续的推动力去取悦监管者就是充分的诉讼利益。他还声称，作为一名律师，有特别的利益看到不合法的命令被推翻。麦高义先生的陈词走得如此之远，以至于它等于在说欧某不仅是代表自己提出申请，而且还代表全体囚犯，Reid 被羁押在外的情况令他们有一种不公正的感觉。

98. 我判决的前面部分已经指出，我没有看到任何事实理由支持申请人的诉讼资格。我怀疑是否有任何关押在监狱里面的囚犯如果在知道 Reid 的拘押处境之后还愿意和他调换位置。至于取悦监管者的动机，麦高义先生并没有任何证据支持，他能说因为证人和控方太接近，令微妙的、无意识的或者潜意识的因素起作用，而在此环境下，不正当或受影响（直接的或者间接的）的表面迹象就足以支持诉讼资格。

99. 御用大律师李国能先生代表 Sir David Ford 和惩教署专员强调，该案有必要在考虑所有的有关背景后，检验欧某同与他的申请相关的事实之间的关系。这里的问题是 1990 年 7 月 5 日的命令是否越权，以及对 Reid 依照命令的监禁是否合法。他认为总督的良好意图是毫无疑问的。他进一步指出，"与申请事项有充分的利害关系"很明白地将申请司法复核的权利限于寻求救济的当事人。

100. 李先生认为，当检测一项依据法定酌情权而发布的命令时，去看一看法律的规定是很有用的，看它是否明示或默示地给予了像欧某这样地位的人去申诉命令的正当性和随后依照命令监禁的合法性。他说，《监狱条例》的相关规定并未明示或默示地授予处于以下地位的人任何申诉的权利：

(1)作为公众中的一员；

(2)作为一个律师；

(3)作为一个在押囚犯；

(4)作为 Reid 将出庭作证的案件中的答辩人。

101. 对于前三类人，李先生认为他们的起诉完全是一种对他人事务的干涉。至于欧某作为答辩人，李先生强调没有任何证据表明 Reid 提供的证据将会被廉政公署的羁押所影响。再者，欧某也将获得对 Reid 提供的任何证据进行盘问的机会。

102. 最后，也是最重要的，李先生认为总督信纳 Reid 继续留在廉政公署是符合司法利益的。控方不全面或甚至不起诉欧某对他来说当然最符合他个人利益。而如果 Reid 的扣留被判定为非法，Reid 被送回监狱，那么欧某可以想象这将在许多方面使他获益。李先生说这些利益正好是司法利益的对立面，因而法庭不应承认这种利益对于寻求司法复核是充分的。

103. Mr. Huggins 代表廉政公署和律政司也采纳了李先生关于诉讼资格的陈词。他强调欧某就其诉讼请求并没有直接的或者个人的利害关系。如果这些诉讼请求被获准,总督的命令被宣告无效,将会导致 Reid 被送回监狱服刑。正如他在他的论点的大纲提到,这命令的效果将使得 Reid 待在监狱的栏杆后而不是廉署的栏杆后,吃的是监狱的饭而不是廉署的饭,穿的是监狱的服装而不是廉署的服装。另欧某要求宣告 Reid 在廉政公署羁押的时间不能计算在刑期之内,这对他并没有影响,或者没有任何好处。

104. Mr. Huggins 归纳了欧某提交的关于他对本案事实的利害关系,其中最重要的就是"Reid 在廉署的羁押将会导致他提供其在监狱里不会提供的使我负罪的证供"。Mr. Huggins 指出没有任何证据证明这一点,而正如我已作的判决,在我面前并无任何材料显示,在廉政公署的羁押导致了 Reid 的证据有任何的"改进",同时亦无对廉政公署就不当行为有任何指控。就 Reid 在廉政公署里度过的时间,Mr. Huggins 亦指出,欧某没有回答"这些时间算不算刑期为何与他有了利害关系"这问题。

105. Mr. Huggins 进一步指出,若真有建议,当然不是由麦高义先生提出,欧某的利益在于如果 Reid 被关进监狱,他就会更加脆弱,或不会那么有效地帮助廉政公署的调查了(欧某并不是 Reid 所指证有罪的唯一一人),这样的利益是非法的利益,将与司法的利益相悖。Mr. Huggins 补充说,很难排除潜藏在这一从开始受理就是错误的司法复核背后的"非法利益"。不出意料,Mr. Huggins建议我对欧某一方强烈的希望看到法庭宣告总督命令无效的愿望背后的任何其他"利益"持怀疑态度。

(b)法律

106. 我们都认为,在这一领域有指导性的案件当属 Inland Revenue Commissioners v. National Federation of Self Employed and Small Businesses Limited [1982] A. C. 617。本案中的争议在于自雇者和小企业全国联盟有限公司(National Federation of Self Employed and Small Businesses Limited)是否有权申请宣告税务局对舰队街(Fleet Street)的临时工给予豁免的行为是违法的。税务局的上诉被批准,"因为从这个案件整体上看,即使地区法院(Divisional Court)给予了申请人在单方面申请时司法复核的许可,在双方出席聆讯时,他在考虑到此案提出的事实后,必会发现……该联盟完全没能够证明税务局的行为上有任何越权无效或不合法的地方(Lord Scarman 语)。该联盟没能出示出任何依据,让我们相信税务局未能履行它的法定职责,也没能出示出任何充分的利害关系以让法庭继续复核它的申请"。

107. 在第 644 页，Lord Diplock 说：

> 在我看来，如果任何一个类似该联盟的压力组织或者甚至单独一个有激情的纳税者都能够依据过时的诉讼资格技术规则提请法庭宣判法律规则无效和取得临时禁令，那么这将是公法体系中一个重大的漏洞。

108. Sir William Wade 在《行政法》一书（第 6 版）第 701 页指出，这一判决给"法律上的诉讼资格作出了一个新的、宽松的但是有点不确定特征的解释"。1977 年在英国发布的第 53 号命令是为了"清除程序上的不同，特别包括诉讼资格的不同"（Lord Diplock 在第 638E 段）。他在此提到了移审令与履行义务令中存在的不同。Lord Diplock 还指出，"感到受委屈的人"这一表达那时在法律中被普遍使用，但是当第 53 号命令发布之后，它不再被使用，而改为使用"充分的利害关系"这一表述。如果使用"感到受委屈的人"这一标准来检验欧某的诉讼资格，我怀疑他是否还会认为自己包括在内。尽管有人提示说"充分"是对"利害关系"的一种限制，但是"充分的利害关系"仍然是一种更有弹性的表述。

109. Lord Scarman 对此的结论是很有意思的：

> 在我看来，该联盟没能够出示出任何依据，让我们相信税务局未能履行它的法定职责，也没能显示出任何充分的利害关系以让法庭继续复核它的申请。

110. 我发现这段话非常奇怪，因为他似乎在暗示说，如果申诉理由充分，那么诉讼资格便自动具备。Sir William Wade 在第 703 页说：

> 上议院的新标准似乎在某种意义上实质性地摒弃了对诉讼资格的要求。不管司法复核申请者的利益多么遥远，就算仅仅是一个纳税人反对对另一个纳税人财产的估定，如果他能够举出行政失职和权力滥用的明显证据，他依然将胜诉。法律将会把注意力放在公共政策而非公众利益上。

111. 我读了法官们的意见之后并不认为其他大法官同意 Lord Scarman 上述这段话。Sir William Wade 的观点明显是针对 Lord Scarman 的意见的。在给予这一意见最大尊重的同时，我也认为它是走得太远了。

112. 正如各位大律师研究后所展示的，本案的事实即便不是独特的，也是不寻常的。我是否应当判决欧某没有诉讼资格呢？我是否信纳总督的命令是不合法的呢？我是否应当就此案的事实遵循 Lord Scarman 的方法，若我认定总督的命令是不合法的欧某便具备诉讼资格，而若我认定命令是合法的则欧某便不具备诉讼资格呢？

113. 我接受诉讼资格的问题不能被孤立地考虑，而应当结合司法复核申请的法律和事实背景来确定。这样表述真的会对此案有所帮助吗？

114. 关于正确的确定方法，Lord Fraser 在第 646 页提供了一些帮助，他说：

> 基于什么原则可以断定具有充分的利害关系呢？我们都赞同并非仅仅有直接的经济利益或者合法利益才能构成充分的利害关系，Reg. v. Lewisham Union Guardians [1897] I Q. B. 488 案件中确定的法律指定的利益要件已经不再适用。我们同样有共识，即一个多管闲事的人不具备充分的利害关系。困难在于，在这两个极端之间，也即好管闲事的人干涉他人事务的愿望与真正被影响到的或合理相关的当事人的利益之间如何识别。在本案中，诉由是申请人宣称答辩人未能履行法定职责。
>
> 在我看来，本案中正确的方法应当是看法律对相关职责的规定中有无明示或默示地规定，像申请人这样地位的人是否有权申请法院宣告（行政行为）违法。根据这一方法，我们很容易看出，地方税纳税人有充分的利害关系起诉地税征收机关的不法行为。尽管 1967 年总税率法（General Rate Act）没有明确赋予地方税纳税人提请变更财产评估单的权利，但是如果他的负担因此而被加重了，他就对财产评估单的准确性有充分的利害关系，因为该评估单是他和其他地方税纳税人分担本地区总税收负担的基础。这个评估单是公开的，并可供任何人查阅。但是其他税种的纳税人的地位就有很大不同了。在这些税种中，其他纳税人的财产评估一般他并不知晓，税务局和它的官员们也有责任将这些信息严格地保密。地方税纳税人和其他税种纳税人之间的差别来源于 Arsenal Football Club Limited v. Ende [1979] A. C. 一案。根据 1967 年总税率法（General Rate Act）确定一个人是否受到了不公正对待也是一个需要考虑的相关问题。

Lord Fraser 的结论如下：

> 在我看来，赋予每一个怀疑受到了税务局或者海关不同对待的纳税人以依照《最高法院条例》第 53 号命令提请司法复核的权利是太过分了。也许一些特别严重或者影响广泛的非法行为能够让他具有充分的利害关系，但是这样的情形非常之少，这一个就不是。

115. Lord Scarman 在第 648 页持有这样一种观点，即第 53 号命令没有产生什么解释的问题。他补充说：

> 它的条款足够宽泛，反映了现代法授予法官的广泛酌情权，这是一个一直被我们忽视的现代法律的特色。申请者是否有足够的利害关系应当决定于他与申请主题之间的关系。这一关系在法律中通常很重要。

116. 在第 653 页，Lord Scarman 引用了 Lord Wilberforce 在 Gouriet v. Union of Post Office Workers [1978] A. C. 435 一案的话，在第 402 页 Lord Wilberforce 提到法庭允许个人以"诉讼资格的宽泛概念"。Lord Scarman 继续强调诉讼资格之所以必要是因为"它使得法庭能够阻止那些好事之人或者爱找麻烦的人的纠缠"。

117. 在 R. v. Secretary of State for the Environment ex parte Rose Theatre Trust Co. [1990] 1 A E. R. 754 一案中，Schieman，J. 驳回了一个团体的司法复核申请。该团体是为了发起一场阻止伦敦玫瑰剧院的选址方案的运动而成立的。这个团体由著名考古学家、演员、本地居民和地方议会成员组成。这位博学的法官认定，该团体没有挑战部长关于选址安排决定的诉讼资格，因为这是政府的决议，值得高度尊重。普通公民，无论其在特定领域内如何优秀，都没有"充分的利害关系"申请司法复核。这位博学的法官声称，当判断是否存在未能履行法定职责的情形时，查阅一下法律，看看法律是否赋予了申请者要求履行职责的权利是有用的。这看起来有些奇怪，因为正如 Sir Harry Woolf 在一篇关于"实践中的诉讼资格"（"Locus Standi in Practice"）的文章（见 International Perspective on Civil Justice-essays in Honour of Sir Jack Jacob）中讲到的，司法复核的一个目的就是提供法律所没有规定的补救方法。如果有法定的补救方法，则司法复核就是不必要的。因此，我并不认为李先生的意见，即应当查阅法律看它规定了什么补救方法，是一个非常有用的方案。

关于诉讼资格的结论

118. 我承认在本案中的这一问题一点也不简单。我还得承认，当我最初看到这些案卷时，我认为诉讼资格问题早已有定论。尽管如此，答辩人的意见和欧某在本案中呈递的证据还是促使我深思，并让我感到紧张。没有法庭希望在寻求司法复核的申请人对案件待决问题有实质联系的情况下，在开始阶段就驳回他的申请。在另一方面，诉讼程序也绝对不能被用来帮助欧某试图获得不当利益，以影响即将开始的对他的审判或者正在进行的刑事调查。

119. 对我来说本案关键点如下：

（1）Reid 同意总督的命令，而且没有起诉它的合法性。

（2）没有其他任何类似的，依照第 12(2) 条被关押的人提出任何申诉或者寻求司法复核。

（3）总督已经认定，Reid 被扣留在廉政公署是司法利益的需要。

（4）总督命令的良好意图并没有被挑战。

（5）没有任何陈词指控廉政公署的行为有任何不当。

（6）没有任何陈词指控 Reid 在廉政公署的拘押对其（提交的）证据有任何影响，或者导致它们被改进、变更或者增添。

（7）宣称 Reid 在廉署扣留的时间并不能算在刑期之内并不会对欧某产生任何可以想象的影响。

（8）取消政府的命令对欧某也没有任何可以想象的影响，欧某依然会被监禁，而 Reid 还将是他接下来审判中的主要证人。

（9）不管申请结果怎样，欧某都会有机会同 Reid 对质，而所有有关动机的问题将由陪审团决定。此外，所有 Reid 所做的而又未被派递给欧某的证供将根据有关未被使用的材料指引被派递。

120. 考虑到以上事实，我得出以下结论：欧某属于 Lord Scarman 所言的那种"麻烦制造者"。他寻求的救济在此阶段对他没有任何利害关系。我不认为欧某有一种强烈的维护法律的愿望。我不能仅听他的大律师的一面之词，在没有任何证据表明实际上欧某的动机是维护法律。我便相信，欧某起诉的目的仅仅在于阻挠对他的指控，并把 Reid 投进监狱，因为在那里，他将更容易屈从于直接或者间接的压力，这将影响他的证据或者提供证据的态度。我裁定这不能构成提请法庭干预的充分利害关系。我还要补充说，这一司法复核的发起本身就可能是关于 Reid 扣留环境的误导性新闻报道的结果。如果 Reid 是被安置在文华大酒店，并享有其他特权，我会有一种强烈的不平感，这时欧某作为一个在押囚犯，可能会有"充分的利害关系"启动诉讼程序，因为这是他唯一可以表达不平和矫正不公的途径。但是正如我在我判决的前面部分讲到的，我并没有发现有任何可靠的证据表明这是实际的情形。

121. 因此，我判决欧某"就司法复核涉及的争议缺乏充分的利害关系"。在这里我这样判决并不是批评 O'Connor 法官。他当时授予欧某司法复核的许可是基于那个阶段提交给他的证据，他也没有错。

122. 因此，我在这里宣判，这份申请由于申请人诉讼资格的缺乏而被驳回。因而，我也没有必要再反驳欧某提出的其他各项论点。至于 Sir Harry Woolf 在他的论文中提到的观点，我认为本案与 R. v. Registrar-General ex parte Smith times 12 Nov. 1990 并不是同一类型的案件。采用 Lord Scarman 的方法，我们能够得出以下结论，即欧某并不能真正提起诉讼，因为他不具备充分的诉讼资格。这一方法，正如我已指出，使得不具备资格的诉讼者被挡在了门外。一个明显的事实是，诉讼资格的必须具备，就我的看法，意味着在一些案件中，申请人很可能不是提请法院复核违法行为的合适主体。

123. 最后，我要补充一点，即就算我认可欧某的解释和他的诉讼资格，我也不会考虑宣告 Reid 在廉政公署的羁押不算在刑期以内。这是一个与欧某没有利害关系的问题,因为它是也一直将是一个执行问题。就我本人而言,我是不会给予欧某以单方申请这一宣告的许可。

124. 因此,这一许可申请现被驳回。一项临时命令,就前四名答辩人的诉讼费用由申请人承担。我将给第一答辩人、第二答辩人的大律师出具一份证明书。

高等法院法官 Neil Kaplan

大律师代表:

麦高义先生和 Mr. K. Oderberg 受 Alsop Wilkinson 委托代表申请人。

御用大律师李国能(Andrew Li)和黄仁龙先生(Mr. Y. L. Wong)受 Allen & Overy 委托代表第一答辩人及第二答辩人。

Mr. A. Huggins 受 Herbert Smith 委托代表第三答辩人及第四答辩人。

(李志强译,冯静美、林峰校)

【案例评述】

本案的申请人欧某通过司法复核申请对署理港督根据《监狱条例》第12(2)条作出的一项命令的合法性作出挑战。此命令是针对另一个人——Reid,而非申请人。但是 Reid 将会作为控方的证人出现在对欧某的刑事检控案中并有可能作出对欧某不利的证言。

本案法官的判词的大部分都是在对署理港督的命令是否违反作详细的讨论,而问题的核心是对相关法律条文的解释,特别是对"囚犯"、"监狱"等词的解释,因为这些解释直接关系到《监狱条例》中的有关条文是否适用的问题。申请人和答辩人的大律师代表采用了不同的解释方法,简单来说是狭义解释与广义解释之争。法官采纳了答辩人大律师的观点,即对《监狱条例》第12条采用了目的解释的方法并考虑香港法例第一章(《释义与通则条例》)第19条的规诫,并给予《监狱条例》有关条文中的其他一些词,例如"出席"等,以普通的和一般的含义。法官最后作出了署理港督的命令是符合《监狱条例》第12条的规定的因而是合法的结论。

本案另一,也许是更重要的,法律问题是申请人的诉讼资格问题,以及判断其诉讼资格的标准。法官认为在这一领域有指导性的案件当属 Inland Revenue Commissioners v. National Federation of Self Employed and Small Businesses Limited [1982] A. C. 617。就如何确定申请人与申请事项是否有充分的利害关系,Lord Diplock,Lord Scarman 和 Lord Fraser 在此案中都有论述。本案法官赞同 Lord Diplock 和 Lord Fraser 的观点,而认为 Lord Scarman 的观点走得太远了。

法官采用了 Inland Revenue Commissioners v. National Federation of Self Employed and Small Businesses Limited [1982] A. C. 617 一案的做法,并认定"没有法庭希望在寻求司法复核的申请人对案件待决问题有实质联系的情况下,在开始阶段就驳回他的申请"。这就是说不仅在许可阶段,而且在实质审查阶段,法院都得考虑申请人的诉讼资格问题。法官认为本案申请人属于"麻烦制造者",而且他所申请的救济在司法审查阶段对他没有任何利害关系。因此法官判决本案申请人"就司法复核涉及的争议缺乏充分的利害关系"并驳回其申请。

2 何某诉入境事务处处长案 *

申请人：何某（Ho Ming-sai）
答辩人：入境事务处处长
主审法官：Kempster JA，Litton JA and Godfrey J
聆讯日期：1993 年 1 月 19—20 日，1993 年 2 月 9 日

【判决书】

上诉庭法官 Kempster 的判词

这个申请是由 Ho Ming-sai, Ho Ming-fung 和他们的父亲，Ho Juen-hoi 提出的，并由他的女儿 Ho Ming-sai 作为诉讼代理人，反对高等法院增补法官 Nazareth JA 拒绝批准他们对入境事务处处长的一个决定进行司法复核以及请求颁发移审令及履行义务令的许可申请。入境事务处处长的决定是在 1992 年 1 月 7 日作出，确认了早在 1991 年 12 月 27 日的一个备忘录中就已经提到的内容，即拒绝根据《入境条例》（香港法例第 115 章）第 13 条行使酌情权来准予早在 1990 年就已经非法进入香港的 Ho Ming-sai 和 Ho Ming-fung 留在香港。第 13 条规定如下：

> 处长可随时授权在香港非法入境的人留在香港，不论该人是否已被裁定犯该罪，但有关授权须受处长认为适当的逗留条件规限，而第 11(5)、(5A)及(6)条须对该人适用，犹如对根据第 11(1)条已获准在香港入境的人适用一样。

与 1964 年《新西兰移民法》第 20A 条相比，第 13 条这个条款并未明确授予

---

* 此案收录于(1993)3 HKC 157。

一个已经非法进入香港的人任何权利或者限制酌情权的行使（见 Dagnayasi v. Minister of Immigration ［1980］2 NZLR 130）。对这个许可的申请在 9 月 23 日由 Nazareth JA 在当事人之间进行了聆讯，并在 10 月 1 日作出了他的判决。他的命令也在同一天发出，并于 10 月 13 日在法庭存档。

第一位和第二位申请人是年龄分别为 22 岁和 19 岁的姐妹。她们仿照她们在 1987 年就已进入香港的母亲以及在 1990 年 9 月以同样方式进入香港的父亲——第三位申请人的做法，进入了香港。

虽然她们的父母由于不合而分居，但他们都是香港的合法居民。

1991 年 2 月，前两位申请人向入境事务处自首后，移送令随即在 5 月 7 日发出。目前，她们已被保释并在屯门租住房子，与父亲一起居住及照顾他。她们的父亲在一家屠宰场做清洁工帮手，患有妄想症及抑郁症。他不愿意接受社会人士提供的援助。

在一份 1991 年 9 月 16 日作出、并在 9 月 24 日递交入境事务处的精神病报告中，Dr Singer 给予了这样的诊断：这位父亲是一名类似妄想狂的精神分裂症患者，如果他仍要生活在社区内，就必须得到女儿们的照顾。从入境事务处长 1991 年 9 月 27 日、12 月 27 日以及 1992 年 2 月 7 日写给法律援助署处长的备忘录中明显可知，他将这份报告列入了考虑的范围。之后入境事务处安排这位父亲在他作为门诊病人正接受治疗的屯门医院进行了重新诊断。那份报告所包含的事项及内容都不曾向申请人公开。那位母亲尽管身体状况不佳，也仍在用她在一家餐厅工作的收入扶养她的丈夫和女儿。还是大陆居民时，她由于台湾的关系受到嫌疑，甚至还被当成间谍监禁过一段时间。处长承认他曾被告知了这些事实，但根据庭上大律师在没有异议下向我们提供的资料显示，处长在作出其决定时，并没有考虑被告和其家庭状况。

Nazareth JA 认为，作为显见的共同点，申请人有责任证明他们有司法复核的理据。在考虑到 Lord Diplock 在 Inland Revenue Commissioners v. National Federation of Self-Employed and Small Businesses Ltd ［1982］AC 617 一案中在第 644 页中的一段话，这个法律原则并不十分正确而且把要求也定得太高了。决定者应该问一问自己，在进一步考虑了放在他面前的材料之后，这些材料会否透露一些事实从而显示出该申请有机会获得所诉求的救济。换句话说，就是 Lord Donaldson MR 在 R v. Civil Service Appeal Board, ex parte Cunningham （［1992］ICR 816 第 823 页，［1991］4 All ER 310 第 315 页）中所说：

> 只有当申请人能证明某些性质和程度上的错误足以提出司法复核的申请，而就这些初步证据已成立，许可才会被准予。

这样,我们便不能依据 Nazareth JA 的判决,行使《最高法院规则》第 53 号命令第 3(1)条所赋予的酌情权了。我接受了 Barlow 先生代表申请人提交的意见,里面说如果刚才罗列出来的条件得到了满足,那么通过行使酌情权而作出拒绝授予许可这一决定是否恰当就非常值得怀疑了。

在我们面前的争论是,究竟已提供的材料,是否透露了一些事实,在进一步考虑后,会显示出该申请有机会获得所诉求的救济,或因某些需要调查的事情出错了,进而构成一个初步证据成立的案件。虽然未有就判决向政务司根据《入境条例》第 53 条提出反对,申请人却曾就移送令根据《入境条例》第 53A 条提出上诉,惜无功而返。而其母亲亦向港督就女儿们的居留权提出呈请。该呈请在 1991 年 12 月 23 日已经被拒绝。我们被告知还有另外的呈请。

正如 Sir John Donaldson MR 在 R. v. Secretary of State for Home Affairs, ex parte Swati ([1986] 1 WLR 477 第 481 页)一案中也同样提到:

> 一个酌情判决在性质上不能成为有约束力的先例……司法复核并不那么关心判决的对错,只是关心它是通过何种途径作出的。

因此,之前基于不同事实的判决对我们的帮助是很有限的,而我们的作用亦非为决定处长的决定正确与否。不过我们确实需要考虑以下陈词,即有关决定是否有如 Associated Provincial Picture Houses Limited v. Wednesbury Corporation([1948] 1 KB 223)一案中概括的不理性的意思。在考虑过后,我毫不犹豫地驳回了它。同时它也促使我们考虑这样一种陈词,即处长的行为——未能披露在作出该受质疑的决定时他依据的所有材料,加之他反对授予申请人许可,而引致了行为不合理的猜疑。这个意见也被我毫不犹豫地否决了。但这里仍然有一个问题需要解决,即是否为了实现公正,在行使酌情权前,处长应该先向申请人提供他手头所有的其他材料,以便提供机会给申请人作更进一步的观察。法院在 Khan v. Attorney General ([1986] HKLR 972)一案中就认为必须如此。但是在 Flickinger v. Director of Immigration ([1988] 1 HKLR 81 第 93—94 页)一案中 Clough JA 就关于《入境条例》的另一条说道:

> 在根据《入境条例》第 11(5A)(c)条行使他的酌情权时,处长可能会进行他认为适当的调查。申请人没有权利,在这个案件中他也没有任何合法的期望被告知处长的调查结果或者被允许反驳处长获得的关于申请人的资料。

> 我们断定,整个情形可以用 Lord Denning 在 Schmidt's case 案件中在第 170 B—C 段至 171 C 段中的判言来说明……

这些话同样可以适用于《入境条例》第 13 条。

就所指处长应当给出他的理由，在 Lau Tak-pui and others v. Director of Immigration（(1992)CA，Civ App No. 179 of 1991，29 January 1992)一案中，本庭认为依据条例第 53F 条成立的裁判处必须这样做。但是那个决定实质上是取决于裁判处完全拥有的司法功能及条例中的相关措辞。相反，这个案件中入境事务处处长的决定却是行政性的。英国上诉庭在 Schmidt v. Secretary of State for Home Affairs（[1969] 2 Ch 149)一案中的判决指出，外国人没有权利向内政大臣就延期留居英国的许可提出任何交涉。关于《1953 年外侨法》，Lord Denning MR（在第 170—171 页)说：

> 与之后的 R. v. Secretary of State for the Home Department，ex parte Autar Singh 一案相比，一个英联邦公民说他想入境跟这里的一位姑娘结婚。他根本没有权利得到许可。法律授予移民官予以拒绝的绝对决定权。Lord Parker C. 认为他们没有义务告知他申请为什么被拒绝以及并不一定给予他交涉的机会。假使法律对待英联邦侨民是这样的，那对待外国侨民就更加如此了。他只有经许可才能进入这个国家。而且，如果他被授予有期限的许可，他也没有超过限定期间哪怕一天的居留权利。如果他的许可在期限届满之前被取消，我认为，他应该被给予陈述意见的机会，使他能拥有一个准予在限期内居留的合理预期。我要补充的是，除了这个案件，外国侨民都没有权利，也没有被准许居留的合理预期。他可以被拒绝而不说明理由以及进行听证。一旦期限届满，他就必须离开。

Widgery LJ 持同样的意见。Russell LJ 不同意只是因为他认为发生的事实适用法庭规则设定的申请程序来说是不适当的。Denning LJ 说，内政大臣实际上没有武断地行动，并时刻准备仔细考虑任何向他提出的陈情。同样，正如前面所说，我们相信入境事务处处长是随时准备仔细考虑向他提交的材料。最近，在 R. v. Civil Service Appeal Board，ex parte Cunningham（[1992] ICR 816 第 825 页，[1991] 4 All ER 310 第 317 页）一案中，Lord Donaldson MR 说：

> 认为当局应当告知他们做出决定的理由是基于三点。第一，普通法中的一般原则，或者，自然正义的一项原则，即公法权力机构应当无例外地或者经常给出其作出决定的理由。我不能确定这原则是如何向 Otton J 提出的，但他断然予以驳回。只要说这个原则是无可争议的就足够了……

正如 Ng Yuen-shiu v. Attorney General（[1981] HKLR 352)一案以及后来的 Schmidt v. Secretary of State for Home Affairs 一案中的上诉人一样，每一个申请人"站在法庭面前，好像只能抱有一个可以得到处长同情的考虑的希望或者期待,处长有权根据《入境条例》第 13 条在他认为适合时,准予申请人继续有条件地居留。"([1981] HKLR 第 369 页,见 McMullin VP 的判词)。

在考虑过上述的案例后,我认为,在 Nazareth JA 或者我们面前的材料并无披露任何事实在深入考虑后会显示此案有机会获得索求的救济,证明存在一个可以争论的案件,或者存在某些可能需要移审令或履行义务令来矫正某些性质和程度上的错误。

Barlow 先生最后认为我们应当接受这个上诉,并且许可对处长的决定进行公正的复核,以提供一个机会去验证 Schmidt v. Secretary of State for Home Affairs 一案的判决在经历了超过 20 年后,是否仍然有效。的确,正如 Sir William Wade 教授在他所著的《行政法》第六版第 676 页(Oxford：Clarendon Press,1988)中指出：

> 1969 年议会制定了一个适用于外侨的裁判处及上诉系统,赋予入境管理裁决者和入境上诉裁判处一些程序权利。这样,侨民就可以对拒绝入境、驱逐出境、居留许可未更新、居住环境以及其他限制提出申请。

所以,香港最初在 1971 年基于同样的目的制定了《入境处条例》。虽然 Barlow 先生的陈词最初非常吸引,只为了向枢密院提出一项终审上诉申请而准予此司法复核的申请,将不是一次适当的酌情权行使。在我看来,第 13 条只要求处长应当合法、诚实地行动,而本庭亦没有听到任何争论,指称申请如果被授予许可,就能证明处长有违反这方面的行为。

虽然在法律援助署的协助下,本上诉所讨论的问题得到很好的争论,但我仍然相信 Nazareth JA 的结论是正确的,故本庭将以同样的方式行使其酌情权。我将驳回上诉,并作出入境事务处处长应获诉讼费的临时命令。我也将命令申请人的诉讼费根据《法律援助处条例》由法庭厘定。

Litton JA 的判词

第 53 号命令第 3 条赋予法庭的酌情权并不是容易行使的。除了要求申请人对事件有足够的利益外(见第 53 号命令第 3(7)条)和要求得到许可的申请也要迅速作出(见第 53 号命令第 4(1)条)之外,此法则并无给法官任何指引。Lord Diplock 在 Inland Revenue Commissioners v. National Federation of Self-Employed and Small Businesses ([1982] AC 617 第 643G 段)一案中称这为司法复核过程的"起始阶段"。很显然,法规背后的意图是,公共机构以及类似的机构不应该受到那些没有希望的申请的骚扰,特别是一旦授予了申请司法复核的许可,法庭就有权根据第 53 号命令第 8 条向答辩人就文件披露、质询、盘问等下命令。

另一方面,在许可阶段,权利受到不法侵害的公民手中持有的材料可能不多,而他其中一项投诉很可能就是有关当局用一种过于秘密的方式对待他。如果法庭根据第 53 号命令第 8 条而设定的门槛过高,很多合理的投诉就会被拒之门外。此外,正如 Barlow 先生在本案中所说,司法复核的救济覆盖了一个广阔及正在发展中的公法领域:法庭对待第 53 号命令第 1(1) 条之下的救济方式——案件移审令以及其他类似的命令——并非一成不变,而是会随着时间改变。在使用"公平竞争"这个概念时,必须有灵活性。先例约束力的影响可能并不像其他法律领域那么强。

本案中,法官在提到《入境条例》第 13 条(授权入境事务处处长批准某个已经非法进入香港的人继续居留的权力)之后说:

> 申请人为获得许可必须证明他们有一个可以争论的案件,这是没有争议的(参见 R. v. Secretary of State for Home Affairs, ex parte Swati [1986] 1 WLR 477)。

在提到 ex parte Swati 一案时,法官大概在脑海中出现了案件汇编中在第 482F 段的一段话,其中 Sir John Donaldson MR 说道:

> 如果申请人要获得许可,他至少要使法庭认为他能够论证其请求司法复核的案件存在不合法、"不合理"(即,Wednesbury 那样的不合理:见 Associated Provincial Picture Houses Ltd. v. Wednesbury Corporation [1948] 1 KB 223)或者程序上的不恰当:见 Council of Civil Service Unions v. Ministers for the Civil Service [1985] A. C. 374, 410.

如果重点放在上面一节引文的"至少"一词上,在批准许可之前,所有申请司法复核的申请人必须证明在任何情况下都有一个值得争论的案件,这明显会使门槛变得太高。这情况在第 485A 段 Sir John Donaldson MR 的话中变得更加明显了:

> 即使案件就此停顿下来,我亦会拒绝依据这样的理由作出许可,即申请人必须不只是证明司法复核的理由并非不存在。让他必须证明一个有初步证据的案件的依据确实存在可能要求太高,但是他至少需要证明其真实性,作为对理论上可能性的反驳。换句话说,他的案件必须是值得争论的。

明白地说,这里没有预期在处理第 53 号命令第 3 条许可申请时,法庭应当能预见其结果,就像所有相关的证据都已在法庭前一样。Sir John Donaldson 也不认为在起始阶段法庭就应当仔细考虑事实和法律上的细微的争论:见 Lord

Diplock 在 Inland Revenue Commissioners v. National Federation of Self-Employed and Small Businesses Ltd ［1982］A. C. 617 一案中在第 643H－644B 段的判词：

> 如果法庭在那个阶段便对事实进行深度的研究，那便将失去需要先获得申请司法复核的许可才能正式申请司法复核的整个目的。若在快速阅读过相关的材料后，法庭认为这些材料披露了此案件可能在经过更深入的考虑后而成为一个可以论证的案件，有利于申请人获得所索求的救济，法庭必须，在行使酌情权后，准予其申请救济的许可。在这个阶段行使的酌情权不同于对申请进行聆讯时当所有的证据以及事实得到了充分论证后所行使的权力。

在许可阶段，这个起点被 Lord Diplock 描述成类似于 Nazareth JA 在他的判决中谈到 Lord Donaldson MR 在 R. v. Civil Service Appeal Board, ex parte Cunningham（［1992］ICR 816 第 823 页，［1991］4 All ER 310 第 315H 段中的判决，见上诉卷宗第 18 页），他说：

> 法庭的公法管辖权是监管性的，而不是受理上诉的。那些被要求给予申请司法复核许可的法官都十分清楚这一点。只有当申请人证明一个有初步证据的案件存在某处权力行使性质和程度上的错误而可能需要司法复核时，这个许可才会被准予。

虽然 Nazareth JA（见上诉卷宗书第 10 页）说"要获得许可，申请人必须表明有一个可以争论的案件"，这句话单独拿出来看可以说是把门槛设置得太高了，但是从整体上通读他的判决，我并不认为他事实上错误地适用了批准许可的标准。仅基于此，我倾向于驳回这个上诉，但是我却走得更远。

着眼于可能进行司法复核的理由。正如在 Swati 一案中第 482F 段所提及，看起来依据书面陈述所公开的事实并不可能存在"不合法性"这种可能性。关于 Wednesbury 那种的不合理性，我不明白以"同情"为由拒绝允许非法移民留居香港怎么会令本案落入此理据的范畴。处长根据《入境条例》第 13 条拥有广泛的酌情权，不应由法庭说他的权力应如何行使。Graham 先生代表处长提出，在中国大陆肯定有很多人基于令人同情的原因通过正当渠道合法进入香港，容许其他人"通过违反法律而获得某些优待，又因为他们这样做而进行有利于他们的处理，似乎并不完全合理"。

这样剩下了需要分析的只是最后一个理由了，即程序上的不恰当性。将申请人的案件设想到最佳，即入境事务处可以，在对良好行政不造成任何损害的情况下，说明他们是否接受 Singer 博士的意见：即这位父亲——香港永久居民，需要他两个女儿——第一、第二申请人的照顾；特别是，他们可以在与法律援助署署长通信的过程中透露是否已收到屯门医院得到相反的意见，说这位父亲不需要他的女儿们照顾。这论点的关键在于，究竟处长是否需要给出作此决定的理由，或许更准确地说，对此点的更深入的考虑是否以双方当事人在场更恰当。在我的判决中答案肯定是"不"。普通法没有所谓的一般规则或者自然正义的原则要求行政决定必须给出理由，即使在法定权力的行使过程中作出的决定可能对其他人的利益产生不利影响，或者破坏了他们合法或者合理的期望：见 Gibbs CJ 在 Public Service Board of New South Wales v. Osmond（（1986）159 CLR 656 at 659，60 ALJR 209 第 211 页（High Court of Australia）），此案件的判词引用了很多澳洲联邦先例。

一个非法移民是不能期待得到处长的准许而居留在香港的。甚至，即使处长根据第 13 条将创设这么一个先例，他的行为就会与法例用来调整那些合法进入香港的人（基于临时性的或者长久性的理由）的整体意图相违背。将申请人的案件设想成最佳状态，他们或许希望处长基于同情而准许他们留下。在处长能够合法地作出决定，命令他们迁回中国大陆之前，不存在任何人需要对申请人说明一个案件的可能性。假设处长已经得到屯门医院对 Singer 博士的意见的确认，即这位父亲需要两个女儿的照顾，他仍可以拒绝她们留下来。在根据第 13 条行使酌情权时，处长很明显进行了比申请人的利益更广泛的考虑。假设他给出了理由并说："我通常无权决定允许非法入境者居留的政策，本案中我也没有发现可以违背这项政策的理由。"申请人会好过一些吗？

我认为本案中法官的结论是正确的，我赞成 Kempster JA 提议的命令。

Godfrey J 的判词

这是一个令人沮丧的案件。Kempster JA 已经在他的判决中陈述了事实。我很感激并采用了他对事实的论述。

若本庭要决定的问题是，这个患病男子的女儿们是否证明了基于同情这一理由应该允许她们留下来照顾她们的父亲，我会毫不犹豫地作出肯定的回答。从 1997 年 7 月 1 日《中华人民共和国香港特别行政区基本法》开始实施起，根据《基本法》第 24 条，他们将有权被作为香港永久居民来对待。

但这不是本庭要面对的问题。

这位父亲的两个女儿是非法入境者，不管她们的案件涉及的利益有多重大，本庭也无权决定非法入境者是否应当被准许留下。确实存在这样一种权力，不过《入境条例》第 13 条只将其授予了入境事务处处长。现在，尽管这些女孩是非法入境者，我也会独立地将她们的身份与 Schmidt v. Secretary of State for Home Affairs［1969］2 Ch 149 一案中的"外国侨民"或者 R. v. Secretary of State for the Home Department，ex parte Autar Singh(Divisional Court，25 July 1967，unreported)中的"联邦侨民"区别开来。这些女孩是中国公民。再过几年，所有这里以及大陆的中国人将会普遍公认为"同胞"，而且这确实已经得到了中央人民政府的认可。我宁愿认为这会带来不同，但是会吗？

法庭的职责是按法律办事。我们或者我们中的某些人想象中的应然状态与之并不相关。它将来可能或者甚至肯定会怎么样也同样与案件不相关。就此上诉案件而言，我们必须按照法律要求把这两位女孩作为非法入境者，而且法律本身很明确。每一个女孩"站在法庭面前，好像只能抱有一个可以引起处长有同情心的考虑的希望或者期望，而这位处长有权根据《入境条例》第 13 条准予（她）居留……"：见 Ng Yuen-shiu v. Attorney General（［1981］HKLR 352 第 360 页 McMullin VP 的判词）。他们没有被准许留居的权利和合理的期望（一个由入境事务处处长的行为引起或者激发的期待）。

入境事务处处长依据《入境条例》第 13 条享有的准许非法入境者居留的权力在性质上是行政权而不是司法权。当然，被授予行政权力的人也并不完全不受司法复核的监督。事实正好相反，每一个被授予行政权力的公务员始终都牢记法官对他的监督的存在。但是，我认为对这类行政权力的行使进行司法复核的理由，有必要比法庭将对一项司法或者准司法性质权力的行使进行复核的理由更加有限。当然，如果入境事务处处长根据《入境条例》第 13 条有任何滥用权力的情形，法庭将随时准备介入。如果处长不合法（如不给以贿赂就不考虑行使对非法入境者有利的权力）或者不合理（如拒绝考虑行使有利于任何中国国籍的非法入境者的权力）地滥用了他的权力，法庭就会加以干预。但除此之外，我不认为法庭将要或者应当这么做。

如果认为入境事务处处长在考虑例如这两个女孩那样的非法入境者及是否准许其居留的申请时应当制定适当的程序，这就应当由立法机关而不是法庭把这个程序引入法律。一旦这个程序被引入，就会成为它规定的人为了其利益享有这个程序所赋予的权利。之后法庭也就能够介入任何基于某个理由令人相信入境事务处处长因未能遵循规定的程序而存在适用程序不当的过错的案件。但是，在这种情况下，任何立法规定的缺乏在我看来，只不过丧失了对入境事务处处长未能遵循自然正义法则而根据第 13 条作出的决定来进行复核的机会。特别是在他决定向非法入境者公开全部或者任何形成他的决定所依据的材料之前，丧失了提出任何说明他确有某项职责意见的机会（Kempster JA 的判决中引用说，这个意见在 Clough JA 在 Flickinger v. Director of Immigration［1988］1 HKLR 81 第 93—94 页的判词中得到了支持）。

　　如果到目前为止我是正确的,很显然本案中的申请人不应当被授予对入境事务处处长根据第 13 条拒绝作出对女孩们有利的决定申请司法复核的许可。对任何基于我们面前材料提出的申请都一定不会成功。正如我理解的 Barlow 先生为申请人提出的观点:假如以那个事实为基础,被要求批准其申请的法院根据它自己的复核(期间入境事务处处长必须提出证据),就会发现有某些可能对申请人有所帮助的事实,因此许可就应当得到批准。对此我并不赞同。如果案件完全靠推测与空想,你们是不能得到申请司法复核的许可的(如果我能够在不同的背景下借用 Megarry VC 在 The Lady Anne Tennant v. Associated Newspapers Group Limited [1979] FSR 298 中使用的一个短语的话)。

　　原审法官说(并不存在争议),"为获得许可,申请人必须证明他们有一个可以争论的案件"。但是,在一个要求司法复核的独立申请被准许之前,要求得到许可的目的只是将无望的案件隔离,我认为更需要的是一个比法官所适用的更为宽松的确定是否批准复核许可的标准。我认为,法官必须在许可阶段这样问自己:"我面前的材料表明了通过深入考虑而可能证明那是一个可以争论的案件吗?"如果法官问自己是否存在一个可以争论的案件,他就冒险问了他应该在实质审理阶段,而不是在许可阶段,应该问的问题。

　　但是这没什么不同。原审法官认定,这是一个不应当被授予许可的案件。虽然通过更简短的路径,但我得出了相同的结论,我赞同驳回上诉以及 Kempster JA 提出的关于诉讼费的临时命令。

(孟晋译,冯静美、林峰校)

【案例评述】

　　本案的重要性在于它确立了在香港沿用了多年的批准司法复核许可申请的标准。

　　在本案中,入境事务处处长拒绝根据《入境条例》第 13 条行使酌情权来准予早在 1990 年就已经非法进入香港的 Ho Ming-sai 和 Ho Ming-fung 留在香港。上诉人对其决定申请司法复核许可。其申请被原审法官驳回。上诉人上诉到上诉庭。

　　上诉庭法官 Kempster 认为,批准司法复核许可申请的标准应该是"究竟已提供的材料,是否透露了一些事实,在进一步考虑后,会显示出该申请有机会获得所诉求的救济,或因某些需要调查的事情出错了,进而构成一个初步证据成立的案件"。他的答案是否定的。

　　Litton 法官认为,原审法官所确定的标准,即"申请人为获得许可必须证明他们有一个可以争论的案件,这是没有争议的",单独拿出来看可以说是把门槛设置得太高了，但是从整体上通读 Litton 法官的判决，可以看出他并不认为原审法官事实上错误地适用了批准许可的标准。

Godfrey 法官认为，法官必须在许可阶段这样问自己："我面前的材料表明了通过深入考虑而可能证明那是一个可以争论的案件吗？"如果法官问自己是否存在一个可以争论的案件，他就冒险问了他应该在实质审理阶段，而不是在许可阶段，应该问的问题。

由此可见，三位法官中的两位都认为原审法官所确定的标准太高了，正确的标准应该是如 Kempster 法官和 Godfrey 法官所描述的标准。

需要指出的是，虽然该案所确定的标准在香港被大多数随后的案件所遵循，但是另一个上诉庭的案件认为还有可能存在另外一个标准。这就是本书下一个所要讨论的案例。

本案例所确立的标准在 2007 年被终审法院在陈博士诉张女士一案所推翻。

3　黄仲棋等诉香港特别行政区行政长官等案*

申请人：黄仲棋
　　　　陈树英
答辩人：行政长官
　　　　政制事务局局长
主审法官：上诉庭副庭长高奕晖
　　　　　上诉庭法官罗杰志
　　　　　上诉庭法官祁彦辉
聆讯日期：2000 年 6 月 20 日
判决日期：2000 年 6 月 20 日

【判决书】

上诉法庭法官祁彦辉的判词

应上诉法庭副庭长高奕晖所请颁下第一份判词

引　言

香港的两个市议会在今年年初被废除，它们的职能被移交其他机构，但是这些机构并非由选举产生。申请人等认为这种情况违反了《公民权利和政治权利国际公约》(下称 ICCPR)、《基本法》和《人权法案》中的多项条文，因此，他们提出申请，要求法庭给予他们申请司法复核的许可。他们所针对的，是该项导致香港的地方治理权落入一些非经由选举产生的机构手中的决定。结果，这项申请被法庭驳回，其中一名申请人现向上诉法庭提出上诉。

---

* 此案收录于 2000 HKCU LEXIS 443；[2000] 447 HKCU 1。

有关的事实

市政局和区域市政局过去一直是香港的两大市议会。市政局的职能涵盖香港岛和九龙,而区域市政局的职能则涵盖新界。这两个议会提供一系列广泛的市政服务,包括环境公众卫生、康乐设施和各种不同的文化工作等。随着1994年的改革,这两个议会的议员全部都经由分区平等普选产生。不过,当中华人民共和国于1997年7月1日恢复对香港行使主权之后,这两个市议会亦不再存在。

两个议会由临时市政局和临时区域市政局所代替,政府修订《市政局条例》(第10章)和《区域市政局条例》(第385章)以落实废除旧有的市议会和成立这两个临时市议会。经修订后,这两项条例被重新命名为《临时市政局条例》和《临时区域市政局条例》。

该两项经修订的条例的第6(1)条就两个临时市议会的成员身份作出规定,每一个临时市议会的成员不得超过50人,这些人须"由行政长官委任,任期以委任书中所列为准,但不得超越1999年12月31日"。因此,虽然两个旧有的市议会的成员全部经由普选产生,但是该两个临时市议会的成员却全部都是委任的。话虽如此,两个旧有的市议会的所有由选举产生而于1997年6月30日仍然在任的成员,都包括在行政长官所委任的人选当中。

政府后来决定市议会已没有存在的价值,因此是时候废除该两个临时市议会,并把它们的职能移交其他非由选举产生的机构。政府的上述建议载于《提供市政服务(重组)草案》(下称草案),这项草案于1999年12月2日在立法会通过,虽然如此,草案仍须在获得行政长官的批准和开始实施后才具有法律效力。草案的第1(2)条规定草案须于政制事务局局长所指定的日期开始生效,而政制事务局则已表示预计的指定日期是2000年1月1日。

要求获得申请司法复核的许可

草案于1999年12月2日在立法会通过,并且相当可能会于2000年1月1日成为条例并开始实施,中间只相隔很短的时间。这意味着任何人如果想获得申请司法复核的许可,便须尽快提出申请。结果,申请人等于1999年12月6日向法庭提交申请书。申请人等是临时市议会的成员,第一申请人于1995年获选为市政局议员,后来亦获得委任继续在临时市政局中任职。第二申请人于1995年获选为区域市政局议员,后来亦获得委任继续在临时区域市政局中任职。他们在申请书中要求法庭作出禁止令,制止行政长官批准该草案;而假如行政长官已经作出批准的话,他们则要求法庭作出移审令,撤销行政长官批准该草案的决定。

申请人等提出三项理由,坚称行政长官不应批准或之前不应批准该草案。

首先,他们指出把临时市议会的职能移交非由选举产生的机构违反了通过《人权法案》而适用于香港的 ICCPR;其次,他们认为废除两个市议会亦违反了《基本法》第 97 条和第 98 条;第三,该草案的实施意味着在 1999 年 12 月 31 日之后,两个临时市议会便会完全没有来自功能团体的议员。他们指出如果在 2000 年的首六个月没有来自功能团体的议员的话,便会违反:(a)《基本法》附件二;(b)全国人民代表大会于 1990 年 4 月 4 日所通过的关于香港特别行政区第一届政府和第一届立法会的产生办法的决定。

申请人等在申请通知书内要求进行口头聆讯,结果聆讯在原讼法庭法官司徒敬席前进行,答辩人等(行政长官和政制事务局局长)由律师代表出庭。该申请于 1999 年 12 月 23 日被司徒敬法官驳回,申请人等的律师随即在几个星期内提交上诉通知书。不过,第一申请人已放弃上诉,其上诉因此已被撤销。现在只余下第二申请人继续提出上诉,其上诉针对政府废除临时区域市政局和把它的职能移交其他机构。为方便提述起见,本席在下文会称她为申请人。事件其后的发展是,在有关的申请被驳回之后,该草案便取得法律的效力,成为《提供市政服务(重组)条例》(第 552 章)(下称该新条例),并一如所料地于 2000 年 1 月 1 日开始生效。

非经由选举产生的机构

申请人指出,把临时区域市政局的职权移交非经由选举产生的机构违反了 ICCPR 第 25 条,这项条文透过《人权法案》第 21 条而适用于香港。ICCPR 第 25 条规定(只摘录关键部分):

> 凡属市民,无分人权法案第 2 条所列之任何区别,不受无理限制,均应有权利及机会……直接或经由自由选择之代表参与政事……

与《人权法案》第 21 条的字眼完全相同,唯一区别是以"永久性居民"代替"市民"一词。

申请人的论据是:"参与政事"一词包括了地方管治,即制定和实施与两个市议会所提供的那种地方服务有关的政策。申请人并不是认为香港永久性居民应有权直接参与地方管治,她只是认为香港永久性居民如果可以间接参与地方管治的话,唯一的做法便是通过他们自由选择的代表,即那些通过选举程序当选而须向选民负责的人。她指出,政府把临时区域市政局的职能移交非经由选举产生的机构,已剥夺了市民通过民选代表参与地方管治的权利。第 25 条并没有规定某种特定形式的地方管治,只是规定地方管治的形式是必须令到香港的永久性居民都能够参与的。因此,政府把地方管治的职能移交非经由选举产生的机构而剥夺市民的参政权,并不是合理地限制第 25 条所保障的权利。

司徒敬法官认为,这项论据与本案毫不相干,所以无须考虑,因为即使在政府废除两个临时市议会和把它们的职能移交一些非经由选举产生的机构之前,该两个临时市议会的成员已经不是由选举产生,他们是由行政长官委任的。无可否认,所有透过选举进入两个旧有的市议会而在 1997 年 6 月 30 日仍然在任的人都获得行政长官的委任,但事实仍然是,他们是委任的,并非选出的。司徒敬法官反问:

> ……该新条例有没有剥夺任何一项在其制定之前经已存在的法律权利呢? 本席认为,答案只有一个,那就是"没有"。

这项意见言之有理,在他那份给人深刻印象的即席发表的判词中,司徒敬法官一如所料地就这项意见作出很有说服力的阐述。不过,本席认为还可以有另一个看法。从 1997 年 7 月 1 日到 1999 年 12 月 31 日这段期间,地方管治权一直落在两个临时市议会的那些非经由选举产生的议员手中。因此,政府从 2000 年 1 月 1 日开始把两个临时市议会的职能移交一些非经由选举产生的机构,只是以另一种方式延续之前的情况,即市民照样没有机会参与地方管治,而这种参与权却是申请人在她的主要论据中认为是香港永久性居民所应享有的。换句话说,虽然地方管治权从 1997 年 7 月 1 日开始已落入非经由选举产生的议员和机构手中,所以该新条例本身并非把地方管治的职能移交非经由选举产生的机构的始作俑者;然而,事实仍然是,地方管治权现在已落入一些非经由选举产生的机构手中。如果这种情况违反第 25 条的话,则尽管该新条例只是延续一项从 1997 年 7 月 1 日起已开始存在和据说是违反第 25 条的情况,但是也一样违反第 25 条。

司徒敬法官提及一项全国人民代表大会常务委员会的决定(因预期《基本法》第 160 条会在 1997 年 7 月 1 日《基本法》本身开始生效后生效而在 1997 年 2 月 23 日作出),该决定宣称《市政局条例》和《区域市政局条例》中的"与选举有关的"一词违反《基本法》。司徒敬法官说:

> 不管 1997 年 7 月 1 日之前的情况怎样,政府现在废除两个市议会并没有剥夺市民通过经由选举产生的机构参政的权利,因为这项权利在 1997 年 7 月已经消失,所以政府的做法不能说是违反了 ICCPR 第 25 条。

政府废除两个临时市议会的做法本身可能没有剥夺市民通过他们所选出的代表参与地方管治的权利,因为这项权利从 1997 年 7 月 1 日起已被取消;然而,最重要的问题是,不管在 1997 年 7 月 1 日至 1999 年 12 月 31 日期间的情况怎样,香港现时的地方管治形式是否已剥夺了市民那些受到第 25 条所保障的权利。

本席之前曾经提及,司徒敬法官没有考虑这个问题是否可以论证,他的立场是可以理解的。然而,由于本席已经断定,除了司徒敬法官那个狭隘的看法外,我们还可以有其他的看法。因此,本席现在有必要考虑这个问题。答辩人辩称,全国人民代表大会常务委员会于 1997 年 2 月 23 日作出了一项决定,指出《市政局条例》和《区域市政局条例》中"与选举有关"的条文违反《基本法》,该决定隐含了一项对《基本法》的解释,那就是那些负责香港地方管治的机构的选举制度违反了《基本法》。该决定没有说明那些条文为什么会违反《基本法》,但相信全国人民代表大会常务委员会是考虑到《基本法》第 97 条和第 98 条,这两项条文针对区域组织的问题,并规定它们的"组成方法由法律规定"。两个市议会的议员是根据一些在 1997 年 6 月 30 日之前存在的法定条文选出的,因此,全国人民代表大会常务委员会不可能会认为这已经构成了"法律规定"的组成方法。

不用说,本席绝不会质疑全国人民代表大会常务委员会所宣布的决定,即《市政局条例》和《区域市政局条例》中"与选举有关"的条文违反《基本法》。不过,正如上诉法庭法官罗杰志在辩论期间所指出,全国人民代表大会常务委员会可能并不是说不应借着选举来决定负责香港的地方管治的人选,它可能只是认为 1997 年 6 月 30 日之前选出两个市议会的议员的形式违反《基本法》。由于全国人民代表大会常务委员会在 1997 年 2 月 23 日所作的决定大可以用上述的方式来解释,所以用某种形式的选举来决定负责香港地方管治的人选,也可能并非违反全国人民代表大会常务委员会的决定或《基本法》第 97 条和第 98 条。

如果立法会借着制定该新条例行使《基本法》第 97 条和第 98 条所赋予的权力,以法律规定区域组织的组成方法,那么,那些获该新条例授予香港地方管治的职能的机构会否因为并非经由选举产生而违反适用于香港的ICCPR第 25 条呢? 本席认为这个问题涉及一些棘手的宪法问题,尤其是关于(a)立法会根据《基本法》的条文制定某方面的法例的权力会在什么程度上受到通过《基本法》第 39 条而适用于香港的 ICCPR 的条文所限制,(b)香港永久性居民参与政事的权利的真正意义,以及(c)《区议会条例》(第 547 章)在什么程度上落实该项权利。本席认为这些都是重要的问题,不能简单地处理。基于上述理由,本席认为申请人所提出的论据是可以论证的。因此,法庭有理由进行全面聆讯来处理她的司法复核的申请。

杂项事宜

许可　自 R. v. The Director of Immigration ex parte Ho Ming Sai (〔1993〕3 HKPLR 157 第 161 页和第 170 页)一案后,司徒敬法官所引用的验

证准则便成为原讼法庭法官所必须采用的准则。上诉法庭大法官甘士达和高等法院大法官高奕晖（他们当时的官衔）说这项验证准则是（引用上诉法庭大法官甘士达的话）：

> ……［法官］面前的数据是否已披露了一些事情，而这些事情在经过进一步的考虑后可能显示申请人已就他所寻求的济助提出了可以论证的论据。

该项验证准则的依据是大法官 Lord Diplock 在案例 Inland Revenue Commissioners v. National Federation of Self-Employed and Small Businesses Ltd.（［1982］A. C. 617 第 644 页 A）中的一段话：

> 假如法庭在浏览过当时手头的数据后，认为这些资料已披露了一些事情，而这些事情在经过进一步的考虑后可能会成为可以论证的论据，以致法庭会因此批准申请人所申索的济助的话，法庭便应行使酌情权，给予他申请该项济助的许可。

在 Ho Ming-sai 一案中，大多数法官同意该段说话，如果当时有人引述英国上诉法院六个月前的一宗案例 R. v. Legal Aid Board ex parte Hughes（［1992］24 HLR 698），他们的处理方法便可能会有所不同。大法官 Lord Donaldson MR 在该案的第 702－703 页说：

> 大法官 Lord Diplock 在 1981 年说［他当时所说］的那些话时可能是对的……然而，自此之后，事情有了新的发展。这是一项单方面的申请，在这种情况下，法庭现在必须认为申请人表面看来已就他所申诉的济助提出了可以论证的论据，然后才可以或应该给予他许可。法庭无须在"浏览资料"后便作出决定，虽然任何深入的研究也显然是不恰当的。再者，要确立一个"表面看来可以论证的"论据并不是单凭披露一些"**在经过进一步的考虑后可能**会成为可以论证的论据"便可（黑体为本席所加，以示强调）。只有当法庭认为有明显的可以论证的论据时，才可在单方面的申请中给予申请人许可。同样的，只有当法庭认为表面看来并无明显的可以论证的论据时，才可在单方面的申请中拒绝给予申请人许可。通常单方面的申请如果不是属于前者便是属于后者，但是有时也会有例外情况。在某些案件中，法庭会有"本席真的需要知道多一点"的感觉，在这种情况下，适当的做法是把申请押后，以进行一项各方之间的聆讯……这个做法和实质聆讯中的做法很不同，在实质的聆讯里，答辩人只须概述他的答辩理据，让法官有足够数据决定是否有可以论证的论据。

上述两种方法之间确有差别,本席认为这是无可否认的。根据 Hughes 一案中的验证准则,法庭只有在认为申请人有可以论证的论据时才会给予申请人许可。根据 Ho Ming-sai 一案中的验证准则,法庭如果相信随后的聆讯中的法官可能会认为申请人有可以论证的论据的话,便可以给予申请人许可。如果法庭在考虑是否给予许可时的着眼点只是剔除那些明显的没有希望的案件的话,法庭便完全无须深入调查那些案件,那么便应采用 Ho Ming-sai 一案中的验证准则。但是,如果法庭认为只应就那些真正可以论证的案件进行全面聆讯的话,便必须认真地考虑有关案件是否可以论证,那么便应采用 Hughes 一案中的验证准则。

法庭迟早需要决定哪一个才是正确的验证准则,不过,在本案中,本席认为无须考虑这一点,因为无论采取哪一项验证准则,本席认为申请人都应该获得许可。然而,本席认为有关的验证准则应较具弹性,举例说,如果案中的争论点是关于法例的解释,申请人便必须证明他的解释是可以论证的;但如果案中的争论点是关于程序是否公平,则申请人只须证明法庭在调查过有关的事实之后,便可能会认为他有可以论证的论据,以致他所反对的决定应予撤销。代表答辩人的资深大律师余若海先生指出,本案相当简单,只是涉及 ICCPR 第 25 条的解释。本席并不认为如此。

申请人所反对的决定　申请司法复核的人通常是针对行政机关的决定或下级法院的判决或命令。在本案中,申请人反对行政长官批准该草案的决定。本席并不认为,当申请人提交司法复核申请书时,他针对该对象并非恰当;然而,由于新条例已开始实施,他所针对的现已不再是适当的对象。申请人现在真正针对的对象是该新条例的条文,这些条文规定临时区域市政局的职能由一些非经由选举产生的机构来执行,而申请人便是指这些条文违反 ICCPR 第 25 条。本席认为,只要大家明白申请人真正针对的对象是该新条例的条文,法庭在申请司法复核许可的聆讯中作出任何命令时,都没有必要再说明这一点。

寻求济助的理由　申请人的代表律师提出了三项理由,由于本席断定第一项理由已足以令申请人获得申请司法复核的许可,所以已无须考虑其余两项理由是否可以论证。关于司徒敬法官认为其余理由不可以论证,本席亦基于上述理由而不发表任何意见。本席认为,由于法庭将会就三项理由中的第一项展开全面聆讯,因此应同时处理另外两项理由,这样才不致剥夺申请人的机会。不过,关于没有来自功能界别的议员这一点,届时将会成为纯粹学术性的争论。

申请人所寻求的济助　由于该新条例已开始实施,所以现在的正确说法是:申请人所寻求的唯一济助,是要求法庭宣告,该新条例的有关条文与 ICCPR 第 25 条所保障的权利有抵触。如果法庭作出这项宣告,政府便须采取一些与那些权利没有抵触的措施。

结　论

基于以上所提出的理由,本席判决第二申请人上诉得值。本席将原审法官就第二申请人的申请所作出的命令作废,并给予第二申请人申请司法复核的许可。

上诉法庭法官罗杰志的判词

本席认为该项司法复核的申请提出了一些关于《公民权利和政治权利国际公约》第 25 条的意思、效力和适用范围的问题,而这些问题都是可以论证的。这项公约受到《人权法案》的保障,并通过《基本法》第 39 条而适用于香港。其中具体的问题是:现时的安排是否已符合第 25 条第(a)节中关于市民有直接或经由自由选择的代表参与政事的权利的规定。具体的例子则包括公众健康及卫生、文化及艺术发展、体育及康乐活动等的安排。申请人并指出现时的法定条文并不符合第 25 条的规定,其中以《区议会条例》尤为明显。

本席认为,法庭应就这些事宜进行全面的审查,因此,本席亦判决上诉得值。

上诉法庭副庭长高奕晖的判词

本席亦判决这项上诉得值。由于本庭与下级法院法官的意见不同,所以本席会简单地解释本人的判决理由。

据本席的看法,1997 年 7 月 1 日之前实施的宪法安排与这项申请的实质内容无关,这项申请所针对的是香港特别行政区(下称香港特区)的立法机构在中华人民共和国恢复对香港行使主权之后根据香港特区《基本法》的规定所实施的关于地方管治的安排。

那些安排规定成立"区域组织"。在这方面,《基本法》第四章第五节第 97 条和第 98 条规定如下:

> 第 97 条　香港特别行政区可设立非政权性的区域组织,接受香港特别行政区政府就有关地区管理和其他事务的咨询,或负责提供文化、康乐、环境卫生等服务。
>
> 第 98 条　区域组织的职权和组成方法由法律规定。

本案的争论点(经辩论后更明确地被界定)是:香港特区的立法机构为落实上述两项《基本法》条文而通过的《区议会条例》(第 547 章)(下称 DCO)的条文有否废除或侵犯《公民权利和政治权利国际公约》(下称 ICCPR)第 25 条所赋予

香港特区永久性居民的权利。

《区议会条例》第 61 条的内容如下：

> 61. 区议会的职能如下——
>> (a)就以下项目向政府提供意见——
>>> (i)影响有关的地方行政区内的人的福利的事宜；及
>>> (ii)有关的地方行政区内的公共设施及服务的提供和使用；及
>>> (iii)政府为有关的地方行政区制定的计划是否足够及施行的先后次序；及
>>> (iv)为进行地区公共工程和举办小区活动而拨给有关的地方行政区的公帑的运用。
>> (b)在就有关目的获得拨款的情况下，承担——
>>> (i)有关的地方行政区内的环境改善事务；
>>> (ii)有关的地方行政区内的康乐及文化活动促进事务；及
>>> (iii)有关的地方行政区内的小区活动。

(适用于香港特区)的 ICCPR 第 25 条的内容如下：

> 25. 参与公众生活的权利
>
> 凡属永久性居民，无分人权法案第一(一)条所列之任何区别，不受无理限制，均应有权利及机会——
>> (甲)直接或经由自由选择之代表参与政事。
>> (乙)在真正、定期之选择中投票及被选。选举权必须普及而平等，选举应以无记名投票法行之，以保证选民意志之自由表现。
>> (丙)以一般平等之条件，服香港公职。

本庭今天须决定应否就本席刚才所述的争论点进行实质的聆讯。虽然代表答辩人的资深大律师余若海先生一如既往地雄辩滔滔，但是本席仍然认为应进行实质的聆讯。本席不会就该论据的优劣发表任何意见，本庭今天的职责只是把所有数据过滤，然后决定应否容许申请人的法律程序继续下去。

有些案件或甚至可以论证的案件在这个"起码要求"阶段都可以正式摒弃，如余若海先生在本庭所引述的 Mass Energy Ltd. v. Birmingham City Council（［1993］Env. L. R. 第 298 页）一案，这宗案例与本案有很大的区别。关于"起码要求"的验证准则，本席想引述 Supreme Court Practice 1999 年第 1 卷的编辑在第 53/14/21 段所说的话：

> 关于许可的规定的目的是：
>> (a)排除那些琐屑无聊或无理取闹或完全没有成功机会的司法复

核的申请,使法庭因而无须就那些申请进行各方之间的实质聆讯;以及

(b)确保只有在法庭信纳申请人的论据适宜在一个各方之间的全面聆讯中作进一步的调查时,才容许就申请人的论据进行实质的聆讯。

本席亦想一提 1998 年发行的 Atkin's Court Forms 第二版第 23(2)卷,该刊物的编辑在第 177 页提到"起码要求"的验证准则时发表了以下的意见:

关于起码要求的验证准则是:申请人的论点是否须由法庭根据必要的法律论据和事实证据在一个全面性的各方之间的聆讯中作进一步的调查。另一方面来说,法庭只应在申请人完全未能提出表面看来是可以论证的论据时才拒绝给予许可。

在应用这类指引时,法庭当然应该灵活处理,本席希望原讼法庭法官可以根据常理来应用这些指引。本席知道,关于起码要求的明确界定尚有争议,在将来某些案件中,我们可能应当重新检讨上诉法庭就这一点所作的裁定。不过,恕本席指出,原讼法庭的法官目前仍应视本庭就这一点所发表的意见为具有约束力。无论如何,本席认为申请人在本案中已符合起码的要求,因此,正如本席先前所说,本席亦判决这项上诉得值。

本庭和下级法院的讼费归于讼案中。

高奕晖	罗杰志	祁彦辉
上诉法庭副庭长	上诉法庭法官	上诉法庭法官

大律师代表:
资深大律师戴启思先生及大律师陈文敏先生(由何谢韦律师事务所延聘)代表第二申请人。
资深大律师余若海先生(由律政司延聘)代表答辩人等。

【案例评述】

此案是另一个涉及司法审查申请许可标准的案件。在本案中,上诉庭法官祁彦辉指出:"根据 Hughes 一案中的验证准则,法庭只有在认为申请人有可以争论的论据时才会给予申请人许可。根据 Ho Ming-sai 一案中的判断准则,法庭如果相信随后的聆讯中的法官可能会认为申请人有可以争论的论据的话,便可以给予申请人许可。如果法庭在考虑是否给予许可时的着眼点只是剔除那些明显地没有希望的案件的话,法庭便完全无须深入调查那些案件,那么便应采用 Ho Ming-sai 一案中的判断准则。但是,如果法庭认为只应就那些真正可

以争论的案件进行全面聆讯的话,便必须认真地考虑有关案件是否可以争论,那么便应采用 Hughes 一案中的判断准则。"他的这段话说明了两种不同的标准以及其背后的理念。随后,他认为,"法庭迟早需要决定哪一个才是正确的判断准则,不过,在本案中,本席认为无须考虑这一点,因为无论采取哪一项判断准则,本席认为申请人都应该获得许可"。

此案说明,有另一个确定司法审查许可申请的标准的存在,而且上诉庭也对此标准进行了初步的探讨。

在相当长的一段时间内,上诉庭在何某诉入境事务处处长案中所确立的批准司法复核许可申请的标准都被原讼法庭所遵守。不过,在有些案件中,原讼法庭对此标准提出了质疑,但是基于遵循先例原则,还是跟从了何某一案所确立的标准。直到 2007 年,终审法庭终于推翻了这一标准并确立了"可争辩性标准(arguability test)"。

4 陈博士诉张女士等案 *

申请人:陈博士
第一答辩人:张女士(Winnie C. W. Cheung),香港会计师公会首席执行
　　　　　官和注册主任
第二答辩人:方先生(Mark Fong),香港会计师公会注册与执业委员会主席
主审法官:李国能首席法官
　　　　　包致金常任法官
　　　　　陈兆恺常任法官
　　　　　李义常任法官
　　　　　列显伦非常任法官
聆讯日期:2007 年 11 月 22 日
判决日期:2007 年 11 月 30 日

【判决书】

李国能首席法官的判词

1. 在本案中,原审法官(朱芬龄法官)拒绝就被上诉人的司法复核申请批准许可。上诉庭裁定应该批准许可。我同意终审法院列显伦非常任法官的裁决,上诉胜诉。基于他在判词中所说的理由,应该作出他的判词的结论部分的裁决,包括恢复原审法官拒绝批准许可的命令。

潜在的可争辩性标准(The potential arguability test)

2. 在处理司法复核许可的申请时,法官适用以下标准:

---

　　* 此案收录于 Po Fun Chan v. Winnie Cheung〔2008〕1 HKLRD319 和 Chan Po Fun Peter v. Cheung C W Winnie and Anor〔2007〕5 HKC 145。

当呈现在法庭面前的材料能够证明一些事项，而且这些事项在被进一步考虑之后，可以证明给予当事人所申请的救济是具有可辩性的。（换句话说，法院是有可能判原告胜诉的。）

（参见朱芬龄法官判词的第 38 段）。该标准被称为"潜在的可争辩性标准"。该标准是由上诉法院（1997 年之前的称呼）在何某诉入境事务处处长（R. v. Director of Immigration，ex parte Ho Ming-sai and Others）[1]一案中确定的。

3. 在何某诉入境事务处处长一案中，原审法官在处理司法复核许可申请时所问的问题是申请人有否证明他们的案件是具有可争辩性的。上诉法院拒绝了原审法官的标准，而采用了潜在的可争辩性标准，并且清楚知道后者设定了一个较低的标准。

4. 上诉法院之所以采用上述标准，是因为迪普洛克（Diplock）大法官在 Inland Revenue Commissioners v. Federation of Self-Employed and Small Businesses Ltd）一案第 643H－644B 段中的判词：

> 如果法庭在那个阶段便对事实进行深度的研究，那便将失去需要先获得申请司法复核的许可才能正式申请司法复核的整个目的。若在快速阅读过相关的材料后，法庭认为这些材料披露了此案件可能在经过更深入的考虑后而成为一个可以论证的案件，有利于申请人获得所诉求的救济，法庭必须，在行使酌情权后，准予其申请救济的许可。在这个阶段行使的酌情权不同于对申请进行聆讯时当所有的证据以及事实得到了充分论证后所行使的权力。

上述案件是英国最高法院首次考虑于 1978 年 1 月生效的第 53 号命令。该命令改革和简化了司法复核的程序，因此原来伴随特权令状的技术性问题不再存在了。但是在上述案件中，当事人并没有针对该案中所适用的标准是否合适的标准这一问题作出陈词。

5. 在英国引入第 53 号命令两年后，香港于 1979 年 12 月也颁布了第 53 号命令。当何某诉入境事务处处长一案在 1993 年由上诉法院判决时，英国的法院事实上已经不再适用潜在的可争辩性标准，而转用更高的标准，即可争辩性标准（参见 R. v. The Legal Aid Board ex parte Hughes（"Hughes"）(1992) 24 HLR 698 (July 1992)）。但是在何某诉入境事务处处长一案中法院并没有考虑 Hughes 一案的判决。也没有考虑之前上诉法院在 Lee Sap Pat v. Commissioner

---

[1]　参见[1993] 3 HKC 157。

of Inland Revenue〔1991〕2 HKC 251 一案中的判决。在 Lee Sap Pat 一案中,上诉法院适用了可争辩性标准,不过由于该标准并非该案中具有争议的问题,因此该案的判词没有对可争辩性标准是否适当的标准作出辩论。有可能辩护律师在何某诉入境事务处处长一案中并没有提请上诉庭注意这两个判例。

可争辩性标准（The arguability test）

6. 在 Hughes 一案中,Donaldson 大法官在英国的上诉法院确定了可争辩性标准。他说,迪普洛克（Diplock）大法官于 1981 年在 Federation of Self-Employed一案中确定潜在的可争辩性标准时很有可能是对的。

> 不过,从那以后,事情发生了变化。这是一个单方面提出的司法复核许可申请。在这一类案件中,现在只有当有表面证据证明给予申请人所申请的救济是有可能的（即具有可争辩性的）法院才应该批准许可。这并非一定是通过对所提交的材料快速地浏览后所作出的决定。不过,对所提交的材料作出任何深入的审查也显然是不恰当的。而且,一个显然具有可争辩性的案件并不可以仅仅通过证明“这些事项在被进一步考虑之后,可以证明给予申请人所申请的救济是具有可争辩性的”来确立。……只有当申请人显然具有一个可争辩的案件时,法院才可以批准这一类单方面提出的司法复核许可申请。同样,只有当表面证据证明申请人显然没有一个可争辩性案件时,法院才应该拒绝批准单方面提出的司法复核许可申请。

他然后提到了一小类法官在审理司法复核许可申请是有可能需要对案情了解更多情况后才能决定的案件。在这种情况下,他认为法官应该中止单方面所提出的司法复核许可申请,而要求在双方当事人都出席的情况下审理司法复核许可申请。他指出：

> 由于答辩人只需要概述他的回答,做到足以让法官决定申请人是否具有可争辩性的案件,因此这种审理与对案件的实质性审理是非常不同的。

7. 在 Sharma v. Brown-Antoine〔2007〕1 WLR 780（枢密院）一案中,Bingham 和 Walker 大法官在他们的判词中指出,在通常情况下,所应该适用的标准是可争辩性标准：

> 现在通常的规则是,除非法院认为司法复核申请具有可争辩性的依据,案件具有真实的胜诉的前景,并且没有诸如延误或者存在可替代性救济这类自由裁量性限制,否则法院将拒绝批准司法复核许可。（参见原判决第 787E）

潜在的可争辩性并不足够

案件只具有潜在的可争辩性并不足够：一个申请人不可以以潜在的可争辩性为理由，来支持法院批准其基于一个假设性的依据所提出的司法复核的许可申请，并希望通过法院的非正审法律程序来加强其假设性的依据。（参见原判决第787H）

8. 在适用可争辩性标准时，Bingham 和 Walker 大法官指出：

但是，不考虑将会争论的问题是不可能对可争辩性作出判断的。在适用时，该标准是一个灵活的标准。正如英国上诉法院在 R(N) v. Mental Health Review Tribunal (northern Region)[2006] QB 468，第62段就民事举证责任标准，在一段经必要的变通后可以适用于可争辩性的段落中所述：

所提出的指称越严重，或者当指称被证实后的后果越严重时，法庭所需要用来证明满足相对可能性的衡量（balance of probabilities）的标准的证据也就必须越有力。因此，该标准的灵活性并不在于对所需用来证明一项指称的可能性的尺度的任何调整（例如更严重的指称需要满足更高程度的可能性），而是在于在实践中所需用来根据相对可能性的衡量的标准来证明所作出的指称的证据的有力程度。

上述观点并非是说可争辩性标准本身是灵活的，而是指该标准在一个具体的案件中是否被满足取决于该案件所涉及的问题的本质和严重性。

9. 在 Sharma 一案中，千里达托贝哥（西印度群岛一国）政府决定以企图妨碍司法公正对该国的首席法官提起公诉。首席法官认为该决定是在受到了政治压力的情况下作出的。因此，他向法院申请给予他提起司法审查的许可。该案所涉及的问题是，首席法官是否应该获得司法复核的许可。枢密院的裁决是，不应该批准司法复核的许可申请并非取决于可争辩性。枢密院认为，首席法官的投诉最好是在刑事诉讼程序，包括可能对滥用程序提出的搁置申请中作出调查和解决。

应该适用的适当的标准

10. 自上诉法院在何某诉入境事务处处长一案中的判决后，原诉法官在法律上必须适用潜在的可争辩性标准。不过，在 Leung v. Secretary for Justice HCAL 160/2004 一案中，在司法复核领域有着丰富经验的夏正民（Hartmann）法官在表示原诉法官受该标准的约束的同时，对认为该标准是非常弱的标准这一观点表示了同情。上诉法庭继续适用了潜在的可争辩性标准。但是，上诉庭时不时指出,有必要重新考虑该标准是否仍然是适当的标准。(参见 Wong Chung Ki v. Chief Executive of HKSAR("Wong Chung Ki")[2003] 1 HKC 404 第 22 段和第 38 段,Yu Pik Ying v. Director of Immigration [2002] 1 HKC 18 第 29 页;又见 Smart Gain Investment Ltd. v. Town Planning Board CACV 106/2006 (8 November 2006)第 3 段(高等法院马道立首席法官)

11. 在听取了双方辩护律师的陈词之后,本院应该利用此次机会讨论和解决在考虑司法复核的许可申请时所应该适用的适当的标准这一问题。最近,司法复核案件的数量有所上升。这一现象与许多其他普通法国家的发展是一致的。因此,就司法复核许可申请应该适用的标准作出有权威性的指引是非常重要的。

两种标准的比较

12. 就可争辩性标准而言,法院只有在认为申请人已经证明其所要求的救济具有可争辩性时才会批准许可。相比之下,就潜在的可争辩性标准而言,申请人不必证明他的司法复核请求是具有可争辩性的,只要他能向法院证明在稍后的审理中当法院进一步考虑其案情后有可能证明他的请求是具有可争辩性的就足够了。实践中,适用潜在的可争辩性标准有可能产生困难。稍后将会有哪些材料和论点会被提出来在许可申请阶段并不是很清楚。而且,在批准许可之后再作进一步考虑时,法院将不会再关注案件是否具有可争辩性,而会更关注是否应该给予申请人所申请的救济这一实体法问题。

13. 与潜在的可争辩性标准相比,可争辩性标准无疑提高了司法复核的门槛。在该标准之下,若申请人不能证明其案件是具有可争辩性的话,法院将拒绝其司法复核许可申请。但是根据潜在的可争辩性标准,只有那些显然是毫无希望的案件,法院才会拒绝司法复核许可申请。

适当的标准

14. 申请司法复核必须先取得法院的许可这一要求是由立法,即《高等法院条例》第 21K(3)条和《高等法院规则》第 53 号命令第 3(1)条,所引入的一个重要的过滤机制。其目的是防止公共结构受到不具有可争辩性的诉讼的过度干扰。在一个法治的社会,公民在法律上有权对公共结构所作出的决定向法院提起司法复核是非常重要的。另一方面,对良好的公共管理这一公共利益,要求公共机构不应该面对其所作出的决定的效力由于不具有争辩性的诉讼请求的存在而存在不确定性这一情况,而且其他受其决定影响的当事人也不应该面对这一不确定性。

15. 采用可争辩性标准要比采用潜在的可争辩性标准能更好地满足设立司法复核许可要求的立法目的。批准司法复核的许可申请是法院在司法程序中行使其自由裁量权。所应适用的标准应该是可争辩性标准。根据此标准,可争辩性就是指合理的可争辩性。若一个申请救济的请求不是合理地可争辩的,那么该请求就不应该被认为具有可争辩性。合理可争辩的案件是指那种具有真实的胜诉前景的案件。虽然该标准代表着比潜在的可争辩性标准更高的门槛,但是那些具有合理可争辩性的请求将会获得许可进入司法复核程序。不批准那些不具有合理可争辩性的请求进入司法复核程序是符合公共利益的要求的。

16. 在 Wong Chung Ki〔2003〕1 HKC 404 一案中,上诉庭 Keith 法官提出了采用一种灵活的标准的可能性,即当案件所涉及的问题是关于法律解释时可采用可争辩性标准,但是当所涉及的问题是关于事实调查的程序公正性时,所适用的标准可以是潜在的可争辩性标准。我们应该拒绝这种方法。不论所涉及的是法律问题还是事实问题,都应该适用同样的标准。而且,在区分法律问题与事实问题时,在处理既有法律问题也有事实问题,或者混合着法律问题和事实问题的依据时,可能会有非常棘手的困难。

17. 在用可争辩性标准代替了潜在的可争辩性标准之后,法官可能要花更多的时间来处理司法复核许可申请。对所提交的材料的"快速浏览"可能并不足够让法官得出案件是否具有可争辩性的结论。在适当的案件中,法官可能需要听取当事人的口头辩论,并在适当的案件中通知答辩人出席。

包致金常任法官的判词

18. 只有在很少和非常例外的情况下,对一特别的法律观点作出裁决这一公众利益是如此重要,以致当案件在相关的当事人之间已经变成学术性问题时,还需要给予当事人进一步提出申请或者上诉的许可。唯一的例外可能是诉讼所涉及的费用。不然,在通常的情况下,这一类案件就不应该再继续下去了。任何有关诉讼费用的问题都应该基于对案件更宏观的理解去处理。这一更宏观的视野将避免进一步的诉讼费用。这代表着实践中的正义。这就是本案所需要采用的方法。我同意列显伦非常任法官所作出的结论,并同意他所作出结论的相应的理由。正如他已经非常清楚地指出,这是本法院在所面临的情况下所能作出的最好的公正。

19. 法律上存在着不同的、需要得到法院的许可才可以继续的诉讼程序,包括原诉和上诉程序。可争辩性在这些程序中一直被作为确定是否批准许可的门槛。实践证明,该标准在由许可要求所设立的过滤机制中,是有效的,但又不是具有过分限制性的要求。这标准将作为是否批准司法复核许可申请的标准。我同意首席法官在这方面的有关判词。排除那些不具有可争辩性的案件自然可以导致加快处理那些特别需要加快处理的具有可争辩性的司法复核案件。

陈兆恺常任法官的判词

20. 我同意首席法官关于在司法复核案件中申请许可所应适用的标准的判词。显然有需要排除那些不具有可争辩性的案件,而且设立这样一个标准是非常重要的。

21. 我也同意列显伦非常任法官的判词和他所提出的结论。我赞同包致金常任法官关于纯学术性案件以及为了实现实践正义所需采用的宏观的方法的论述。

李义常任法官的判词

22. 我完全同意首席法官和列显伦非常任法官的判词。

列显伦非常任法官的判词

23. 在一个理想的世界里,当一个投诉被确认之后,法院就会及时处理。而所涉及的费用也会与案件所涉及的问题相当。但是在本案中却没有能做到,而且远没有做到。自本上诉案件的答辩人就有关事项提出投诉至今已经将近两年了,但我们仍然在讨论是否给予当事人提起司法复核的许可。由于本案所涉及的争端已经拖了太久,因此我们现在所要回答的问题是,我们应该作出什么样的命令,从而能够使得案件现在能够以尽可能公正、快捷和经济的方式得到解决。

24. 本案极其单调乏味的因素是,当事人之间除了对在下级法院所进行的诉讼程序所涉及的费用还有可能存在争议之外,并不存在任何其他有争议的问题。而且并不是所有的费用,而只是下文所解释的两次内庭审理的费用。

简单的历史

25. 申请人(陈博士)是一个执业会计师,就是说,他的名字出现在《专业会计师条例》(香港法例第 50 章)第 22(1)条所规定的香港会计师公会的注册主任所保存的注册记录册上。他 1973 年成为公会的会员,并作为专业会计师已经执业多年。

26. 2003 年 9 月,公会的纪律委员会根据条例第 35(1)(a)条作出了把陈博士从注册记录册上除名 6 个月的命令。由于陈博士对该命令提出了许多次上诉,该除名命令直到 2005 年 6 月 17 号才生效。6 个月除名期于 2005 年 12 月 17 日到期。

27. 在陈博士与公会之间有很多的书信来往。2005 年 7 月 8 日陈博士写道:

我知道我必须重新申请加入公会。可否麻烦你寄一整套相关的表格给我，当我有困难时可以咨询你的意见。

28．公会于 2005 年 7 月 22 日作出回复，让陈博士从公会的网页上直接下载申请表。

29．2005 年 8 月 5 日陈博士提交了表格，并随表格附上一封写明是 8 月 2 日的信。该信写道：

　　……我现提交我的申请表，如可能的话，我希望我能于 2005 年 12 月 16 日，即 6 个月除名期届满时能生效。请就如何能让公会顺利考虑我的申请给予意见。

30．根据公会所制定的有关程序，陈博士的申请被视为新的注册申请。虽然他自 1947 年起已经是一位执业会计师，但是他需要符号"适宜性测试"。具体来说他需要提交以下文件：(ⅰ)经过公证的身份证或者护照副本；(ⅱ)所有的经公证的教育文凭和所受过的最高的学术资格的考试记录和成绩单；(ⅲ)两份品格推荐信。

31．除了每年的执业证书的年费之外，他还要缴付首次注册费。他完全遵守了上述要求。

32．在 2005 年 8 月 8 日的信中，陈博士重申他希望他的会员资格能在 2005 年 12 月 17 日生效。

33．公会的一封签署于 9 月 21 日的回信指出，公会的注册和执业委员会考虑了陈博士要求从 2005 年 12 月 17 日复名的请求后，决定直到他的 6 个月除名期届满后才考虑他的复名申请。公会退回了他的申请表和所有的证明文件，并退回了他的申请费用。公会还告知他公会并没有保留他所提交的材料的副本。公会还告知他可以下载最新的新会员申请表，并在 12 月 17 日之后重新提交申请。

34．2005 年 12 月 10 日陈博士又写信，要求公会的注册和执业委员会于 12 月 18 日开会考虑他的申请。他于 12 月 12 日又写信给公会，提出若注册和执业委员会不能召开特别会议的话，公会的执委会应该直接考虑他的申请。

35．公会于签署于 12 月 16 日的回信中作出以下答复：

　　公会有既定的程序来处理这一类的申请，而且重要的是所有的申请都是用同样的方式处理。因此，你的申请将由注册和执业委员会先考虑并提出建议，然后再由执委会作出决定。

　　在你符合申请资格后，委员会的下一次会议将定于 2006 年 2 月，而相应的最后的申请期限是 2005 年 12 月 31 日……

36. 信中所提及的既定程序是为新申请入会的会员而作出的。显然,公会并没有任何既定的程序可以用来处理那些已经成为会员多年,但是因为纪律聆讯程序而被短期除名的会员的申请。

大背景

37. 这里我们不妨来看一下2005年12月该案件的大背景。立法机关通过制定《专业会计师条例》,特别是其中的第39条,授予执业会计师公会的执委会能影响专业会计师继续执业权的法定权力。因此,若该权力被滥用,或者公会的执委会在行使该权力时不公正的话,那么公法上有相应的救济。司法复核就是原诉庭法官对履行公共职能的机构行使一般监督的方式,从而确保当事人得到适当和公平的对待。法官行使该管辖权的法律依据是《高等法院条例》(香港法例第4章)第21K条和《高等法院规则》第53号命令。条例第21K(3)条和规则第3(1)条禁止申请人在没有得到法庭许可的情况下提起司法复核申请,而司法复核许可的申请必须依据规则第3(2)条的格式作出。我同意首席法官的判词,在考虑司法复核许可申请时,应该采用可抗辩性标准。该标准背后的意图是,公共机构和类似的机构不应该受到不具有抗辩性的诉求的干扰。规则第3条所确立的许可要求并非仅仅是形式上的要求。

法律诉讼程序

38. 2005年12月20日陈博士亲自(没有聘请律师)提出了司法复核许可申请。在单方面申请的通知送达答辩人后,答辩人聘请了大律师代表并出席了后来由朱法官2006年1月27日的审理。申请人提出的支持其申请的依据散漫不得要领,而且过多。他所提出的答辩人包括:(1)WINNIE C. W. CHEUNG,公会的首席执行官和注册主任;(2)MARK FONG,公会注册和执业委员会主席。公会本身并没有被作为被申请人而提出。

39. 申请人并没有把上面第27—36段概述的资料提出来支持其申请。如下文所述,这些资料在很后面才被提出来。

40. 陈博士要求法院颁发履行义务令(Order of Mamdamus)来要求注册主任恢复他的会员资格和颁发执业证书给他。申请说:

> ……申请人在申请司法复核之日已经履行了纪律命令对他所作出的处罚,包括:全额支付了罚款,支付了公会的费用,并且已经被剥夺了会员资格和执业权利6个月……

41. 虽然考虑到陈博士自己出庭(没有聘请律师)应该给予一定的谅解,但是仍然需要仔细考虑他的投诉的性质。在他的司法复核许可申请通知书中,他所要求撤销的前两项决定与之前的纪律聆讯有关,而该纪律聆讯最终由本院的判决得到了最终解决。试图重提该事完全没有希望。第 3 项和第 4 项决定是公会拒绝在除名期届满之前考虑其重新注册的申请。如原诉法官在审理了申请人的申请后对申请人的观点的理解，申请人的观点是《专业会计师条例》第 39 条规定了自动复名。

42．原审法官在其 2006 年 2 月 6 日作出的判决中正确地拒绝了申请人的该观点，并要求申请人支付费用。

43．为了支持其司法复核申请，陈博士向法院提交了一份签署于 2005 年 12 月 20 日的誓章。该誓章可以说是过分和荒唐。如果我们持最有利于陈博士的态度来阅读其誓章的话，我们可以从中发现以下投诉：公会在处理他的复名申请过程中存在程序不正当性，因为公会把他视为一名首次申请成为公会会员的新的会计师，而不是作为一位有多年执业经验的、但其会员和注册资格被短期中止的申请人。不过该投诉被隐藏在申请人的誓章的辩论中，因此若法官没有能够看出该投诉的话也是情有可原的。在其誓章的第 28 段，陈博士说：

> 申请人无意吹毛求疵，无事生非，他只希望尊敬的法庭能够通过颁发履行义务令来让他顺利恢复 58 年清白的执业生涯。

44．当法官在 2006 年 1 月 27 日听取他的申请时，他的除名期已经过了一个月。那时陈博士再投诉公会在处理其申请方面有所延误将是荒唐的。在开庭两天之前，即 1 月 25 日，陈博士向法院提出了暂停开庭通知书。他当时希望公会能在 2 月 13 日的会议上处理他的申请，并试图说服答辩人的律师同意中止他的司法复核许可申请。只是由于答辩人的律师已经完全为开庭做好了准备，并且聘请了大律师，因此案件才于 27 日由法官开庭审理。答辩人的律师不同意中止开庭，并提出陈博士在没有取得法院的许可之前以及在没有处理好案件的诉讼费用问题之前，法院不可以让申请人中止他所提出的司法程序。

45．根据当时提交给法官的材料，法官驳回申请人的司法复核许可申请，并裁定他支付他的诉状所提及的两个答辩人的诉讼费用的判决是没有错的。

46．2006 年 3 月 6 日，根据陈博士的申请，朱芬龄法官拒绝批准给陈博士要求对朱芬龄法官 2 月份作出的判决提起上诉的申请，并再次裁定陈博士应该支付此次审理的费用。

在注册记录册上复名

47．2006 年 4 月 26 日，陈博士的名字再次出现在注册记录册上。因此，陈博士与公会之间除了上述两次审理的费用应该由谁承担之外，所有其他的争论都变得只具有学术价值。

上诉庭

48．2006 年 6 月 30 日，尽管陈博士的上诉已经过了法定上诉期，上诉庭张

泽佑法官还是批准了陈博士针对朱芬龄法官的判决所提出的上诉的许可申请。张泽佑法官在其判词中对他的裁决作出如下解释:

> 虽然申请人现在已经被允许再次注册,但是他已经很清楚证明他有足够的利益对公会在处理他的申请方面的延误提起司法复核。这些并不仅是学术问题,而是影响申请人的执业事务的真实的问题。在没有对该问题作出终局决定之前,现有的材料显示申请人提起司法复核的许可申请是具有可争辩性的。

49. 我们面前并没有陈博士向上诉庭提出延长上诉期的申请材料,也没有他提交来支持该申请的材料。因此,张泽佑法官上述推理的依据是模糊不清的。我需要作出两点声明:(1)在提出延长上诉期申请的同时,申请人还提出了修改司法复核申请表格(第86A表格)的申请,并同时提交了一份经过修改的签署于2006年9月19日的长达160页的誓章。陈博士的案件的重点已经完全改变了。原来的两个答辩人都被删除了,取而代之的是公会。这些材料都没有提交给朱芬龄法官。(2)如前面第44段所述,陈博士于朱芬龄法官2006年1月27审理他的案件时,并没有投诉公会延误处理他的申请。"延误"是一个新的投诉。在批准延长申请人的上诉期时,上诉庭张泽佑法官事实上是允许申请人绕过原诉法庭的许可程序而提起一个新的案件。

50. 根据张泽佑法官所批准的上诉许可,上诉庭的另两位法官于2006年10月13日审理了该上诉。在其即席的判决中,上诉庭罗杰志副庭长指出:

> 我只需说我认为在案件一开始就应该批准申请人的司法复核许可申请。简单来说,该投诉是关于在注册记录册上恢复申请人的姓名。这在当时的情况下应该只是一个形式上的要求,但是却耽误了这么长的时间,这事实上对申请人构成了额外的处罚。依我之见,他的复名申请应该尽快得到处理,但却没有。在这种情况下,申请人有充分的理由提起司法复核程序。

51. 虽然罗杰志副庭长的判词没有提及申请人修改第86A表格的申请,上诉庭于2006年10月13日作出的正式的命令清楚显示上诉庭事实上同意了该申请。根据修改过的第86A表格,陈博士的申请不再是要求法院批准他司法复核许可来要求法院颁发履行义务令让公会作出决定;而是改为要求法院颁发移审令(order of certiorari),撤销公会于2005年6月24日至2006年3月2日之间所作出的五项决定,其中最后一项决定是公会在朱芬龄法官宣布了她的书面判决理由之后所作出的。

《高等法院条例》(香港法例第 4 章)第 13(2)条

52. 上诉庭在作出上述判决时,它事实上并不是在行使《高等法院条例》第 13(2)条所赋予它的上诉管辖权,来处理针对原诉庭所作出的命令的上诉。它事实上在行使原诉管辖权来对原诉法官已经作出判决的事项作出审理。值得强调的是,法官依据第 53 号命令第 3(1)条所行使的权力是具有裁量性的。当申请是过了第 53 号命令第 4 条所规定的时限许多个月后才提出,或者所要求的裁决命令并不能带来实际利益的话,那么不管有多么强和有力的依据,法官都有权拒绝批准司法复核许可申请。大律师在审理时告诉我们,由于上诉庭在 2006 年 10 月 13 日所作出的允许陈博士上诉的命令实际上是在双方同意的情况下作出的,因此上诉庭没有接受上述观点。

53. 单这一点就构成让本院批准上诉的足够依据。

其他依据

54. 上诉庭在 10 月 13 日处理了签署于 2006 年 9 月 26 日的修改第 86A 表格的令状,并用它代替签署于 2006 年 6 月 26 日的令状。假设 2006 年 6 月 26 日是申请救济的正式开始之日,这已经是在申请人申请撤销的第一个决定作出超过一年之后了。上诉庭没有理会第 53 号命令第 4 条要求申请人尽快提出申请,且在任何情况下都必须在 3 个月之内提出申请的规定。

55. 根据经过修改的第 86A 表格,申请人申请法院颁发移审令去撤销的决定可概括如下:(1)公会要求陈博士如同一名新符合资格的会计师一样来申请注册的行为是不合法的和苛刻的。(2)在任何情况下公会都有义务尽快处理陈博士的申请,任何延误在实际效果上都构成对纪律委员会所命令的 6 个月除名期的非经授权的延长,公会并没有尽快处理陈博士的申请。(3)在接受陈博士的申请时,公会考虑了以下不应该考虑的因素:(a)在除名期内陈博士有否签署任何核数报告;(b)在公会的执委会考虑给陈博士复名之前陈博士有没有支付公会在之前的法律诉讼中的律师费用。

56. 根据经修改的第 86A 表格,陈博士并没有根据第 53 号命令第 7 条申请赔偿金。如他所说,他没有申请赔偿金是因为他不想吹毛求疵。因此,通过法院颁发移审令来撤销那些公会所作出的决定根本不会给陈博士带来任何实际的利益。其在原诉庭、上诉庭乃至本院所提起的诉讼完全是一次学术练习。

57. 代表陈博士所提出的书面案情的第 9(d)(i)段有以下陈述:

> 直到陈博士被复名之时,仍然存在有关诉讼费用的争论,包括朱芬龄法官所作出的错误的要求陈博士支付公会的诉讼费用的命令。这些问题只有在对陈博士的实质性投诉作出决定后才可能得到公正的解决。

考虑到基于新的依据的实质性投诉从来没有向朱芬龄法官提出过，对陈博士的实质性投诉的决定是否必然导致推翻朱芬龄法官的有关诉讼费用的命令是很值得怀疑的。但是假设申请人的主张是正确的，那么法院会作出什么样的实质性命令呢？由于移审令不能达到任何目的，因此肯定不会是申请人所要求的移审令。罗杰斯副庭长表达了以下希望："这一不幸的事件到目前已经拖了很长时间了，希望可以尽快结束。"可是，上诉庭的判决所取得的似乎是完全相反的效果。

58. 很有可能，上诉庭是受到了公会之前的代表律师在审理案件时提交给上诉庭的一封签署于 2006 年 9 月 29 日的信的影响。该信提到了经修改的第 86A 表格并说："如果该经修改的第 86A 表格在数月前提交给朱芬龄法官的话，我们认为朱芬龄法官很有可能不需要审理就会直接批准申请人的司法复核许可申请。……另外，……。如果客户要求我们根据经修改的第 86A 表格中所陈述的依据，就法院是否会批准申请人的司法复核许可申请提供法律意见的话，我们认为并会告知客户法院会给予许可的。我们的客户已经接受了该意见。"因此，公会的前代表律师提出根据以下条件来解决有关问题的建议：(a)公会将不反对申请人的上诉，因此朱芬龄法官 2006 年 2 月 6 日的命令可以被撤销；(b)公会将同意申请人对第 86A 表格作出修改；(c)一些费用由陈博士负责，其他的费用则取决于司法复核程序的结果，由败诉方支付。之后，公会撤换了其代表律师，新的代表律师明确推翻了前任代表律师的立场。

结论

59. 我裁定上诉胜诉，撤销上诉庭所作出的命令，恢复朱芬龄法官于 2006 年 2 月 6 日和 3 月 6 日所作出的包括诉讼费用的命令。至于上诉到上诉庭和本院的诉讼费用，有必要考虑更多的宏观的因素。通常，胜诉方将获得诉讼的费用。但在考虑了本案的具体情况后，我将不作出两次上诉的费用作出命令，由双方当事人各自承担自己的费用。

首席法官结论

60. 本院一致同意上诉胜诉，并根据上述第 59 段作出有关诉讼费用的命令。

（林峰译）

【案例评述】

本案的重要性在于,香港自1993年上诉法院在何某诉入境事务处处长一案所确立的是否批准司法复核许可申请的标准,即潜在的可争辩性标准正式成为历史。在过去的10多年中,香港法院在许多的案件中都讨论了批准司法复核许可申请的标准问题,不同的法官在不同的案件中都对潜在的可争辩性这一标准表示了怀疑。不过,由于该标准是上诉法院作出的,而香港是遵循先例的普通法法系,下级法院必须得遵循上级法院的判决。因此,需要更高的法院,即终审法院的判例,才可以推翻上诉法院的判例。通常,法院都会等待一个最合适的案例才会推翻之前的判例。本案可以说是这样一个案例。

本案的事实凸现了过于宽松的潜在的可争辩性标准的弊端,既浪费了双方当事人的时间、精力和金钱,更浪费了宝贵的司法资源,因而是不符合公共利益的。因此,在本案中,终审法院采用了可争辩性标准来作为是否批准司法复核许可申请的标准。可以预计,这一标准的采用,由于提高了司法复核的门槛,因此正式进入司法复核案件的数量将会减少,将有更多的案件会在司法复核许可申请阶段被法院驳回。

但是这并不会影响当事人提起司法复核的权利,也不会减少法院的工作量。因为在采用新的标准之后,有更多的司法复核许可申请将需要法官开庭审理,才能决定是否批准司法复核许可申请。因此,适用新的标准所影响的只是法院将提起对那些符合潜在的可争辩性标准但是不符合可争辩性标准的案件作出判决的时间而已。这对保护行使公共权力的机构尽量不受不具有可争辩性的诉讼的不当干扰,增加公共权力机构所作出决定的确定性是有好处的。

5　梁某诉岭南大学案[*]

申请人：梁某（Leung Chak Sang）
答辩人：岭南大学
主审法官：钟安德法官
聆讯日期：2001 年 1 月 29 及 31 日
判决日期：2001 年 3 月 15 日

【判决书】

简　介

1. 这是对司法复核申请的判决，司法复核许可申请已于 2000 年 10 月 26 日获得批准。

2. 从申请的标题来看，本案的答辩人并不是很明确。在法院的某些文件中（例如由申请人的律师所草拟的 2000 年 10 月 26 日命令），是以"岭南大学学生纪律处分委员会"为答辩人的。但在法院的其他一些文件（如 2000 年 11 月 2 日签发的动议通知）中，则将"岭南大学"作为答辩人。不过，岭南大学的代表律师王先生没有对这个问题提出技术上的异议。

背景事实

3. 本案的背景事实大部分是没有争议的。申请人是岭南大学社会科学系的一名本科学生。1999 年 12 月 8 日，岭南大学政治社会系开展了课程预先注册活动（当时，申请人正读大三）。William Lee 博士是社会科学学士学位的学科主任。在与申请人作谈话交流之后，Lee 博士向校方投诉，称申请人的态度

＊　此案收录于 2001 HKCU LEXIS 1237；[2001] 323 HKCU 1。

(特别是他的部分言辞)非常粗鲁、无礼及带恐吓性。

4.几位曾目睹当时情形的学生作了有利于 Lee 博士的陈述。其中的一位是这样说的:

> 大概于十时至十一时间,申请人偕同三位同学与 Dr Lee 谈论预先注册事,……我看见 Lee 博士为那三位解答询问时,[申请人]突然转身坐在座位上,气愤地说:"死不认错,你到底都是不想认错,我早知你一定唔会同我讲!"他当时十分气愤,态度亦比其他同学差。

另一位目击者表述如下:

> ……至十二时左右,李经文博士和[申请人]及另外两名大学生……探讨是次 Pre-reg 的情序[原文照录]……[申请人]最后对李博士说了一句:"你根本就不肯认错,有错就要认啦!"然后走了。

第三位目击者称:

> ……从我所听到的零碎语句中,我觉得 Dr Lee 很有耐性和很有礼貌地解答学生的发问,然而,这几个学生好像反反复复提出预先注册为何要"先到先得",对预先注册制度不满,无论 Dr Lee 怎样有礼貌、有耐性地解释问题,他们尚未满意。

第四位目击者说:

> ……在那 3 位男女同学中,[申请人]声调较为激烈和大声,强烈要求 Dr William Lee"有错要改"。

5.上诉委员会的会议记录则将申请人对该事件的描述概述如下:

> ……他和另外三名女同学一起去跟 Dr Lee 讨论课程预先注册制度……事先,他知道 Dr Lee 作为社会科学学士学位办公室学科主任,主管并负责该预先注册制度的运作。在和 Dr Lee 交谈之后,他觉得 Dr Lee 并没有对他的问题作出回答。
>
> 他深感失望,并在身边的一个座位上坐了一会儿,然后就用粤语自语道:"你错了! 而且你至死都不肯承认你错了!"他并不确定自己是否提到了"死"这个词,且他也没有意识到 Dr Lee 是在什么时候离开的。他认为他有对学校的预先注册制度发表意见的言论自由,他并没有针对 Dr Lee 的意思。

上诉委员会还征询了几位有利于申请人的目击者的意见,并将他们对事件的描述简述如下:

他们并没有感到在整个谈话过程中有人显得很不礼貌。其中的两位目击者认为,申请人当时的声音并不很大;而另一位目击者则指出,申请人的声音只是相对于 Dr Lee 以及另外两位女学生来说,高了一点而已。

投诉后发生的事件

6.2000 年 2 月 16 日,根据 Dr Lee 的投诉,岭南大学学生纪律处分委员会进行了聆讯。该委员会认为,根据岭南大学本科学生管理规章第 26.1 段的规定,申请人的表现已构成不当行为,决定对其予以处分,并要求该生向 Dr Lee 作出书面道歉。

7.2000 年 2 月 25 日,申请人致信岭南大学校长,希望能对该委员会的前述决定进行上诉。校长在 2000 年 3 月 16 日的回信中拒绝了这一请求。根据申请人提交的证据,岭南大学在大约 2000 年 5 月 18 日知悉此法院申请。在征询法律意见后,校长决定召开上诉委员会重审申请人的案件,并在 2000 年 5 月 22 日的信中将此情况告知申请人。

8.上诉委员会重审该案的方式将在下文涉及。现在要说的是,经 2000 年 6 月 19 日及 20 日的重审,上诉委员会最后认为,申请人 1999 年 12 月 8 日与 Dr Lee 交谈时的举止不够恰当及礼貌,并决定根据学校规章第 26 条对申请人进行处分。

9.尽管经修正的申请通知书试图将委员会及上诉委员会的决定都纳入司法复核的范围,但申请人的代表大律师潘先生在 2001 年 1 月 29 日的聆讯中(正确地)同意,申请人只会挑战上诉委员会的决定。上诉委员会的聆讯明显是一个全面的重审,故而已取代了之前委员会的聆讯。

10.由于对当前已提交至法院的申请而言,上诉委员会的决定极为重要。现将上诉委员会审议的部分内容摘录如下,以供参考:

16.在考虑了所有相关目击者的证供后……尤其是考虑到作为一个教育机构,岭南大学一贯要求其员工及学生在人际交往中都应谦恭有礼,上诉委员会最终认为,申请人在与 Dr Lee 谈论预先注册制度时的举止不够适当且他对 Dr Lee 也不甚礼貌。上诉委员会对其行为深表遗憾,并决定根据学校规章第 26 条予以处分……作为教育工作者,我们希望该生今后能够引以为戒,注意自己的表达方式。不过,并没有足够证据证明他当时的态度是带恐吓性。

……

18.考虑到前面(第 17 段)所提到的事实,上诉委员会进而决定,不将该处分决定写入该生的成绩报告单中。

　　上诉委员会决定中涉及的"（第 17 段）所提到的事实"是指："……校内对于注前制度亦颇多怨言。上诉委员会也不得不承认该制度本身并不完善……"

上诉委员会受司法复核的监管吗？

　　11. 答辩人认为，由于岭南大学并不属于"公共机构"，因此不受司法复核的监管。答辩人以香港大律师公会 v. Anthony Chua (1994)4 HKPLR 637, 642 案的判决为例指出，一般来说，要将某机关认定为"公共机构"，它必须有行使足以影响公众的政府或准政府功能。

　　12. 尽管有王先生对于香港理工大学诉壹周刊 [1996] 2 HKLR 260 案的初审判决的批评（以及上诉庭对此有所保留），我认为，该案确立的分析方式是值得采纳的。在该案判决中，法院指出，"公共机构"的含义是会随法令的内容而变化的。但或许可以从 Halsbury's Laws of England, 4th Ed., 第一卷第 6 页的解释作为起步点，其原文如下：

　　　　被授权为公众利益而非私益而行使相关功能的个人或行政机构。

　　不过，法院发现，仅仅强调机构的"功能"与"目的"的定义本身还不够全面，于是，继而指出：

　　　　……除了功能以外，从其性质、组成或者运作方式来看，还必须存在一些能使其适于进入公共领域的特点。我没有必要对此一一加以列举；它可能表现为公共基金、政府对其行为的监管或者某种形式的公共责任……（第 264I—J 段）

　　13. 有关司法复核教科书的作者们似乎较易于接受这样一个观点，即根据成文法而设立的大学属于公共机构，应受司法复核的监管。在 Wade & Forsyth：Administrative Law (2000)8th Ed. 一书中，写道：

　　　　就提交到法院的案件而言，法院有时并没能解释，遵守自然正义原则的责任究竟是基于成文法的规定还是合同的意思。这会令随后可能获得的救济有很大的不同。如果某个大学或学院是根据成文法而设立的，那么，它可能被视作法定的公共机构，而相关的救济则主要表现为移审令及履行义务令。如果它仅以注册或私人形式组建，其权利便会取决于有关合同，因此一般的救助方式会表现为禁制命、声明或损害赔偿……（第 539—540 页）。

　　在 De Smith，Woolf and Jowell：Judicial Review of Administrative Action

(1995)5th Ed. 一书中,有如下表述:

> 在 20 世纪,国家的作用有了很大的扩张……政府部门具有"代理机关"的地位,且它们的部分功能"以合同的方式转让了出去"。前公共团体被"私有化"了……
>
> 当我们试图界定,在什么时候,一般的私人团体应接受与行使公共权力时一样的监管标准时,问题也就出现了……
>
> 在很长的时间里,法院在确定某种行为是否受公法约束时,主要以它们是否属于高等法院司法复核权范围为准。在过去,这种判断主要表现为对作出相关行为的主体的权力来源的考察……如果这种权力是法定的或者……是根据特权获得的,那么,法院将拥有管辖权。但如果这种权力仅仅是通过合同授予的……则司法复核在一般情况下并不适用。现在,法院认识到这种判断方法过于僵化,转而重视行为主体所执行的功能种类……
>
> 所谓执行"公共功能",是指某机构力图为公众或部分公众谋求集体利益,且这种行为也为该公众或部分公众所认同(即认为其有权这么做)。因此,当这些机构为公共利益而干涉或参与社会、经济事务时,就是在执行公共功能。这可以表现为多种方式。例如,提供'公共物品'或其他集体服务,如……教育……(第 163,167-168 页)

14. 我认为,如果将上述理论应用于下列事实,那么,岭南大学无疑是一个应受司法复核监管的公共机构:该校依《岭南大学条例》(香港法例第 1165 章)而设立,其宗旨在"提供教育、学习、培训及研究……"等公共功能。

15. 无论是香港大律师公会案(大律师纪律审裁署的一个决定)的决定还是香港理工大学案的决定(诽谤案)的决定,都跟司法审查无关。我还要指出的是,在 Spruce v. The University of Hong Kong [1993] 2 HKLR 65 案中,无论是枢密院还是大律师,都不认为司法复核程序不适用于该案。

上诉委员会的决定是否应受司法复核监管?

16. 答辩人提出的第二个异议是,即使岭南大学是一个公共机构,也不意味着其所有职能都应受司法复核的监管:R v. Jockey Club, ex parte RAM Racecourses [1993] 2 All ER 225,246;R v. Disciplinary Committee of the Jockey Club, ex parte Massingberd-Mundy [1993] 2 All ER 207,220;Leech v. Deputy governor of Parkhurst Prison [1988] AC 533,583。是否受司法复核取决于决定的性质:R. v. Panel on Take-overs and Mergers, ex parte Datafin plc [1987] 1 QB 815,838;the Massingberd-Mundy Decision at p. 219;Hong Kong and China Gas Co Ltd v. Director of Lands [1997] 3 HKC

520，526。

17. 答辩人提出，一个应受司法复核的决定必须包含"公共因素"，即从性质上看是"政府性的"：R v. Disciplinary Committee of the Jockey Club, ex parte Aga Khan［1993］1 WLR 909，931。上诉委员会的决定是有关学生纪律处分的事项，政府从未被牵涉在内。因此，在该裁定中不存在"公共因素"。

18. 正如下文将要谈到的，或许政府确实没有牵涉其中，但是，答辩人也说过，教育机构的纪律处分是一项很特殊的活动，它涉及对学生的"教育与监管"。而提供教育正是政府的公共功能之一。因此，我不认为，该上诉委员会的决定不包括"公共因素"。

19. 答辩人进一步提出，从性质上来看，纪律处分是一个内部程序，且建基于学生在合约上及协议上对其接受：R. v. British Broadcasting Corp, ex parte Lavelle［1983］1 WLR 23，31；the Massingberd-Mundy 的决定；R v. Lord Chancellor's Department，ex parte Nangle［1991］ICR 743，756；Wong v. Governing Council of the University of Toronto (1992)79 DLR (4th)第 652，657—658 页。

20. 毋庸赘言，前述法理表明，即使对公共机构职员的解雇或纪律惩处也未必就是如答辩人所言的私法事项：例如，参见 De Smith Woolf & Jowell, para. 3—055 to 3—066（第 186—191 页），以及 Wade & Forsyth，第 657—659 页。De Smith Woolf & Jowell 将纪律处分程序的法律地位概述如下：

> ……如果受争议是有关以制定法形式确立的纪律处分法规……这就提供了成文法上的基础，并且，除了雇佣合同的直接当事人以外，其他人也将受到影响，故将其作为公法争议处理。(para. 3—062)
>
> 如果对依成文法设立的纪律处分或其他机构的决定产生争议（而相关雇主或雇员被授权或被要求将影响双方关系的纠纷提交该机构处理），这就很可能是一个公法争议。这是因为，不同于私人或内部的性质，对包括纪律处分机构在内的有公共性质的内部裁判机构的监督，往往适于采用公法诉讼程序……(para. 3—064)
>
> 如果纪律处分程序完全是私人的、内部性的，那么，将不受司法复核……但它可能仍需要满足一定的程序性要求。不过，相关的济助是循私法途径而非司法复核。(para. 3—066)

21. 如果采纳 De Smith Woolf & Jowell 书中所作的上述区分（这也是答辩人希望法院采纳的），那么，就可以说，依成文法而设立的纪律处分机构将接受司法复核，而那些依合同成立的机构则不受司法复核。

22. 王先生认为，根据香港法例第 1165 章第 23(2)条的规定，岭南大学校务委员会制定的规则不属于附属立法。第 1165 章第 23(1)(e)条授权校务委员会就学生行为及纪律事项制定规章。在第 1165 章第 23 条中,"法规"指"岭南大学根据第 23 条而制定的法规:参见第 2 条,故不是指该词的一般含义"。另一方面,潘先生则提出,上诉委员会在重审 Dr Lee 的投诉时行使的是一种准司法权,因此,应受司法复核。

23. 从上述权威的见解来看,应当区分依成文法与依私人间的协议而设立的纪律处分机构。我认为,上诉委员会属于后者。若单从这一点来看,则应驳回申请人的申请。

24. 在作出了此结论后,我还须考虑当事人提出的其他问题,看上诉委员会的决定是否属于公法问题而受司法复核监管。

违反了自然正义原则吗?

25. 在考虑本部分的个别问题前,我同意王先生的下列说法。

26. 自然正义原则本身是有弹性的:

> 所谓的自然正义,并不是刻于石碑之上的僵化原则。这一用语表达了这样一种基本观念,即任何内务、行政或司法机构在作出影响个人权利的决定时,应满足一定的公正要求。具体说来,要依据决定的主体、拟作出决定的种类及其运行的法制或其他框架,来区别对待。(Lloyd v. McMahon [1987] AC 625,702)

> 公正概念本身也是有伸缩性的,不应当由法院定下硬性规则或标准。每个案件中的问题是,委员会所采用的程序是否极不公正,以致任何理性的委员会或团体都不会采用这种程序,故可以说存在明显的不公正。鉴于任何当事人对相关问题都会有自己的看法,因此,我不会在判决中为法院设定当事人的行为准则。(R. v. Monopolies Commission, ex parte Brown plc [1987] 1 WLR 1235,1242 per MacPherson J.)

27. 就学生纪律处分问题而言,法院已意识到,过于严格地适用自然正义原则并不合适:

> 法院一般认为,学生纪律处分程序应遵守自然正义原则,但同样的,如果该程序符合实质公正,它们也就拒绝采用过于严格的标准。(Wade, pp. 537—538)

> 过于强调调查过程的公正性,即要求遵循正式的司法程序,则仅专业律师已能有效地保护其中当事人的利益,很多时并无不允。假如在这种调查过程中,查明事实及专家意见的唯一的公正方法是,由互不同意对方证

言的双方当场对证人进行盘问。在我看来,这将是靠不住的。这种程序是普通法法系法院诉讼活动中所特有的,而在民法法系法院的诉讼程序中则不存在……如果调查者在调查中,拒绝一方对作出事实说明者或提供专家意见者进行口头质问,并不一定是不公正的。(Bushell v. Environment Secretary [1981] AC 75, 97 per Lord Diplock)

28.答辩人进而指出,教育机构的纪律处分事项有其独特性,并且,在适用自然正义原则时也应考虑它所具有的"对学生进行教育与监督"因素:

> 教育团体的情况具有特殊性……即……无论是大学或学院,还是其他学校,是有通过教导,对学生进行教育及监督的责任……
>
> 另一方面,在很多情况下,有关机构或个人以各种内部纪律处分的方式实施处分。我觉得,在这些情况下,这类机构或个人并不是在行使准司法职能,而是一种家长式的权能,即行使其所享有的权利并履行相关义务,从而对其成员进行教育及监督……(Glynn v. Keele University [1971] 1 WLR 487, 494—495)

29.上诉委员会是一个非正式的纪律处分机构,主要由岭南大学的教师组成。其主席为该校副校长 Mee-kau Nyaw 先生,其他成员包括:

(1)TS Chan 教授(Professor TS Chan),为该校的一名学院院长;

(2)Joseph Lau 教授(Professor Joseph Lau),为该校的一名学院院长;

(3)Moureen Tang 女士(Ms Moureen Tang),为该校管理系的一名教师;

(4)Siu Wing-yip,是由该校学生会所指派的学生代表,他出席了上诉委员会审议之前的整个重审过程。

在重审的过程中,上诉委员会的秘书——Monica Tsang 太太——也在场。

(A)关于程序上的不当行为

以下是不受争议的事实:

(a)在重审之前,未向申请人送达类似于控罪书的任何文件;

(b)申请人提出的其在重审过程中应有法律代表的请求遭到拒绝;

(c)除了与申请人作会谈外,未让其出席重审。

(a)(1)缺乏"控罪书"

30.潘先生认为,申请人应收到对其指责作出简要说明的有关文件(类似于刑事诉讼程序中的控罪书)。但我不同意这种说法。Dr Lee 的投诉涉及事项较为简单,即认为申请人不够礼貌及存在恐吓意味。

31.并且,当 2000 年 6 月 19 日重审活动开始的时候,申请人也应已完全知晓该投诉的性质:

（1）早在 2000 年 1 月 6 日，Ms. Nancy Yu 就已将这一投诉通知于他：可参见于 2000 年 5 月 17 日存档的表格 86A 之第 16 段；

（2）2000 年 2 月，委员会已就此投诉进行过一次审理；

（3）大约在 2000 年 3 月 28 日的时候，已向其提供委员会的聆讯书面记录；

（4）大约在 2000 年 4 月 26 日的时候，已向其提供包括 Dr Lee 的报告以及四位证人的陈述在内的"主要文件"；

（5）关于 Dr Lee 的投诉，他也可以要求其法律代表申请查阅于 2000 年 5 月 17 日存档的表格 86A。

32. 鉴于上述理由，该异议并无实际意义。

(a)(2) 文件的提供

33. 根据答辩人提供的证据，上诉委员会所采用的文件已于 2000 年 4 月提供给申请人：参见 Nyaw 教授证词的第 31 段（para. 31 of Professor Nyaw's affirmation）。虽则潘先生提出有一份文件未能提供给申请人（见下文），但却没有证据就这方面反驳答辩人的案情。不过，申请人投诉他从未被告知那些文件（特别是在 2000 年 4 月提供给他的证人证词）将被上诉委员会所采用。他（通过大律师指出），提供给他的那些文件仅仅是为了让他写道歉信。

34. 这一异议实际并无多少意义。于 2000 年 5 月存档的表格 86A 第 21 段写道：

> ……Miss Yu 还为委员会列了一张"主要文件"的清单。该"主要文件"大约有 100 页纸，直到 2000 年 4 月 25 日的时候，才提供给申请人。

很明显，到那个时候，申请人及其法律顾问都意识到，于 2000 年 4 月提供给他的文件跟上诉委员会拟于 2000 年 5 月举行的重审有关。

35. 潘先生就 2000 年 3 月 16 日以校长名义发出的信件，拒绝了申请人的上诉请求（正如前文已提到的，后来被推翻了），而这一信件在申请人不知道的情况下被收入上诉材料当中提出抗议。尽管如此，我并不认为，这份文件会对申请人了解该针对他而提起的案件造成实质性影响。关于将该文件提交给上诉委员会是否会导致偏见的问题，将在下文讨论。

(a)(3) 被拒绝法律代表

36. 申请人提出，他是一名年仅 19 岁的学生，而 Dr Lee 则要老道、有经验得多。因此，上诉委员会本应允许他（除了一般性的聘用法律代表权利外），在重审过程中有法律代表应讯。

37. 另一方面，答辩人则指出，上诉委员会主要是由岭南大学教师所组成的一个非正式裁判机构。而它所要决定的也基本上（如果不是完全的话）是事实问题。尽管，从理论上来说，申请人可能会根据校规而被开除，但从该针对他的投诉情况来看,这种严厉的惩罚是不可能发生的。

38.从根本上来看,裁判机构是否允许法律代表到场,是一个酌情问题:例如,参见 De Smith Woolf & Jowell, para. 9—030 及 9—031。就本案的情况而言,我并不认为,上诉委员会行使酌情权拒绝法律代表到场有何不妥。

(a)(4)拒绝接受盘问

39.潘先生特别强调 De Smith Woolf and Jowell 书中的以下段落:

> 不允许对证人进行盘问,可能导致程序上的不公正,特别是当某位证人提供了口头证言而对方要求对其进行盘问的时候。这跟该程序可能是审问式的、非正式的事实无关。就要求法律代表的权利而言,这属于裁判机构的酌情权范围。但是,在采用"司法化"程序并有证人提供证据时,如果裁判机构不允许对证人进行盘问,则法院往往没有充足的理由认定这种做法是公正的……(De Smith Woolf & Jowell (1999), para. 8—053 (same as De Smith Woolf & Jowell (2000), para. 9—035))

同一段落继续写道:

> ……每个案件的真正问题是,不允许盘问是否在所有情况下都会导致决定的不公正。如果对盘问本身并无多少实际意义,那么,法院一般也就不大会去质疑该决定。

40.上诉委员会是一个非正式的裁判机构。它采用审问式的程序。该委员会成员对所有证人作了调查。在很大程度上,委员会所要调查的是事实性的、简单的问题。在这里,并没有迹象表明,对申请人作不利证言的证人有故意撒谎的情形(尽管在申请人是否无礼及存在恐吓意味的问题上,就申请人到底是在自言自语还是在对着 Dr Lee 说话的问题上,申请人与 Dr Lee 的证词并不一致)。

41.在这些情况下,我同意答辩人的意见,即拒绝盘问并没有导致不公正。

(a)(5)未能给予理由

42.上诉委员会认为,申请人在 1999 年 12 月 8 日的行为违反了学校规章第 26 条,该条规定:

> 26.纪律处分行为
>
> 26.1 根据调查、研究的结果,学生纪律处分委员会可以对违反校规或有其他不当行为的学生,予以纪律处分。这类不当行为包括:
>
> (a)……
>
> 败坏学校声誉或形象的任何行为……

43. 我认为，上诉委员会在作出决定时已给出足够的理由。在该委员会秘书致申请人日期为 2000 年 6 月 26 日的信中，列出了作出证言的目击者的姓名，并且，委员会告知申请人，其调查结论是根据对这些证据的仔细斟酌而作出的。正如前面所提到的，从本质上来说，该委员会所要调查、研究的主要是事实性的问题，即证人的可信度和/或可靠性。

44. 除了上述信件外，上诉委员会的会议记录也具体记录了该次会议的主旨、证人证言的摘要以及（见证人证言的第 16 段）调查结论的理由。该调查结论本身也详细载于该记录之中（参见该记录中以"投诉后所发生的事情"为题的文页）。

45. 为了说明委员会已给出了理由，答辩人提到了很多判例以支持其观点。我同意下述文本，在此不作一一节录：

(a) Bolton MDC v. Secretary for Environment〔1995〕3 PLR 37，42；

(b) R. v. Secretary of State for Education, ex parte G〔1995〕ELR 58，67G；

(c) R. v. General Medical Council, ex parte St Georges University, unrep.，30 November 1994；

(d) Tong Pon Wah v. Hong Kong Society of Accountants〔1998〕3 HKC 82，94B－C，97I－98 and 99G－I.

(B) 表面上的偏见表现

46. 这一异议主要是基于：

(a) 提交到上诉委员会的文件中包括了岭南大学校长致申请人日期为 2000 年 3 月 16 日的一封信；

(b) 上诉委员会的成员由岭南大学校长任命。他们是校长的下属，与校长存在紧密关系。

47. 关于上述 (a) 这一点，该信的部分内容为：

……我想告诉你，我不打算将你的情况提交给上诉委员会……我个人觉得，学生纪律处分委员会对相关当事人进行了公正的调查。那些由中立的证人所提供的足够证据也证明了对你的不利指责。我并没有发现，〔委员会〕处理该争议的方式存在任何程序上的不当。〔委员会〕的决定……在我看来，也是合理的。基于这些情况，上诉委员会也不大可能会作出不同的裁定。

随后，该信拒绝了申请人关于上诉的请求（正如前面所提到的，在征询了法律意见之后，校长又改变了这一决定）。

48. 就此问题而言,我同意答辩人的观点:

(1)这一情况(包括校长的意见,即一开始拒绝为申请人提供上诉机会,随后又转而同意了其请求)在岭南大学的职员及学生当中是众所周知的。

(2)根据 Professor Nyaw 的证词,基于该事件的发展历程,上诉委员会的成员特别注意重新对其进行考虑,而尽量不受[委员会]决定或 2000 年 3 月 16 日信件的影响。这就导致了对 Dr Lee 的投诉的全面重审。

(3)委员会的成员由岭南大学的高级教员及相关学科的领导所组成。

(4)对委员会成员的任命经过校务委员会的批准。

49. 申请人只是指责存在导致偏见的实在危险(或风险),但并没有声称确实存在偏见。我认为,这一异议不能成立。另外,主张 Ms Yu 决定了事件的不利指控(以她 2000 年 1 月 12 日的信件为证),亦是不正确的。适当地看,她的信件只是写出双方未能达成和解的事件经过及有委任提交[委员会]处理的必要。

违法性

50. 申请人这部分的申辩是假设了上诉委员会不存在程序不当或偏见。

(A)调查结论是否越权?

51. 申请人指出,委员会的调查结论,即认为申请人违反了第 26.1 条,没有或没有足够的证据作为依据。

52. 这里(正确地)认为委员会对申请人行为无礼的调查结论存在 Wednesbury 案式的不合理。从委员会所掌握的材料来看(参见"背景事实"部分的概要),明显地会得出这样一个结论。事实上,就申请人所作的申辩而言(其称只是自言自语),我认为,他的"解释"很难让人相信。他所说的话语,例如:"……你,直到你死,都不会承认你是错的"只可能是针对别人(而不是他自己)。从说这些话语的环境来看,那个"别人"必然是 Dr Lee。

53. 在 2001 年 1 月 31 日聆讯终结前,双方同意删除 Professor Nyaw 誓章第 52 段,以及第 53 段的最后一句。法院可以自行决定申请人是否存在不当行为(而不仅仅考虑第 26.1(i)条)。

54. 申请人认为,从学校规章第 26.1 条的含义来看,无礼或粗鲁并不属于不当行为。该条的内容已在"(a)(5)未能给予理由"部分涉及,在此不作重复。第 26.1 条第(a)—(j)段对不当行为作了列举。由于所列举的例子并不分什么种类,因此,同类规则(the ejusdem generis rule)并不适用于对"不当行为"一词的解释。第 26.1 条(正如规章名称所显示)是大学监管本科学生的部分规章。考虑到这些背景情况,这一词语的一般含义应包括学生对岭南大学其他成员

(职员或学生)的无礼举止。

55. 就申请人争论,上诉委员会未有作出存在不当行为的结论,我认为,该争论不能成立。

(B)该调查结论是否与《人权法案》(the Bill of Rights Ordinance)和/或《基本法》(the Basic Law)不协调?

56. 申请人这部分的争论并无多少价值,因此,只需简单说明即可。潘先生也认同,如果无礼者没有正当理由(例如,他的无礼行为与正当的投诉无关),那么,相关的纪律处分规则以及纪律处分行为的制定(或执行)都是有依据的。不过,他争论,若某人存在正当的投诉,那么即使他举止无礼也不必承担法规上的责任。

57. 这种观点是骇人听闻的,因为文明的举止是任何现代社会所追求的事物之一。对大学这类教育机构而言,尤为如此。认为人们在特定情况下可以某种方式合法地互相辱骂、虐待,是一种可怕的想法。例如,法律执行机构的工作人员在有充分理由下行使其阻止、搜查以及讯问的法定权力时,难道可以用最不尊敬、最无礼的方式对待该处居民,而不受纪律处分行为的限制吗?

58. 此外,针对无礼举止的规则以及行动(规则以及行动与个人行为相关)而没有侵害该人的"言论"内容,不能视作违反《公民及政治权利国际公约》、《基本法》或《人权法案》关于言论自由的有关规定。

酌情权

59. 在2000年10月26日受理该案申请时,法院特别问了潘先生这样一个问题:单单为了一封处分信,是否就值得付出时间及代价作司法复核的申请。他的回答是,除了上诉委员会的决定之外,该处分还将载入申请人的学业记录中,因此,一旦(其他的学术机构或将来的雇主)问及此事,都可能会影响他以后的职业发展。在2000年10月26日的单方聆讯终结前,潘先生告诉法院,申请人的律师代表会就此事向岭南大学要求澄清。

60. 申请人在其2001年1月15日所作的第三份誓章中说:

> 我坚信,岭南大学对我作出的处分,将影响我申请该校文化研究的硕士制课程……
>
> 我也相信,这个处分决定……会反映在岭南大学为我开具的推荐信中……因此,这样一个处分决定可能会影响我在香港或海外继续深造的申请。

61. 从上诉委员会于2000年6月所作出的决定来看,申请人的上述说法是令人讶异的：

　　……考虑到前述(17)所提到的事实,上诉委员会进而决定,该处分决定将不被载入其成绩报告单中。

　　62.申请人的法律代表不仅没有就此事尝试澄清,还将申请人的上述说法提交到法院,并使其大律师在聆讯中也依靠此事作陈述。

　　63.Professor Nyaw 在其 2001 年 1 月 22 日第二份誓章中称：

　　……该处分决定……不会载入申请人的成绩报告单中,也就不会为文化研究系或任何其他院系所知道……各院系在学术上绝对自治……因此,这种处分不可能影响其未来的入学申请……

　　……这一处分也不会体现在岭南大学为其所出具的推荐信及证明书上。

　　64.尽管如此,申请人仍然坚持己见,认为他的未来可能会受该处分的影响。在他 2001 年 1 月 23 日的第四份誓章中说道：

　　……岭南大学的每一个人,包括文化研究系的人们,都知道学校对我作出的这个处分决定……我坚信,该处分会影响我的入学机遇……

　　我已经同我的预期审查人联系过了,他是岭南大学负责处理我入学申请的一位讲师……他明确地告诉我,如果我申请的外国大学向他了解我在岭南大学的表现,他必定会将我受过的这一处分告诉对方……

　　65.如果司法的时间及资源是无限的,或许就不用考虑这个所谓应受司法复核的决定是否具有重要性。但不幸的是,司法的时间及资源并不是无限的,而当法院处理那些仅仅包括"技术性"违法而无任何实质不公正的案件时,其他的诉讼当事人则不得不静静等待。这是不应该的。如果此类决定没有造成任何不公正或偏见,那么,法院将酌情决定不给予救济。例如,参见：

　　(a)R. v. Chief Constable of the Thames Valley, exp Cotton [1990]
　　　　IRLR 344；

　　(b)Malloch v. Aberdeen Corporation [1971] 1 WLR 1578,1595；

　　(c)The Gylnn decision at pp.496G—97A；

　　(d)R. v. Aston University Senate, exp Roffey [1969] 2 QB 538,554
　　　　E—G.

　　66.首先,从获得的材料来看,即使没有任何程序上的不适当,上诉委员会很可能仍然得出相同的结论。其次,申请人提出的关于该处分决定的可能后果,是一种言过其实的说法;事实上,其很多部分都是不正确的。

结　论

67.综上所述,即使上诉委员会的决定应受司法复核,我仍将驳回该申请。

其　他

68.遗憾的是,尽管大律师曾于2000年10月26日指出,要对事实作调查,但申请人的法律顾问并没有采取明显的行动以探知岭南大学的真正立场(即今后是否会进一步地将该处分决定予以公开)。

69.更令人惋惜的是,随之而造成了对公帑的浪费,即为继续此申请而向申请人提供法律援助。如果大律师没有在2000年10月26日就前述调查要求告知法律援助署署长,则大律师未能就《法律援助条例》(Legal Aid Ordinance)(香港法例第91章)第10(3)条,特别是第10(3)(a)和/或(c)条相关的事实向署长给予法律意见。如果大律师已予告知而署长没有利用第91章第10(3)条的规定,则署长便未有尽到其法定职责。

70.在他于庭上所发表的陈词中,潘先生认为,Dr Lee对申请人有欠礼貌。尽管王先生表示反对,但他仍坚持这个看法。这一所谓的无礼行为,主要是出自Dr Lee的证词中,写他在与申请人交谈之后,由于心里很难受,他就离开了现场,直到那天很晚的时候才回去。潘先生的这一说法,还于次日出现在相关媒体的报道之中。

71.在这里,没有证据显示Dr Lee行为无礼。当大律师在法庭上对第三方提出不利主张时,他们在法律上是免责的。由于相关个人在受到这类指责时往往没有法律上的济助途径,也没有机会进行反驳,因此,大律师必须能够负责地行事。遗憾的是,潘先生在没有证据而依然坚持对Dr Lee作不利断言的同时,却未能展示上述大律师应有的高标准。

诉讼费用

72.根据高等法院规则第42号号命令第5B(6)条,我作出一个临时诉讼费命令,即此申请之讼费由申请人支付答辩人,如有异议,由法庭厘定。申请人的诉讼费用根据《法律援助规章》(the Legal Aid Regulations)确定。

(高春燕译,冯静美、林峰校)

【案例评述】

本案的重要性在于它涉及一所大学内部的机构是否受司法审查的管辖,具体来说,是否可以对岭南大学学生纪律处分委员会及上诉委员会的决定提起司法复核申请? 以及法院是否有管辖权审理其决定?

法院跟从了 SPRUCE 诉 香港大学一案以及其他的一些判例和学者的论述,认为岭南大学是一个公共机构,因而属于司法审查的范围。至于上诉委员会的决定是否应受司法复核的监管,法院认为关键得看其决定是否包含"公共因素"。法院接受了 De Smith Woolf & Jowell 书中的有关论述,即是说,依成文法而设立的纪律处分机构将接受司法复核,而那些依合同成立的机构则不受司法复核。法院认为上诉委员会属于后者,因此不属于司法复核的范围。

就本案而言,把一个公共机构(大学)的纪律处分机构的决定当作是学生和大学合约所成立的机构是值得商榷的。而且在这方面完全依赖英国的判例和学者的论述也是值得商榷的,因为香港的大学与英国的大学在设立方面有很大的不同,最典型的是,香港每一所大学都是通过立法会制定的一个条例所成立的。

因此,选择此案例并不是想说其判决应该遵守,而是把此案作为一个值得进一步探讨的案例提出来。

6 Berich Brokerage Limited 诉 证券及期货事务监察委员会案*

申请人：Berich Brokerage Limited
答辩人：证券及期货事务监察委员会
主审法官：夏振民法官（Hon Hartmann J）
聆讯日期：2005 年 1 月 21 日
判决日期：2005 年 1 月 21 日
判决书发下日期：2005 年 1 月 25 日

【判决书】

介　绍

1.2004 年 11 月 9 日，申请人递交了一份申请司法复核的通知书。我指示进行口头听证以便确定是否给予许可。而聆讯是以在通知答辩人的情况下经单方面申请进行。

2.聆讯是在 2005 年 1 月 21 日进行的。在听取申请人代表大律师 Bell 先生与答辩人（证券及期货事务监察委员会，以下称证监会）代表大律师，资深大律师 John Bleach 先生双方的陈词后，我驳回了申请人的许可申请。我的判决是基于申请人尚可通过上诉而获得有效的替代补救，因此，申请人必须先用上诉程序处理此案。

3. 以下是我作出判决的理据及在诉讼费用问题上的裁决。

背　景

4.申请人为一从事业务的注册证券承销商。

---

* 此案收录于［2005］88 HKCU 1；2005 HKCU LEXIS 61。

5. 在 2004 年 4 月,证监会通知申请人,它正根据《证券条例》(Securities Ordinance)(香港法例第 333 章)第 56 条对申请人是否存在不当行为进行调查。该通知函具体陈述了引发证监会调查的各种事实基础。

6. 我被告知,其中某件事实关系到申请人被指未能履行一项承诺。申请人针对该指责,向证监会投诉"中介人监察部门"(Intermediaries Supervision Department)两位职员的行为。若该投诉能够被证实,将免除(或对于免除责任有极大帮助)申请人在该承诺上任何可能的不当行为的责任。

7. 证监会同意对该投诉进行内部调查,且在内部调查完成之前,不就基于《证券条例》第 56 条 的不当行为调查作出任何最终决定。证监会在其 2004 年 5 月 13 日的信中写道:

> 在证监会(SFC)内部调查完成前,我们不会在纪律处分程序上对你方作出裁决。就目前而言,我们也不要求你方按纪律处分程序要求提交书面材料。如果调查结果证实了你方的主张,我们将就纪律处分程序中相关指控对你方的影响,撤销或修正这些指控,并作出适当的裁定。

8. 在 2004 年 8 月,证监会通知申请人,它已完成就申请人不当行为的投诉的内部调查。调查是按照其内部程序完成的,调查的裁定有充分的证据支持。信中总结道:

> 你方在投诉中提出的所有指控已被充分考虑,我们认为无一能够成立。

9. 申请人不满证监会内部调查的方式,认为证监会未有给予申请人机会作陈述。申请人并认为,前述陈述机会极为重要,因为有关裁定取决于相关各方证监会的职员及与该等职员往来的申请人代表的相对公信力。申请人指出,对证监会职员的不当行为调查已被程序上的不公允及/或表面偏见或实际偏见所破坏。

10. 申请人认为,由于不当的内部调查,令他遭受了实质性歧视,丧失了被撤销或修正依据《证券条例》第 56 条对其提出的指控的机会。

11. 虽然我对此没有作出裁定,但我已记录在案证监会不同意申请人在内部调查进行期间,并未被给予作出陈述的机会这一事实。证监会称已经给予其机会。

12. 在完成内部调查后,证监会继续依据《证券条例》第 56 条进行调查。在 2004 年 10 月 6 日,证监会再致函通知申请人,决定暂停申请人牌照 4 个月。

13. 申请人被建议说,若其拟对证监会的决定申请复核,应向依据《证券及期货条例》(香港法例第 571 章)第 216 条所成立的证监会上诉审裁处(以下称上诉审裁处)提出。

14.尽管申请人在申请书中没有提到这一点(对此后面还将论及),有证据显示在2004年10月,申请人的确依据该条例的条款要求复核。对证监会的停牌决定提出上诉,其中一个上诉理据,就是证监会被指在处理申请人投诉其职员行为不当的内部调查,其方式缺乏公正性或带有偏见。就此,上诉申请书有以下段落:

> 在一封日期为2004年5月13日证监会法规执行部总监致申请人前代表律师的信中,证监会承诺在其内部调查完成前不会对申请人作出任何裁决。该内部调查因申请人对证监会中介人监察部的投诉而生;信中还声明若调查结果证实了申请人的指控,证监会或会撤销或修正在纪律处分程序中针对申请人的相关指控。所以证监会有责任公正且无偏私地进行内部调查。但证监会未能做到这一点,在其会见证监会代表时,未能同时会见申请人的任何代表。在驳回投诉后,证监会既未撤销也未修正其对申请人的指控。

> 证监会应当但是却未能在发出决定通知书之前或之后的任何时间对申请人针对内部调查的投诉作深入调查。故而申请人被剥夺了被免除或修正对其指控的可能性。

15.在进行根据条例赋予的上诉权就证监会内部调查提出上诉的同时,申请人为同一事件,递交了现在这份申请司法复核的许可申请。这样做,申请人便是寻求了双重救济,首先是申请了移审令,以便撤销不追究证监会职员责任的决定;其次是申请了履行义务令,要求证监会重新作出新的内部调查,让所有相关方口头作证。

16.无可否认,申请人有权就证监会的停牌决定向上诉审裁处提出上诉。但Bell先生作为申请人的代表律师却提出,撤除申请人在上诉申请书中的措词(见上第14段),上诉审裁处无权单独复核证监会进行内部调查的行为方式。Bell先生的陈词是依据该条例第216条而提出的,相关条文如下:

> 现设立一个名为"证券及期货事务上诉审裁处"的审裁处,审裁处具有司法管辖权按照本部及附表8复核指明决定,以及聆听和裁定任何复核所引起或与任何复核有关联的任何问题或争议点。

17.Bell先生在陈词中指出,内部调查的方式不属于"任何复核所引起或与任何复核有关联的任何问题或争议点"。他认为,该内部调查在时间上先于现被上诉的裁决;即证监会对申请人的停牌决定,既然它先于该决定作出,它不可能属于由此复审而"引起"的一个问题或争议。我不接受该陈词。就我看来,该条款的直接释读显示上诉审裁处的权力并无上述时间先后上的限制。很多类似的决定都受司法复核约束——事实上，几乎所有的决定都建立在作出决定时已有的材料上，即作出决定前便已存在的材料。提出这些材料，无论其本质如何，都不能加以考虑，就我看来是对条款含义极大的人为曲解。值得注意的是，条款指的是"任何"复核所引起，并与之有关联的。

18. 申请人认为，该内部调查的方式对于被复审的决定有实质性关联，且如果该内部调查曾公正地进行的话，被复审的决定内容可能会完全不同。因此，在对第 216 条正确理解后，申请人认为该内部调查的争议是由复核决定所引起并与之有所关联。

19. 第 216 条的立法使用了外延广阔、含义丰富的语言。这补充了第 218 条对上诉审裁处权力的定义外延广阔的语言，与此有关的条款如下：

(1)在有复核申请提出后，审裁处须复核该申请所关乎的指明决定。

(2)审裁处根据第(1)款复核指明决定后，可——

(a)确认、更改或推翻该决定，及(如推翻该决定)以审裁处认为适当的任何其他决定取代该决定；

(b)将有关事宜发还有关当局处理，并给予审裁处认为适当的指示，包括指示该当局就审裁处指明的事宜重新作出决定。

20. 我认为，上诉审裁处拥有极其广泛的复审和补救的权力，能对任何属于复审对象或与其有关的事宜作出裁决，当然有权衡量证监会是否以任何方式滥用权力。在此必须谨记，基于条例第 216(3)条，上诉审裁处必须由现任或曾任高等法院法官的人员担任主席。

21. 因此很明显，当申请人在启动司法复核程序时，他还拥有一项可替代的补救，即依据条例提出上诉。事实上，当他启动司法复核程序时，他正在寻求该补救。

可替代的补救：适用原则

22. 虽然有可替代的补救存在并不在本质上形成限制，但就我所理解，一个基本原则是，法庭在考虑是否给予司法复核的许可时，一个有效的可替代补救是考虑因素之一，而且经常是重要因素。该原则乃是基于古老的"酌情权规则"，即司法复核作为例外的、酌情的补救，应当作为最后的补救。

23. 司法复核本质上属于"附属性程序"(Lord Scarman in R. v. Inland Revenue Commissioners, ex parte Preston [1985] AC 835 第 852)，除非受到许可范围的限制，否则在完全足够的诉讼程序下，将会导致诉讼的不断衍生。

24. 作为衡量应否给予许可时的考虑因素之一，一个有效的可替代的补救的存在,在某些时候会占有更重的分量。即如在本案中,相关立法已制定了全面的上诉程序机制以保障该可替代的补救。在这些案件中,可以看出司法复核的许可仅在特殊情况下发放:参见 Harley Development Inc v. Commissioner of Inland Revenue［1996］1 WLR 727。

25. 应当强调的是,在这些情况下,法庭拒绝给予许可不过是决定了申请人应当寻求何种正确的诉讼方式。

我就行使酌情权作出的结论

26. 在 R v. Inland Revenue Commissioner, ex parte Preston［1985］1 AC 835 一案第 862 页,Lord Templeman 观察到"司法复核程序不应排除正常的法律上诉程序"。在本案中,申请人明显拥有很全面的法律上诉程序可资利用,从而给予其所寻求的补救。

27. 除了为支持申请人而否定上诉审裁处的管辖权外,Bell 先生并未能提出任何特殊的情况,迫使我必须行使酌情权,在上诉程序存在的同时,批准司法复核。

28. 因此,我未能发现合适理由给予申请人在本庭继续附属性行动的权利,增加诉讼参与人的律师费用,给本庭增加额外负担,耗费公帑。

讼　费

29. Bleach 先生代表证监会,要求赔偿诉讼费用。我将就此作出决定。

30. 我认为,证监会在本案中有权获得律师费用的赔偿。在得出此结论时,我意识到,在决定对申请人作出处罚前,我必须小心谨慎,因为此诉讼本质上为单方面的申请(ex parte)。但正如 Bleach 先生所强调,本庭通过证监会的协助,才了解到申请人拥有一个有效的可替代的补救方法,而事实上申请人利用了并正在继续利用该可替代的救济。

31. 如 Judge LJ 在 Ford v. GKR Construction Ltd［2000］1 WLR 1397 一案第 1400 页就一般民事诉讼所作的如下评论:

> 民事诉讼正在演变为一个系统,使当事人能在最早可能性阶段内,及在最低的实际成本下,了解到自身实际的处境……

32. 在司法复核中,尤其是在许可阶段,"诉讼应在所有资料公开的情况下进行"这一原则占据了特别重要的地位。该原则的要求很明显,面对司法复核的申请时,法庭应被知会是否存在可替代的补救,除非法庭在许可阶段就了解到上述事宜,否则法庭将无法充分行使酌情权。Brooke J 在 R. v. Cornwall County Council, ex parte Huntington and Another［1992］3 All ER 566 一案第 576

页论及为何须在许可阶段加以披露的原因,他写道:

> 处理书面申请的法官需要考虑源自众多不同现代法律与法规的案子,对其中某些案子不可能立刻熟悉;在我看来,是那些有责任按照《最高法院条例》第 53 号命令下表格 86A 规定的格式撰写当事人陈述书的执业律师们,有义务提请法院注意任何存在的相关的例外条款,并解释为何他们认为该条款并不禁止他们向高等法院提出申请。如果真如这样的话,下述风险将会显著减小:在国会订明不应开放司法复核的途径去攻击被投诉的决定的效力下,法官给予司法复核申请的许可,及答辩人须付出成本提出撤销该许可的申请。

33. Bell 先生代表申请人指出,之所以没有在司法复核的申请文件中提到有可替代的上诉程序的存在,是因为申请人认为,该上诉程序在法律上并不构成一个可替代的救济。这是一个令人满意的答复。

34. 申请人的确在有关时刻寻求上诉,以请求上诉审裁处复审不单是证监会停牌的决定,并同时复审证监会作出直接相关的决定时的方式。Bell 先生没有指出申请人已经就此修改了其上诉文件。但无论如何,即使申请人怀疑上诉审裁会的管辖权,我坚信申请人仍有责任至少披露该上诉程序存在的事实,其提出了申请的事实,以及为何在本案的特殊情况下,该上诉程序无法提供合适的补救。

35. 总体而言,我信纳申请人没有履行披露责任,并且是严重的未予披露。本庭只有在证监会的协助下,才充分了解到相关事态,这些事态决定了当事人申请司法复核的结果。故而,我据此判令证监会有权获赔偿费。

夏振民(M. J. Hartmann)
高等法院原讼法庭法官

代表大律师:
Mr. Adrian Bell,由 Messrs Wong & Associates 所委托,代表申请人。
资深大律师 Mr. John Bleach,由证券及期货事务监察委员会所委托,代表答辩人。

(谢涛译,冯静美校)

【案例评述】

本案所涉及的法律问题是,在什么情况下申请人可以通过申请司法复核许可来取得救济,即申请司法复核的条件。本案的具体情况是,当存在一有效的可替代补救程序时,申请人是否可以通过司法复核程序取得救济?

本案的申请人对证监会对其投诉所进行的内部调查的结果不满,认为证监会未有给予他机会作陈述。申请人根据《证券及期货条例》赋予的上诉权对证监会内部调查提出了上诉。同时，申请人为同一事件，向高等法院原讼法庭申请司法复核许可。法院认为，这样做，申请人便是寻求了双重救济。

法院首先讨论了《证券及期货条例》是否提供了一有效的可替代补救程序。申请人的大律师认为《证券及期货条例》第216条并没有赋予上诉审裁处管辖权处理对内部调查的投诉。法院不认同其观点，并指出第216条中"任何复核所引起或与任何复核有关联的任何问题或争议点"中的"任何"一词给予上诉审裁处极其广泛的复审和补救的权力，能对任何属于复审对象或与其有关的事宜作出裁决，当然有权衡量证监会是否以任何方式滥用权力。

然后法院讨论了适用可替代补救程序的原则。根据英国上议院司法委员会的判例，法院认同司法复核在本质上是属于"附属性程序"。在考虑是否给予申请人司法复核许可时，是否存在一个有效的可替代的补救是法院的考虑因素之一，且在某些时候会占有更重的分量。在本案中，相关立法已制定了全面的上诉程序机制以保障该可替代的补救。法院认为"司法复核程序不应排除正常的法律上诉程序"。在本案中，申请人明显拥有很全面的法律上诉程序可资利用，而申请人并未能提出任何特殊的情况可以迫使法院必须行使其酌情权，在上诉程序存在的同时，批准司法复核许可。

本案的重要性在于它再次确定了司法审查程序是"附属性程序"，以及是否批准申请人的司法复核许可申请是属于法院的司法裁量权。而法院行使该裁量权时会考虑许多相关的因素，其中之一便是是否存在一个有效的可替代的补救程序。在通常情况下，申请人必须向法院证明他已经穷尽了其他的可替代程序，否则法院不会批准司法审查许可申请。需要指出的是，该可替代的补救程序必须是有效的。若该可替代程序并不能给予申请人通过司法复核所求的救济的话，那么法院仍然会批准司法复核许可申请。

7 Ng Enterprises Ltd. 诉市政局案 *

上诉人：Ng Enterprises Ltd.
答辩人：市政局
上诉委员会：Lord Mustill
　　　　　　Lord Slynn of Hadley
　　　　　　Lord Steyn
　　　　　　Lord Hoffmann
　　　　　　Lord Nicholls of Birkenhead
聆讯日期：1996 年 7 月 29 日

【判决书】

Lord Slynn of Hadley 的判词

　　这宗源于香港上诉庭的上诉，涉及上诉人的重大商业利益；该上诉人自 1969 年以来，一直使用移动货车在香港制造及售卖 Mister Softie 牌冰淇淋。而从公共行政角度来看，本案对答辩人——负责香港市区而非偏远地域的行政当局而言，同样重要。本案的争议在于，究竟答辩人有否有效地将流动商贩牌照从其管理地区的各类允许商贩贩卖的经营牌照目录中撤除。如果答辩人已有效地作出上述行为，那么目前使用该牌照的"Mister Softie"销售货车将立刻无法继续作为移动商贩销售冰淇淋。Keith J（参看 [1995] 2 HKC 571，(1995)5 HKPLR 127）以及上诉庭（参看 [1996] 1 HKC 209，(1995)5 HKPLR 598）的多数法官（Litton VP and Ching JA）认为答辩人已有效地撤销了该牌照；Godfrey JA 持相反意见。

---

　　*　此案收录于 [1996] 3 HKC 1。

自 19 世纪中叶以来，香港立法局就将商贩经营牌照纳入其管制范围之内。鉴于本案适用 1960 年《公众卫生及市政条例》（香港法例第 132 章）包括经 1972 年条例第 60 条、1973 年条例第 28 条修订，在此无须对其立法史作一回顾。

相关的条款规定如下：

根据条例第 2 条，"hawker"（小贩）意指：

（a）在公众地方以下列方式进行商业活动的人——

（i）将货品、货物或销售品售卖或为出售而将其展出；或

（b）为下列目的而往来流动的人——

（i）将货品、货物或销售品售卖或为出售而将其展出。

条例第 83 条到第 86D 款涉及小贩，即：

83. 就第 83A 条至第 86D 条而言——

"小贩罪行"（hawker offence）指违反第 83B 条或违反根据第 83A 条所订规例的罪行。

（1）主管当局可为达致下列各项目的或其中任何目的而订立规例——

（a）就小贩的发牌订定条文；

（b）就小贩的分类订定条文；

（c）限制小贩不得在任何特别地方或范围内或在指明地方或范围外进行业务，或禁止小贩在任何特别地方或范围内或在指明地方或范围外进行业务；

（d）规管或禁止贩卖任何指明的商品或服务；

（e）订明持牌小贩须符合的营办条件；

（f）就持牌小贩雇用替手及助手的事宜订定条文；

（g）就向持牌小贩编配摊位及由持牌小贩在摊位上竖设摊档（在加以主管当局于一般或特别情况所指明的条件下）的事宜订定条文；

（h）就驱逐小贩及移走其设备及商品的事宜订定条文；

（i）就法庭在裁定小贩犯了小贩罪行后，向主管当局建议取消或暂时吊销该小贩的牌照（如有的话）的事宜订定条文；

（j）（由 1994 年第 49 号第 18 条废除）

（k）就妥善规管和管制小贩所需的其他事宜订定条文。

……

83AA. 当局可以决定涉及小贩的收费问题

（1）当局可以决定关于牌照的收费以及小贩货摊安置使用费。

……

83B. 运输署署长可将街道拨作贩卖用途

(1)除非按照在根据第 83A 条所订规例下发出的牌照的规定,否则任何人均不得在街道上贩卖。

……

(3)任何人违反第(1)款,即属犯罪。

根据《释义及通则条例》第 2 小段和第 3 小段,"街"、"街道"(street)指——

> (a)任何公路、街、街道、路、道路、桥梁、大道、广场、坊、短巷、巷、里、马道、行人径、通道或隧道;及
>
> (b)任何由公众使用或公众常到,又或公众可以进入或获准进入的露天地方,不论该地方是否位于属政府租契标的的土地上。

答辩人于 1972 年 11 月 3 日根据上述第 83A 条之规定,制定了《小商(市政局)附例》(Hawker(Urban Council)By-laws)。附例第 2 条规定"牌照"是指根据本附例发给任何人以作贩卖之用的,而"固定摊位小贩牌照"与"流动小贩牌照"又有所区别,它们分别按附例第 8 条和第 9 条而发。"固定摊位"系指根据第 27 条在地上划定的摊位,或在根据第 8(1)条发出的固定摊位小贩牌照内所指明的摊位。

此外,市政局附例中更为细节性的规定还包括:固定摊位小贩牌照上必须载明摊位的识别号码或大约位置,而如果持牌人已获编配固定摊位,载明有关摊位的位置的详情(附例第 8 条第(2)节中(b)和(e)的规定)。

根据题为"流动小贩牌照"的附例第 9 条规定:(1)市政局如批准任何流动小贩牌照的申请,须在符合第(2)款的规定下,向申请人发具市政局认为适当的格式的流动小贩牌照,授权该申请人在小贩认可区或在该牌照内所指明的地方贩卖(但在固定摊位贩卖除外)。

附例第 9 条的第 3 款规定,市政局可以在流动小贩牌照中"载明持牌人可贩卖的范围"。牌照不能被转让并在授予之日起 12 个月期满,除非续注(附例第 13 条的规定)。还有其他许多在此不必要提及的详细规定。

上诉人的货车于 1970 年被作为"流动店铺"(mobile shops)登记,但在 1972 年却被转换为"流动售货车"(mobile vans)。到那个时候为止,上诉人一共有 9 部领有牌照的售货车,直至 1974 年,上诉人不顾市政局削减牌照数量的公共政策而又以公司名义新申请了 4 张牌照。1982 年,上诉人将这些牌照转让给其所雇的驾车员工,这显然是因为市政局被建议不要将牌照证发给有限公司。尽管如此,上诉人还是继续缴纳许可费。从 1986 年起,区域市政局给 13 部流动售货车中的 5 部发出了牌照,但却对在市内运营的另外 8 部货车不予许可,而这

正是本上诉案所涉及的主要问题。

市政局官员 Lee Kwok Kuen 先生的宣誓书中的一份市政局文件附件清晰地透露出以下信息:多年来,流动小贩给人的感觉是令香港本就狭窄拥挤的街道上产生更多的问题。而由于获得许可的小贩经常帮助未获许可的商贩(规避法律),更使得许可规则的执行面临困难。更严重的是,许多流动商贩似乎已开始在没有获取固定摊位牌照的前提下占据指定地点经营。基于交通、环境以及法律有效实施等各方面因素的考虑,市政局急切地希望在市区削减流动商贩的数量。早在 1970 年以及之后的 1972 年,市政局下决心不颁发牌照。1990 年,根据其削减计划表,市政局又提供了许多价格优惠的固定摊位以劝阻流动商贩行为。这些措施的结果是,流动小贩牌照的数量从 1972 年的 25330 张减少到 1976 年的 19039 张,1992 年更是锐减到 3671 张。

1992 年 5 月 19 日,由市政局组建的一个工作小组建议将流动小贩牌照最迟在 1996 年 4 月 1 日前从牌照目录中删除。如此一来,那些销售冰淇淋以及其他物品的流动货摊也将适用这一决定。1993 年 3 月 17 日,市政局市场及道路商业者委员会(the Market and Street Traders Select Committee)采纳了上述建议。而其所提供的更为有力地推动商贩们自愿放弃牌照的积极措施则包括:(将流动货摊)转换为固定摊点或者市场摊位,或有意识地在空地上建造一些户外货摊,再或是提供价值 3 万港币的恩恤付款。

1993 年 9 月 15 日,经过全面的考虑,市场及道路商业者委员会决定否决上诉人要求被豁免于收回流动商贩牌照决定的有关申请。

1994 年 9 月 13 日,商贩(市政局)(修订)(第 3 号)附例 1994 (Hawker (Urban Council)(Amendment)(No. 3)By-law 1994)(下称第 3 号附例)被采纳。它废除了原先附例中的第 9 条,并自答辩人确定的实施日期起计 12 个月后,取消原先附例中所有提到流动商贩牌照的字句。而既存的该类牌照将继续有效多 12 个月。但这并不意味着第 3 号附例一定能在 1996 年 4 月 1 日之前生效,理由在于原本在当时进行的各项法律行动已经被大大推迟。但不管怎样,到 1994 年 10 月为止,流动小贩牌照的数量已经降低到 2253 个。

在 Keith 法官面前,上诉人的主要质疑是:毫无例外地适用上述政策是不合法和越权的。但这一论点已被 Keith 法官否定了。他同时亦否定了以下论点:市政局的附例是越权的,因为它超越了条例所授予的立法权限,是不合理的,并限制了贸易。Keith 法官进一步否定了答辩人未有在不给予豁免的政策决定上咨询上诉人——因为即使上诉人真的有权要求在采取立法措施时被咨询,而在这一点上,他也持保留态度,上诉人已被充分地允许作出陈词,而该陈词亦已于 1993 年 9 月 15 日被市政局委员会所考虑。Keith 法官同意对流动售货车的驾驶者发放补偿金是不利于公司定位的。因此,他命令撤回发放补偿金的提议,并指令对 8 部流动售货车的驾驶员拟定补偿方案。

在各枢密院法官面前,上诉人则是以其案件陈述书第 33 段所作的阐述作为其上诉的唯一根据:

这案件的主要争议是,究竟当局根据条例第 83A 条为商贩行为制定规章的权力是否包括完全禁止其母法所认可的其中一种商贩行为(在条例第 2 条对固定和流动商贩行为均作了定义)。

对此,上诉人所力争的一个原则是:被授予附属性立法权的主体不能将这一权力用至完全禁止主法所认可的行为。这一原则可以溯源于以下案例,诸如 Municipal Corp of the City of Toronto v. Virgo [1895] AC 88;A－G for Ontario v. A－G for the Dominion [1896] AC 348;Powell v. May [1946] KB 330;Co-operative Brick Co. Proprietary Ltd. v. The Mayor etc. of the City of Hawthorn (1909)9 CLR 301(特别是其中的 第 307－308 页)。在 Virgo 案中,枢密院司法委员会在第 93 节阐述道:

> 对于法官而言,需要判断的真正问题在于当局是否可以运用附属立法权规管及限制小贩,在没有引起任何滋扰的情况下,禁止小贩在城市的重要区域进行商贩活动。
>
> 毫无疑问,对商业活动的规制应当包括施以这些约束以及在必要时对其施以时间以及地域等方面的约束,只要公共机关认为有必要为防止滋扰或维持秩序而作。但是枢密院法官认为,在"禁制或防止商业活动"与"对其规管及限制"之间是存在显著区别的,而且,规管及限制权本身就暗含着保留被规制实体的前提。法案的其他段落亦确认了法官们的观点:若立法机关打算授予防止或禁制的权力,它会使用具体的措辞。
>
> 这些条款的措辞——"防止或规制"、"防止或规制或许可"都表明法案的草拟者并没有意图把防止或禁制的权力包括在规管或管辖的范围内。

Ontario 一案的第 363 页如此写道:

> 除非从法案的上下文去作扩张性的理解,所谓的规制权意味着保存(而非取缔)被规制的事物。

澳大利亚高等法院判决的 Co-operative Brick 一案的第 308 页则如是说:

> 在部分地区禁止某个行为并非完全禁止该种行为,因为它还有可能在其他地方进行。但是,在特定地区禁止采石爆破作业的规定显然是一个完全性的禁止,因为从本案的实质来看,采石爆破作业只能在岩石处于大自然(situ naturali)的情况下才能进行。

在 Tarr v. Tarr［1973］AC 254 一案中,涉及《1967 婚姻居所法案》(Matrimonial Homes Act 1967)的第 1 条。该条授权法院"规制配偶中一方占据住房的权利"。Lord Pearson 在第 265H 段说道:

> 在不同的范畴都有案例指出:规制权并不包括禁止权(除非文本如此要求)。

在仔细考虑过多个判例后,他在第 267 页续说:

> 因此,"规制"(regulating)这个词本身并不倾向于包含禁止权的意思。如果法律的起草者意欲将禁止权的意思包含其中,他就没有足够的理由在措辞上不增加"或禁止"字样。如果需要临时性的禁止,禁止的持续时间应当在条文中予以限制;或可在条文中增加"或暂停"(or suspending)字样。

答辩人指出上诉人所引用的判例不能适用于本案,因为它们都是有关在规制权之下,主管当局企图"禁止"一个除非被禁止,否则本身为合法行为的活动。但本案却并非如此。其次,答辩人认为"规制"本身往往可以证明某种形式的禁止是正当的,只要它并非绝对禁止。答辩人认为这并非此案争议的焦点。它们依赖 Slattery v. Naylor (1888)13 App Cas 446 这一先例。《1867 年市政建设法案》的第 153 条规定市政当局可以适时地就殡葬管理事务(和其他事务)进行附属性立法。其中一条附例禁止在所有离指定建筑物以及其他指定地点 100码以内的公墓中进行埋葬行为。这一附例被指越权,因为当局原本仅仅享有规制埋葬行为的权力而现在它却采取了完全禁止的政策。枢密院司法委员会认为,在某些案件中,禁止或许有必要作为有效规制政策的一部分:

> 原本远离住宅区的一片土地作为一个家族或者宗教组织的墓地是合适的,但随着发展,这片土地已经跟城镇接壤,此时,它便不再适合被用作墓地。在这样的案例中,除非规制权中包含禁止墓葬行为的权力,否则所谓的规制将是软弱无力的。

> 枢密院法官们不能主张,由于对 Petersham 小镇订立一般性规制会引致一个公墓的关闭,所以这一附例是越权的。

在 President etc of the Shire of Tungamah v. Merrett & Anor (1912)15 CLR 407 一案中在 423 页得到认可的是,"对于某一实体的规制暗含着保持该实体状态的前提,但这并不排斥就其中的某些特殊事件实施全面禁止"。

枢密院法官们接纳,一般而言,规制某种活动的权力显然不能等同于全面禁止该种活动。尽管如此,当某些案件中需要更为有效的规制时,部分的、特殊情形下的或者某种特殊形式的禁止或许都是必要的。至于这种局部性禁止的范围和程度,则取决于赋予有关规制权的条款的用词以及规制权行使的背景。

就本案而言,无论以怎样的立场看待香港的早期立法,有一点是清楚的:从1973年对1960年条例的第83B条进行修正以来,街道上的商贩行为是非法的及会构成刑事罪的,除非商贩依据第83A条授权下制定的规章取得牌照。

答辩人已被授权为实现市区既定目标而制定规章。这些既定目标规定得很宽泛,以致答辩人在规制商贩过程中有很大的酌情权。第83A条则为答辩人创设许可制度提供了资源,其中包括答辩人可以对小商贩进行分类管理、对小贩们的活动区域施以限制,或者禁止贩卖某些特定商品和服务,等等。除了在第83A(1)条(a)到(i)项详细列明了各种规制权力之外,该条第(k)项赋予凌驾性权力规定:"必须对小贩施以适当控制和规范的其他事项。"

值得注意的是,上述这些规制权力的对象是一般意义上的小贩——它包括在那些固定公共区域活动的小贩(非传统概念上的小贩)以及流动小贩。条例赋予的是对"小贩"的规制权,它并没有必须采取分类规制或者合并规制方案的责任,而是可以在两者之间选择:或者制定规章规制所有的小贩,或者仅仅规制狭义的流动小贩。如何根据当下的背景选择规制策略,是否用许可来约束固定摊位小贩或者限制仅仅贩卖特殊商品的流动小贩,或者约束整个小贩群体,这是属于答辩人的决定。

同样,对于小贩的种种条件限制和约束既可以在最初的许可方案中被引入,也可以通过随后对条例的解释条款和一般条款(《释义及通则条例》第28(1)(c)条)的修正渗入。

因此,对于答辩人而言,在根据条例第83A条设计最初的许可方案时,到底仅仅针对固定摊位小贩还是对指定地点活动的小贩创设许可制度可以由答辩人自主决定。进一步地,即使最初方案对两种小贩均设定了许可制度,也可以通过修正案的形式从目录中删除其中一种或者将许可的适用对象限定于某一类小贩。事实上,从条例第83A条(不包括其中的(a)、(c)、(k))可以发现,条例容许在禁止某些活动的同时,转换牌照发放对象的归类。

本席认为,第3号附例将流动小贩从许可目录中删除(根据条例第83B条的规定它将因此而成为非法活动)的规定,正是对条例第83A(1)(a)、(b)和(k)项所授予的权力的运用,并无越权。这一解释绝不与上诉人所引证的那些判例相冲突。那些判例中的裁决均认可这一点:部分的禁止属于规制权权力范畴之内,而且很多时候是达致立法目的所必需的,正如 Slattery v. Naylor (1888)13 App Cas 446 一案以及本案那样。对"小贩"的规制权容许以交通、健康、环境及有效的法律执行等利益作考虑，将部分小贩排除于许可目录之外。当然，如果有充分的理由证明该种规制权并不包括完全禁止，那就另当别论。

因此，在不评论 Sir Patrick Neill QC 所提出的论点的大前提下，即 Beloff QC 先生所引用的那些用于区别禁止和规制的判例只适用于行为本身在普通法或成文法上具有合法性的场合，我们不接受，将流动商贩从许可目录中删除的行为是等同于答辩人作出越权的禁止命令。在本案中，答辩人并非试图运用附属性立法权去禁止一个为主法所确认的行为，相反地，依照主法，该行为（流动商贩行为）并不合法，只有在当局的牌照目录中被确认后，该行为才被视为合法。

因此，枢密院法官们认为，上诉庭的多数法官和原审法官得出了相同的正确结论。大法官们将恭谨地提请女皇驳回该上诉，并由上诉人承担诉讼费用。

（唐明良译，冯静美、林峰校）

【案例评述】

此案是香港回归之前上诉到枢密院的一宗司法复核案件。该案的核心问题是主管当局根据经过修订后的 1960 年《公众卫生及市政条例》第 83A 条为商贩行为制定规章的权力是否包括完全禁止该条例所认可的其中一种商贩行为，即流动商贩行为。主管当局行使了争端规制的权力通过了"第 3 号附例"，废除了原先附例中的第 9 条，并自答辩人确定的实施日期起计 12 个月后，取消原先附例中所有提到流动商贩牌照的字句。而既存的该类牌照将继续有效多 12 个月。

在原高等法院席前，上诉人的理据是毫无例外地适用上述政策是不合法和越权的。但是该观点被 Keith 法官否定了。他还否定了以下论点：市政局的附例是越权的，因为它超越了条例所授予的立法权限，是不合理的，并限制了贸易

在枢密院面前，上诉人依赖的唯一上诉依据是究竟当局根据条例第 83A 条为商贩行为制定规章的权力是否包括完全禁止其母法所认可的其中一种商贩行为。上诉人认为，被授予附属性立法权的主体不能将这一权力用至完全禁止母法所认可的行为，并引用了一系列英联邦国家的判例。

答辩人认为上诉人所引用的判例都不适用于本案，并认为规制权的有效行使有时是有必要实施"禁止"的。

枢密院的法官们接纳了其观点，认为一般而言，规制某种活动的权力显然不能等同于全面禁止该种活动。但是当某些案件需要更为有效的规制时，部分的、特殊情形下的或者某种特殊形式的禁止或许都是必要的。至于这种局部

性禁止的范围和程度,则取决于赋予有关规制权的条款的用词以及规制权行使的背景。在此案中,枢密院最终判决第 3 号附例将流动小贩从许可目录中删除的规定正是对条例第 83A(1)(a)、(b)和(k)项所授予的权力的运用,并无越权。

在行政法上,此案的重要性在于如何判断行使附属立法权的行为是否越权,特别是附属立法是否可以禁止条例所允许的某一行为。在这方面,此案仍然是一个典型判例。

8　卢少兰诉房委会案[*]

申请人:卢少兰
答辩人:房委会
主审法官:首席大法官李国能(Chief Justice Li)
　　　　　常任大法官包致金(Mr. Justice Bokhary PJ)
　　　　　常任大法官陈兆恺(Mr. Justice Chan PJ)
　　　　　常任大法官李义(Mr. Justice Ribeiro PJ)
　　　　　非常任大法官梅师贤爵士(Sir Anthony Mason NPJ)
聆讯日期:2005 年 7 月 5—6 日
判决日期:2005 年 7 月 20 日

【判决书】

首席大法官李国能的判词

1. 答辩人房屋委员会(下称房委会)是一个法定团体。本案中的主要问题在于:房委会是否有权力将商场和停车场等房地产资产转让给将在香港证券交易所上市的领汇房地产投资信托基金。这个问题的争议牵涉到:一是房委会的法定权力;二是《房屋条例》的正确诠释。

宗　旨

2. 1973 年制定的《房屋条例》将房委会确立为一个法定团体(见第 3 条第 1 款和第 6 条)。设立房委会的宗旨在于(见第 4 条第 1 款):

> 房委会须根据本条例行使其权力和履行其职责,以确保向房委会决定

---

[*]　此案收录于[2005] 3 HKLRD 257,[2005] HKEC 1113。

并经行政长官批准的各类和各种类人士,提供房屋和提供房委会认为适合附属房屋的康乐设施。

如何正确地诠释"提供"就是本案的问题核心。"房屋"在本法第 2 条被定义为:"住用、工业用、商业用以及营业用的房舍、建筑物或处所"。

权　力

3.《房屋条例》赋予房委会多重权力,本案中主要涉及的是处置财产的权力。第 4 条第 2 款 a 项授权房委会获取和持有任何类别的财产,并在符合持有该等财产的条款及条件下处置任何该等财产。在本案的交易中,房委会主要依据的就是该项法律赋予的权力。此外应当注意到,房委会还有权出售以及处置产业中的土地(见第 17A 条第 1 款)。出售土地必须符合房委会所决定的并经行政长官事先批准的付款条款和条件。根据本法第 2 条的定义,土地是"不动产",而"屋村"是"归属(房委会)的任何土地,或根据第 5 条或公契或以其他方式归属(房委会)控制和管理的任何土地"。

4.房委会有权在顾及租户、拥有人和占有人的权益、福利及舒适的情况下,管理任何房屋,并就与上述管理有关的服务收取费用。房委会为达到下述两目的可以与任何人达成协议:一是由第三人管理房屋;二是由第三人提供附属房屋的康乐设施。房委会可以授权第三方作出任何行为,包括像房委会一样,为所提供的服务收取费用(第 4 条(2A)项)。

5.《房屋条例》第三部的标题是"财产处置"。包括出租产业中的土地和确定出租土地的期限等事项受到本部分条款的约束。上文提到的第 17A 条授权房委会出售产业中的土地,亦包含在本部分。《房屋条例》第四部规定房委会有各种管理产业的权力,具体包括终止租约,检查处所,以及紧急状态下封闭有关处所等。

责　任

6.基于本案,房委会有三项法定的义务须予关注:其一,房委会必须保持账目的平衡,房委会的政策须旨在确保从屋村所累算获得的收入,足以应付屋村的经常开支(见第 4 条第 4 款)。其二,在每个财政年度,房委会须于行政长官指定的日期之前,将下一个财政年度的工作计划书及收支预算呈交行政长官批准(见第 4 条第 3 款)。其三,行政长官可在一般性或在任何个别的情况下发出其认为适合的指示,房委会及每名公职人员在根据《房屋条例》行使或者执行任何权力、职能或职责时,须遵从行政长官所发出的指示(见第 9 条)。

背　景

7.自从 1973 年设立以来,房委会已经开发了大量的屋村,为无法负担私人出租房屋的低收入家庭提供了租住公屋,而提供租住公屋正是房委会的核心功能。目前全港大约有30％的人口居住在租住公屋中。

8.在开发屋村的过程中,房委会已经建设好了商场和停车场。许多设施和住宅区联为一体,有些独立的设施也接近住宅区。

9.除了提供租住公屋的核心功能之外,房委会在过去还致力于"居者有其屋计划"以及"租者置其屋计划"。根据这个计划,房委会以低廉的价格将房屋出售给符合条件的家庭。出售房屋也为房委会带来了大量的资金。

10.2002年11月13日,在对房屋、计划以及土地政策进行综合性评估之后,房屋计划和土地局局长就房屋政策向立法会提交了一份声明,提出了许多措施。与本诉讼有关的措施包括:(1)租住公屋建设计划的规模应当保持平均三年等待时间的要求;(2)政府可以要求房委会停止建造和出售"居者有其屋计划"的房屋,以及暂停出售"租者置其屋计划"的租住公屋。

11.在这份声明中,对于房委会提供的租住公屋,房委会主席认为政府的资助房屋政策应当进一步地帮助那些无法负担私人出租房屋的低收入家庭,而且这仍将是政府房屋政策的核心所在。他指出,随着政府在过去五年的持续投资,租住公屋的等待人数已经从1997年的15万人减少到目前的9万人左右,而且等待时间也从1997年的6年减少到目前的不到3年。他向公众再次保证:"政府仍会继续为无法负担私人出租房屋的低收入家庭提供租住公屋,而且会致力于保证等待的时间维持在3年。"他估计在将来几年这将需要建设超过2万套房屋,但是实际的建设数量有赖于低收入家庭的需求。

12.对于"居者有其屋计划"和"租者置其屋计划",房委会同意政府的要求。但是因为上述计划所出售的房屋曾为房委会带来可观的收入,一旦停止出售将会导致房委会经济上的困难。

13.2003年7月,在政务司的建议下,行政长官要求政府应取得房委会原则上的同意将其商场和停车场分拆上市。

14.房委会继续考虑着事态的发展。房委会主席2003年7月18日为获得委员会对分拆上市的原则同意而准备了备忘录。在详细叙述背景的基础上,备忘录指出房委会大约拥有100万平方米的商场和10万个停车位,相当于各自市场的11％和16％。备忘录同时表明,分拆上市最初于2000年由房委会的一个顾问委员会提出作为议案,2002年6月出版的政府有关公共房屋的制度结构评估的报告再次建议分拆上市,此后房委会任命了一家顾问公司来研究分拆上市的一些问题。

15.备忘录为分拆上市商场和停车场提出了以下理由:

从商业经营中退出

4.分拆上市商场和停车场会使得房委会能够将其资源集中于核心功能——提供租住公屋。此外,这些设施若由私人业主所有和经营,将会产生更好的回报,而这将会对整个香港经济的发展产生积极的效果。

克服预算赤字

5.随着政府在 2002 年 11 月宣布其新的房屋政策,"居者有其屋计划"房屋的建设和出售已经无限期停止,而且"租者置其屋计划"房屋的出售也将暂停。如果没有其他可替代的收入来源来资助其在租住公屋建设方面的投资的话,房委会每年的现金流转就会出现赤字。房委会的现金余额估计将从 2003/04 财政年度初的 22 亿减少到 2005/06 财政年度末的 5.5 亿。出售商场和停车场的收益将会满足房委会短期的投资需求,房委会也可以用于购买长期的各种保值物品以改善其经济状况。

简言之,分拆上市商场和停车场的基本理由在于改善其财政状况,以资助其实现提供租住公屋的核心功能。需要强调的是,租住公屋帮助了大量的香港居民,包括那些正在排队等待以及还得等待更长时间的处于困境的居民。

16.关于分拆上市的收益,备忘录强调:

12. 基于目前政府和房委会达成的协议,租住公屋中非居住部分土地的价值和"居者有其屋计划"的土地价值都被政府视为对房委会的直接投资。政府收取房委会的非居住用地的运营所得盈余的 50% 作为回报。

13. 虽然政府在房委会的商场中有其股份,但是政府已经原则同意房委会获取转让商场的全部收益,以弥补其现金流转的赤字。

因此,房委会可以保留转让设施的全部收益,而政府实际是将其资产注入了房委会。

17.备忘录建议房委会委员原则同意分拆上市商场和停车场的提议,同时建议对备忘录提议的更广范围的出售计划达成一致意见,以及为了实施此计划而任命必要的全球协调人和顾问。

18.2003 年 7 月 24 日在房委会的公开会议中,房委会委员批准了备忘录的建议。

19.2003 年 8 月,房委会出版了白皮书,表明了其转让商场和停车场的决定,同时总结了 2003 年 7 月 18 日备忘录中所阐述的理由。

房委会为什么将资产分拆上市?

•使房委会能够更好地将其资源集中于其核心功能——提供租住公屋。

- 通过分拆上市提高运营的效率和竞争力,从而推动零售业的进一步发展。
- 帮助房委会克服预算赤字。

领汇房地产投资信托基金

20.最终决定以房地产信托基金的形式将房委会的商场及停车场上市。领汇房地产投资信托基金是一个得到《证券及期货条例》认可的信托投资公司,其设立目的在于全球发行基金。在完成其发行后,领汇房地产投资信托基金将在香港证券交易所挂牌上市。

全球发行

21.2004 年 11 月 25 日,领汇房地产投资信托基金发布了基金全球发行招股公告。全球发行取得巨大成功,被超额认购。但是在 2004 年 12 月 17 日,由于终审法院的上诉委员会认为缩短上诉期限并非其司法权范围,基金全球发行遂失效。假如全球发行能够完成,房委会将从领汇房地产投资信托基金获得 300 亿分拆上市的收益。而全球发行基金已花费 1 亿。

22.房委会原计划将其旗下的 180 处物业上市,其中有 149 处附属的商场,2 处独立的商场,29 处独立的停车场,这占房委会所有商场和停车场的绝大部分。在招股书中估计这分别将占香港所有商场和停车场的 9.1% 和 13.7%。

23.依据招股书,一旦完成全球发售,商场以及停车场将由领汇财产有限公司所有,而领汇管理有限公司将负责管理上述资产。领汇财产有限公司和领汇管理有限公司都是领汇房地产投资信托基金的子公司。需要强调的是通过各种协议,这些财产最终会以赋予法律上拥有权的政府地契形式持有。这些地契就商场和停车场设施会有相关的使用限制。双方同意的事实是,根据地契,承租人领汇财产有限公司必须得到政府的同意才能修改地契以更改设施的用途。

24.招股书说明,按照其投资香港的商场和停车场的投资策略,为保证投资的多样化,投资经理必须坚持一个指导方针:

——以便利为基础的商场主要为满足周围住户和游客方便购物的需求,及

——停车场主要满足商场的承租人和顾客,以及周围的居民和来港的游客。

(见招股书第 11 页)在招股书中"邻近的房屋"按照房委会提供的信息是指商场和停车场的服务所能辐射的范围内的房屋。这些房屋包括租住公屋,"居者有其屋计划"和"租者置其屋计划"的房屋,占房屋保有总量的 40%。

25.招股书总结了领汇管理有限公司对领汇房地产投资信托基金的预期运

营的讨论和分析：

> ……商场和停车场的运营有时亦受到政府和其政策的影响。特别是租金、停车费和承租人的商业活动混杂一起，其成本并不会与私人提供服务的成本相同，因为房委会受到政府政策的影响以及社会经济方面的考虑。而一旦商场和停车场分拆上市，这些政策和考虑将不会对上述设施的运营产生影响，领汇财产有限公司已经与房委会达成协议，对某些有限承诺会在一段时期内继续履行。

> 领汇管理有限公司计划以市场为导向以及基于商业的考虑来设定租金。而且领汇管理有限公司准备开始采取措施增进商场交易和承租人买卖的整体商业吸引力，这也将最终提高租金的潜力。

> 随着分拆上市，领汇管理有限公司考虑调整停车场的收费，以更加灵活地应对市场的变化。领汇管理有限公司也考虑基于私人停车场的收费来定价，反映地区的特定要求和市场供应，而不是地区之间统一定价。

（见招股书第14—15页）将在一段时期内继续履行的有限承诺包括特定的租金减免以及商场内安装新型的空调系统。此外根据有些似乎没有时间限制的承诺，领汇财产有限公司同意就福利设施减让租金，这在180处物业中占60处。

26. 在上述引用的段落中，领汇管理有限公司指出领汇房地产投资信托基金将采用和私人服务者相同的以市场为导向的商业运营方法，而房委会原来采取的方法则与之不同。因此，领汇房地产投资信托基金对设施的运营管理方法将发生改变，比如说租户与商业活动混杂的问题。

27. 招股说明书中由物业顾问出具的意见书，形容房委会运营的方法就像是一个具有广泛责任的土地所有者。代表上诉人的资深大律师戴启思先生同时承认，虽则房委会对设施的运营管理方法是基于商业的考虑，但亦是"有良心"地运营。

司法复核

28. 上诉人卢秀兰女士是一个租住公屋的租户，平时靠领取社会福利处的综合援助度日。她使用其所居住的公屋附近的一些商场，而这些商场正是属于分拆上市的一部分，她担心商场上市后会发生变化。从个人观点看，她的担心是可以理解的。

29. 2004年12月8日，就在领汇房地产投资信托基金认购最后期限的前一天，上诉人提出了司法复核的申请。她质疑房委会将资产注入领汇财产有限公司和2004年11月19日决定分拆上市的合法性。领汇财产有限公司是房委会的全资子公司,如果基金完成发售就成为一个独立的公司。她实际上是质疑房委会将资产转让给领汇房地产投资信托基金的合法性,因为这并未得到《房屋条例》的授权。

下级法院

30.考虑到招股书所列时间表的紧迫性,申请由夏振民法官受理并作出实时审理(时间表的摘要见上文引述的上诉委员会)。夏振民法官批准了司法复核的许可申请,但驳回其申请。上诉庭驳回了上诉人提出的上诉,而且上诉庭缩短了上诉期限。上诉庭在考虑到基金发行的紧急要求后,信纳因有特殊的理由而需要缩短上诉期限。如前文所述,上诉委员会认为其并无司法权缩短上诉期限。在判决发出不久,基金全球发行遂告失效。

上 诉

31.2005年4月18日上诉庭批准了卢秀兰女士的上诉申请,而批准许可的主要是以下问题:

> 房委会是否可以,在不与《房屋条例》第4条第1款所规定的主要职责相抵触下,及在有关设施仍然被原接受该服务的居民使用时,将它其中一个屋苑下的商场和停车场转让而对其不保留任何控制权。

权 能

32.依法设立的法人的权能必须通过对有关法例的正确解释才能确定。正如在 Lord Watson 在 Baroness Wenlock v. River Dee Company 一案中所陈述的那样:

> ……依据议会制定的法律而设立的法人,就立法的目的以及实现上述目的上,我认为不仅是法人能够合法追求的目标必须依靠法律确定,而且法人为促进目标的实现可以合法行使的权力也必须基于法律的明确授权或者能从法律的含义中合理地推导出来……

所以不仅起初认为立法机关意欲创造一个具有类似于自然人的权利能力的法人的想法是错误的,而且质疑法律中是否有规定限制其权能也是错误的。为明确法人的合法的活动范围,问题即在于对创设法人的法律的正确解释。

33.《房屋条例》第4条第1款中的“房委会认为适合的”是指附属于房屋的康乐设施而非房屋。这可从《房屋条例》的英文版本中推断出来,中文版本的规定也很明确,双方当事人的律师也都同意。所以条例第4条第1款的宗旨如下:

> 向房委会决定并经行政长官批准的各类和各种类人士,确保提供:

(i)房屋；

(ii)房委会认为适合附属房屋的康乐设施。

34.众所周知,停车场是附属的康乐设施。但对于商场,上诉人的资深大律师戴启思先生认为商场应当是房屋的一部分,房屋应当包括住宅和商业房产。而另一方面,房委会的御用大律师 Goudie QC 先生则认为对特定房产而言,由什么房屋构成以及包括什么附属的康乐设施完全是一个事实和程度问题,循着这个思路,他认为案件中的商场是附属的康乐设施。我认为这个问题似乎并没有必要解决,但是好像后者是正确的见解。特定房产由哪些部分构成,并非是一个法律问题而是一个事实问题。因此,商场应当是附属的康乐设施。

关键问题

35.房委会确有权力将本诉中的商场和停车场转让给领汇房地产投资信托基金。《房屋条例》第 4 条第 2 款(a)项中有明确的授权。但是处置权力的运用必须符合《房屋条例》第 4 条第 1 款所要求的房委会设立的目的,即确保向由房委会决定并经行政长官批准的各类和各种类人士,提供房屋和提供房委会认为适合附属房屋的康乐设施。本案的关键问题即在于将商场和停车场转让给领汇房地产投资信托基金是否符合"确保提供"上述设施的宗旨。如若不符合,此转让则超过了房委会的职权范围,换言之,该法人超越权限了。有关这个问题,无论商场被视为房屋的一部分或者是附属康乐设施的一部分,已无关紧要,因为两者都受"确保提供"条款的支配。

36. 资深大律师戴启思先生千方百计想帮助上诉人赢得诉讼,他提出的基本主张是该转让有悖于条例的立法目的。他辩称,结合《房屋条例》的上下文对"确保提供"的正确解释应当是指商场和停车场必须由房委会管理和控制。如果转让给作为第三方的领汇房地产投资信托基金,那么房委会将失去对商场和停车场的控制,这就不能"确保提供"各种服务。资深大律师戴启思先生援引《房屋条例》的其他条款支持其房委会须继续控制上述设施的主张:《房屋条例》第 4 条第 2 款(e)项与管理有关的权力;《房屋条例》第 4 条(2A)项与任何第三方达成协议,由第三方管理房屋和提供附属康乐设施的权力;《房屋条例》第三部规定的财产处置的权力;《房屋条例》第四部规定的管理房产的权力。

37.重要的是,《房屋条例》的立法目的并没采用"提供"的表述。如果用"提供"一词,那么就会得出一个强有力的主张,认为房委会必须自己提供并且控制房屋和附属房屋的康乐设施。"提供"一词就与第 4 条第 1 款表明的立法宗旨所用的"确保提供"形成了对比。房委会必须确保提供上述设施,而不是提供上述设施。

38."确保提供"设施并不意味着房委会自己必须作为直接的提供者,或者就是直接提供设施已经有许多年了，也并不意味着房委会就不得停止直接提供上述设施。那种认为当租住公屋的住户继续使用商场和停车场，他们就有法定权利要求房委会继续保有和控制商场和停车场的主张是没有任何明示的或者暗示的法律基础的。只要上述设施是可以使用的，虽然设施并不是房委会提供的，而是由房委会无法支配的第三方领汇房地产投资信托基金提供，就已经确保提供了设施。

39. "提供"与"确保提供"之间的差异可以参考英国上诉法院在 Ebbw Vale Urban District Council v. South Wales Traffic Area Licensing Authority 一案中的判决。该公司是英国交通房委会的全资子公司，为乘客提供交通运输服务。为了能够增加收费，该公司向有关当局申请变更许可证的条件。而根据有关法律，如果此种运输服务是由交通房委会或者其代理机构提供的，那么当局就无权予以变更。该公司并不被认为是代理机构。代理权限问题就变成了服务是否由交通房委会提供的问题。

40. 依据法律的规定，交通房委会行使其法定权力以提供、确保提供或者提升提供便捷的交通系统。Cohen LJ 法官强调"提供"与"确保提供或者提升提供"之间的差异。他认为法律的目的在于交通房委会可以选择为之。交通房委会既可以自己提供此系统，也可以：

> 安排独立的公司来提供服务，由公司来履行确保提供或者提升提供便捷的交通系统的职能。在本案中，我认为交通房委会通过虽然不是一个独立公司但为一独立法人的综合公司来确保提供便捷的交通系统。

41. 从上引文中可以清楚地看出，如果交通房委会安排一个独立的公司来提供服务，那么交通房委会的职责就在于确保提供服务，而不是提供服务。同样的，当由作为一个独立法人的其全资子公司提供服务时，交通房委会的职责也在于确保提供服务。由 Ebbw Vale Urban District Council 最先引出的"提供"与"确保提供"之间的差异，在 Credit Suisse v. Allerdale Borough Council 一案中再次得到认定。

42. 资深大律师戴启思先生援引《房屋条例》的许多条款并没有支持其主张，他认为房委会必须继续保有控制而不得处置其资产。根据《房屋条例》第 4 条第 2 款(e)项，房委会在顾及租户、拥有人和占有人的权益、福利及舒适的情况下，管理任何房屋，并就与上述管理有关的服务收取费用的权力涉及由房委会管理的房屋。相似的，《房屋条例》第三部所规定的房委会出租或转让房产所在的土地的权力以及《房屋条例》第四部规定的管理房产的权力涉及的房产被法律定义为，归属于房委会的任何土地或以其他方式归属房委会控制和管理的任何土地。《房屋条例》第 4 条第 2 款(e)项和《房屋条例》第三部和第四部的条款既不会对《房屋条例》第 4 条第 2 款（a）项所规定的房委会转让的权力产生影响，也不会限定《房屋条例》第 4 条第 1 款所规定的"确保提供"的立法目的。

43.为使房委会实现确保提供房屋和附属康乐设施的立法目的，前文所引述的条款授予其以权力。只要房委会追求实现立法目的，那么房委会就有权行使上述条款规定的权力。但是如果上述条款并不是《房屋条例》定义的房委会设立宗旨的构成要素，或者上述条款并未明确表述房委会的义务，那么认为上述条款限定了立法目的的一般原则和《房屋条例》第 4 条第 2 款（a）项所规定的处置权力的主张就没有任何法律基础。一方面是法人的设立目的和义务，另一方面是权力，这种区分是至关重要的。

44.资深大律师戴启思先生也援引《房屋条例》第 4 条（2A）项作为支持其主要观点的依据。根据此条款的规定，房委会有权与任何第三方达成协议，由第三方管理房屋和提供附属康乐设施，而且房委会既可以自己管理，也可以授权第三方为之，包括为上述服务收取费用。资深大律师戴启思先生主张，如果"确保提供"的立法目的是指房委会不需亲自管理和提供上述设施，而可以安排第三方提供，那么可以推论出《房屋条例》第 4 条（2A）项可以与第三方达成协议的规定是不必要的。但是此条款并不支持当事人的主张。房委会有权与任何第三方达成协议，由第三方管理房屋和提供附属康乐设施并不需要澄清，《房屋条例》第 4 条（2A）项的立法目的在于提供一个无法否认的法律基础，使得第三方可以与房委会达成协议以实施上述行为，也可以像房委会所从事的那样收取服务费用。

45.因此，房委会将商场和停车场转让领汇房地产投资信托基金符合其确保提供设施的立法目的。故转让行为属于房委会的职权范围。这是房委会作为一个法人的正当职权。对于准予上诉许可的问题，上诉委员会已给予肯定性的批准（见第 31 段）。上诉必须被驳回。对诉至本院及下级法院的诉讼费用的分配，当事人可以在 21 天内递交书面陈词。

46.不论商场和停车场是否可用，房委会处置其资产，这有助于房委会实现提供租住公屋的核心功能，对于这是否符合其设立目的以及是否属于其职权范围的问题已没有讨论的必要。房委会没有就此提出此独立的主张。

47.需明确指出的是，本判决只涉及房委会分拆上市的商场和停车场，并不涉及本案未提及的住宅。

包致金（Bokhary）大法官

48.我尊重那些居住在公屋的居民宁愿房委会继续保有而不是转让商场和停车场的观点。但是公正地说，正如房委会通过大师所表明的那样，房委会也需要资金为那些正在排队等待租住公屋以及已经分配到租住公屋的那些人提供房屋。但无论如何，本诉中提交到法院的完全是一个纯粹法定权力的问题，这实质是一个条例解释的问题。在全面准备和呈递出全部理由后，这是一个值得认真思考的问题。我们已经接受了这些证据，在经过审慎思考之后，我完全同意首席法官的判决，我与其答案完全一致。

陈兆恺常任大法官

49.我同意首席法官的意见。

李义常任大法官

50.我同意首席法官的意见。

非常任大法官梅师贤爵士

51.我同意首席法官的意见。

首席大法官李国能

52.法院一致同意驳回上诉。对诉至本院及下级法院的诉讼费用的分配，当事人可以在 21 天内递交书面陈词。

李国能（Andrew Li）　　包致金（Kemal Bakhary）　　陈兆恺（Patrick Chan）

首席法官　　　　　　　常任大法官　　　　　　　常任大法官

李义（R. A. V. Riberio）　　梅师贤爵士（Sir Anthony Mason）

常任大法官　　　　　　　非常任大法官

大律师代表：

资深大律师戴启思先生及大律师潘熙先生（受 Barnes & Daly 律师事务所委托及由法律援助处指定）代表上诉人。

御用大律师 Mr. James Goudie 及大律师 Mr Russell Coleman（受 Clifford Chance 律师事务所委托）代答辩人。

（税兵译，冯静美、林峰校）

【案例评述】

本案是 2005 年香港特别行政区发生的一起社会影响非常大的案件，导致了领汇房地产投资信托基金的延迟上市。尽管社会影响巨大，但是该案所涉及的法律问题却并非十分复杂。

如首席大法官李国能所说，本案的关键问题"在于将商场和停车场转让给领汇房地产投资信托基金是否符合'确保提供'上述设施的宗旨"。在行政法上的问题是,房委会作为一个法定机构作出的把其管辖的商场和停车场上市的行为是否合法,即是否符合《房屋条例》第 4 条有关立法宗旨的规定。因此是对《房屋条例》相关条文的解释问题。若不合法的话,那么申请人申请司法复核的依据,即不合法性,就成立。否则,申请人就没有司法复核的依据。

　　本案经过了高等法院原讼庭、上诉庭,以及终审法院这三级法院的审理。原讼庭虽然批准了司法复核的许可申请但是在实体审阶段驳回了其申请。上诉庭驳回了上诉人的上诉。终审法院也同样驳回了上诉人的上诉。首席大法官认为,《房屋条例》的立法目是要求房委会"确保提供"而非"提供"房委会认为适合附属房屋的康乐设施。而"确保提供"设施并不意味着房委会自己必须作为直接的提供者,也并不意味着房委会不得停止已经直接提供多年的设施。首席大法官认为,继续使用商场和停车场的租住公屋的住户有法定权利要求房委会继续保有和控制商场和停车场的主张是没有任何明示的或者暗示的法律基础的。只要能保证这些设施是可以使用的,就已经确保提供了设施。终审法院还进一步引用英国上诉法院的判例来说明"确保提供"与"提供"之间的区别。

　　包致金常任大法官完全同意首席大法官的判决,并特别提出此案实质上是关于法律的解释。其他三位大法官完全同意首席大法官的判决。

　　事实上许多司法复核的案件最终都是涉及法律解释。而像本案这样以不合法性为司法审查依据的案件主要就是对法律所赋予的权力的解释。因此,解释法律的技能是办理司法审查案件的律师和法官不可缺少的基本功。

9 Jill Spruce 夫人诉香港大学案 *

申请人:Jill Spruce 夫人

答辩人:香港大学

枢密院司法委员会:Lord Templeman

Lord Griffiths

Lord Oliver of Aylmerton

Lord Browne-Wilkinson

Lord Slynn of Hadley

聆讯日期:1993 年 3 月 30 日

【判决书】

Lord Browne-Wilkinson 的判词

从 1983 年开始,直到答辩人香港大学之校务委员会于 1990 年 7 月 26 日作出终止聘任关系的决定为止,上诉人 Spruce 夫人一直是该校法律学院的高级讲师。在诉讼中,Spruce 夫人曾希望法院能作出移审令以撤销香港大学校务委员会的决定。不过,Jones 法官 1991 年 4 月 4 日驳回了她的申请。随后,香港上诉庭亦于同年 8 月 20 日驳回其上诉申请。于是,Spruce 夫人上诉至女皇委员会(Her Majesty in Council)(即枢密院法律委员会)。

委员会在作出决定时所依据的事实其实限于很狭窄的一个范围。作为一名高级讲师,Spruce 夫人一直按照服务条款的有关规定履行聘任合同。该服务条款第 4 (e)(i)条的相关内容如下:

> 教师可以从事校外工作,即在不影响本职工作且不违反校务委员会所

---

* 此案收录于[1993] 2 HKLR 65。

制定的相关规例制度的情况下,教师可利用其专业知识从事有偿的校外工作或本职工作以外的其他活动。

该校认为,在 Spruce 夫人签订聘任合同的时候,学校已经对校外工作的有关事项作了规定,即校务委员会于 1982 年 6 月 24 日通过的一个规例。该规例第 6 I(i)条规定,像 Spruce 夫人这类职位的教师在征得其系主任同意之前,不得从事任何校外工作。第 8 条(Regulation 8)进而指出,对前述规定的违反,将构成校方解除聘任合同的"好的因由"("good cause")。

规例第 8 条对"好的因由"的规定是与《香港大学条例》(the University of Hong Kong Ordinance)第 12(9)条的内容相呼应的。该条规定:

12(9)······教师由校务委员会聘任。校务委员会不得终止任何教师的聘任,但如该委员会在对有关事实妥为作出调查,及在接获教务委员会就该项调查结果所提供的意见后,认为有好的因由终止聘任,则不在此限。

该条例第 2(2)条对"好的因由"作了如下解释:"无能力有效率地执行有关职位的职责、疏于职守或使任职者不适宜继续任职的公职上或私下的不当行为。"

前述规例是以员工手册的形式告知每位职员,并注明自 1983 年 4 月 1 日起施行。该员工手册的序言中写道:"本手册仅作信息参考,不属于校方与职员之间合同的组成部分。"

自 1986 年以来,Spruce 夫人与该校法律系主任 Dr. Wacks 之间,就前者在法律学院的工作时间是否影响其教学职责的问题,一直存在分歧。在 1988 年 10 月的时候,这一矛盾达致顶点。在得知 Spruce 夫人未告知并征得自己同意下连续 16 天在法院工作后,Dr. Wacks 于 1988 年 10 月 27 日给她写了一封信。信中提到,Spruce 夫人擅自取消或重排教学及指导活动,且在星期六上午开课。Spruce 夫人对该信未作回复。1988 年 11 月 1 日,Dr. Wacks 再次致信 Spruce 夫人,重申了前一封信的内容,并对其校外工作行为作出了进一步的指控。Dr. Wacks 在 11 月 1 日的这封信中指出,今后 Spruce 夫人将不被允许从事校外工作,而他也已将相关情况致函副校长,由后者决定,根据《港大条例》第 12(9)条的规定,是否有理由解聘 Spruce 夫人。

纪律处分程序随之启动。先是由大学人事事务委员会(the University's Committee on Personnel Matters, CPM)向副校长提交报告。然后,副校长将有关事项转交教务委员会之附属委员会处理,后者于 1989 年 12 月作出报告。

1989 年 12 月 11 日,Dr. Wacks 第三次对 Spruce 夫人提出投诉,即除了在不被允许下仍从事校外工作外,Spruce 夫人在 1989 年五次以大律师身份出入高等法院。1989 年 12 月 29 日，该第三次投诉被提到人事事务委员会那里，经过聆讯后，该人事事务委员会于 1990 年 6 月 12 日作出报告。报告指出，Spruce 夫人本人亦承认其在法院的行为确已违反与大学所订之合同。1990 年 6 月 14 日及 19 日，教务委员会之附属委员会考虑了该报告，认为已具备（校方单方面解聘的）好的因由，并建议以下述事由解聘 Spruce 夫人：

（a）不遵从系主任的指示；

（b）怠于履行本职工作；

（c）向系主任撒谎；

（d）未经允许以及在该允许已被明确撤回的情况下从事校外工作。

1990 年 6 月 26 日，教务委员会采纳了其附属委员会的报告，并将其提交校务委员会。

1990 年 7 月 26 日，校务委员会对附属委员会的报告以及 Spruce 夫人的书面陈述作了审查，并认为，"从调查的结果来看，作为一名大学教师，Spruce 夫人的不当行为表明她已不适于继续履职，校方具备单方面解除合同的好的因由"，故决定根据《港大条例》第 12(9) 条解聘 Spruce 夫人。1990 年 7 月 27 日，Spruce 夫人正式收到校务委员会的上述决定，且其与校方之间的聘任合同也于当日起终止。

在初审法官面前，Spruce 夫人以不同的理据，对校务委员会的上述决定作出反驳，包括：校方的决定因法律上的错误而无效，即它是建基于 Spruce 夫人因违反校规从事校外工作而违反了合同之上的。

法官否决了 Spruce 夫人所有的理据，并驳回她的上诉申请。上诉庭维持初审法官的决定。虽然上诉庭也认为，解聘的决定会受法律上的错误的影响（即校规其实并不是 Spruce 夫人合同的组成部分，故她也就没有违反合同），但是，考虑到当事人之间信任感的崩溃以及不愉快关系的事实，法院并不合适在本案中行使酌情权去推翻校务委员会的决定。因此，上诉法庭驳回了 Spruce 夫人的上诉。不过，同时又判令港大承担 Spruce 夫人的所有诉讼费用。

此上诉案在委员会面前提出了一些争议点。Spruce 夫人的代表大律师 Mr. Beloff 接受，除了下文将提到的一个论点之外，除非委员会维持上诉庭关于校规并不属于 Spruce 夫人合同内容的决定，否则此上诉将不可能成功。如果该校规确实是合同的一部分，而其包括第 6 I(i) 条禁止 Spruce 夫人在未经系主任批准以及在有关批准于 Dr. Wacks 1988 年 11 月 1 日的信中已被撤销的情况下从事校外工作，那么，Spruce 夫人已违反了校规第 6 I(i) 条，而这也就构成其违反了聘任条款第 4(e)(i) 条，并成为学校单方解聘的好的因由。

因此，首先要决定的问题是，上诉庭认为校规不属于聘任合同内容的观点是否正确。Spruce 夫人认为校规不属于合同内容的理据在于：

1. 根据《港大条例》及规程,校务委员会无权制定有关的规例;

2. 即使校务委员会有权制定规例,它事实上也没有行使过这种权力;

3. 即使该规例为有效制定,但也不属于 Spruce 夫人合同的组成部分,因为她只是在阅读员工手册时才发现该规例,且员工手册的序言表明,该手册不属于聘任合同的一部分。

制定规例的权力

该校根据相关条例及规程进行管理。

《香港大学条例》第 12(14)条规定:

> 主管人员及教师的权力、职责、任期、任职条件及薪酬,由本条例、规程及其个别的聘任条款订明;但校务委员会可向任何主管人员或教师委予该委员会认为适当的其他权力及职责。

规程 XIX 第 2 条授权校务委员会可以从事(a)—(s)小段所列举的活动。(p)及(s)小段规定如下:

> (p)订明主管人员、教师及其他由校务委员会聘任的雇员的职责,以及厘定其薪酬及聘任的条款和条件;
>
> (s)作出其他一切必要的作为及事情,以履行校董会转委予校务委员会的任何职责,或使本条例或规程授予校务委员会的权力得以行使。

规程 XIX 第 3(1)段规定:

> 校务委员会可就以下任何事宜或以下任何目的订立规例——
>
> ......
>
> (f)订明任何本条例或规程规定须由校务委员会藉规例予以订明的事情;及
>
> (g)概括而言,本条例或规程授权校务委员会规管的所有事项。

可见,上述权力使得校务委员会足可以制定规例以管理(教职员工的)校外工作行为。从第 3(1)(f)段的规定来看,校务委员会有权对条例及规程的特定事项制定规例。而第 2(p)段则规定,受聘教师的职责和任期(包括他们从事校外活动的权能)可以由校务委员会确定。不过,Beloff 先生提出,要适用第 3(1)(f)段,只证明校务委员会有权以规例的形式规定相关事项并不足够;必须要在条例及规程中找到一个明确的授权表述才足够。委员会并没有采纳他的说法,因为这是对条例的一种过度技术化的解读。但是，无论如何，根据第 3(1)(g) 段的规定，校务委员会有权依据第 2(p) 段，针对有权管理的事项而制定规例。

规例真的制定了吗？

Beloff 先生认为，令人费解的是，除了复印于员工手册之中的规例之外，港大未能出示任何文件来证明作为官方的校务委员会制定的规例的存在。他进而指出，校务委员会的会议记录也未能显示该规例事实上在何时以何种程序制定。

在 1981 年 10 月 29 日的会议上，校务委员会讨论了服务条款委员会（the Terms of Service Committee）关于管理校外工作的建议及其规例草案。校务委员会原则上批准了该建议，并将其发回服务条款委员会，令其对有关事项作进一步的考虑与研究。

校方曾制作过一份名为"校外工作：指南及规例备忘录"（"Outside Practice：Memorandum of Guidance and Regulations"）的文件。该文件包括随后复印于员工手册的同名规例的草案。在 1982 年 2 月 25 日的一次会议上，校务委员会批准成立教师校外工作委员会（a Committee on Outside Practice by Teachers），该委员会的其中一项职能是——正如校务委员会在其备忘录中所表明的——执行对校外工作的管理与控制。在同一次会议上，校务委员会还就校外工作规例的特定事项，要求该新设委员会提出意见及建议。

服务条款委员会考虑了上述问题，并向校务委员会作了专门报告。在报告的最后，建议道："校外工作规例宜自 1983 年 4 月开始施行。"校务委员会于 1982 年 6 月 24 日讨论并通过了这一报告。随后，该规例被印刷于员工手册之中。

这一过程表明，在最终印刷于员工手册之前，校务委员会收到过该规例的草案。而校务委员会则批准了关于执行该规例的建议，从委员会的角度来看，这就很难让人相信，校务委员会没有通过及制定规例：如果事先没有制定该规例或者没有指导该规例的制定，那么，它也就不可能批准有关执行该规例的建议。在制定规例的程序方面，成文法并没有作出任何的要求。而在没有这种要求的情况下，该规例的执行势必表明其已通过校务委员会的批准。

该规例是否属于 Spruce 夫人合同的组成部分？

员工手册的序言写道："本手册仅作信息参考，不属于校方与职员之间合同的组成部分。"上诉庭认为，Spruce 夫人只是在阅读员工手册时才知晓该规例的相关内容，而序言中的上述声明则又表明该规例不属于其合同的一部分。

对此，委员会不予赞同。Spruce 夫人的聘任合同第 4(e) 条要求，任何校外工作都不得违反学校规例。而港大制定了该规例。因此，根据合同第 4(e) 条，该规例属于合同的组成部分。Spruce 夫人仅仅通过阅读员工手册才知晓该规例的事实本身无关紧要：只要该规例对她而言是可得的，那么，无论她在何处读到甚至从未读过该规例，她都须受其约束。员工手册上的否定性声明仅仅使得手册本身的那些内容不构成聘任合同的一部分。但对于聘任合同本身已规定的内容，序言的上述声明则并无实际意义。

因此，校务委员会在对 Spruce 夫人作出解聘决定时，不具有法律上的错误。她确实违反了合同。Beloff 先生也曾说过，在这种情形下，他无法维持上诉庭（关于存在法律上错误）的决定。

Beloff 先生曾提出另外一个理由，即校务委员会在作出解聘决定前，未向 Spruce 夫人提供请求减轻处理的机会，这有违自然正义。但是，这一主张不为初审法官及上诉庭所认同。

根据《港大条例》第 12(9) 条的规定，校务委员会未经下列步骤不得以好的因由终止聘任合同：第一，对事实妥为作出调查；第二，接获教务委员会就该项调查结果所提供的意见后，即使校务委员会认为有解聘的"好的因由"，也不一定会终止聘任合同，即它可能采取其他行动。附属委员会在对事实作出考虑之后，认为存在终止聘任合同的"好的因由"，并建议由于不存在可予减轻处理的情况，Spruce 夫人应被解聘。不过，附属委员会也指出，由于 Spruce 夫人没有机会向其提交减轻处理的请求，故建议"校务委员会邀请 Spruce 夫人到场作她希望得到考虑的任何进一步的陈述与说明"。

1990 年 6 月 26 日，教务委员会采纳了附属委员会的报告，并将其提交给校务委员会，且赞同附属委员会关于校务委员会宜邀请 Spruce 夫人到场进行陈述的建议。

在 1990 年 6 月 28 日的会议上，校务委员会讨论、研究了附属委员会的报告以及教务委员会的建议。校务委员会决定不邀请 Spruce 夫人到场作出陈述，但欢迎她在 1990 年 7 月 19 日之前就附属委员会所认定的事实提交书面说明及意见，而校务委员会将于 1990 年 7 月 26 的特别会议上对附属委员会所认定的事实进行考虑。

在 7 月 26 日的会议上，校务委员会收到了 Spruce 夫人据此而提交的一份书面材料。但校务委员会拒绝了 Spruce 夫人关于亲自到场陈述的请求，并决定解除其聘任合同。

有人认为，在某种意义上，拒绝听取 Spruce 夫人到场陈述的做法，违反了自然正义原则。对此，委员会不予认同。自然正义原则并不要求进行口头聆讯，更莫说是关于减轻处理的口头陈述。Spruce 夫人有足够的机会提交书面的减轻处理材料，以试图说服校务委员会不采纳教务委员会的处理意见。本案的主审法官认为,"相关机构十分公正地对待了 Spruce 夫人,并为她提供了每一个申辩机会。事实上,公平地说,为保证公正地对待 Spruce 夫人,港大甚至走得很远了"。委员会同意这一说法。

在上诉庭判令港大向 Spruce 夫人偿付诉讼费用的问题上,港大对该上诉提起了反上诉。上诉庭的这一判决是建立在其错误见解之上的(即认为港大解聘 Spruce 夫人的决定存在法律上的错误),因此,这一要求港大偿付诉讼费用的判决内容不能成立。

大法官们将恭谨地提请女皇陛下驳回上诉,准予反上诉,且 Spruce 夫人应承担港大所有的诉讼费用。

驳回上诉。准予反上诉。

(高春燕译,冯静美、林峰校)

【案例评述】

此案是香港回归之前一直上诉到枢密院的一件司法复核案件。上诉人对香港大学校务委员会解雇她的决定提起司法复核申请。她认为,校方的决定因法律上的错误而无效,即决定是建基于 Spruce 夫人因违反校规从事校外工作而违反了合同之上的。而香港大学并没有制定有关的校规;即使制定了,有关校规也不属于上诉人合同的组成部分。

原审法院驳回了上诉人所有的理据。但是上诉庭认为,解聘的决定会受法律上的错误的影响(即校规其实并不是 Spruce 夫人合同的组成部分,故她也就没有违反合同)。不过,考虑到当事人之间信任感的崩溃以及不愉快关系的事实,法院并不合适在本案中行使酌情权去推翻校务委员会的决定。故上诉庭维持了原审法院的判决。

因此,枢密院所面对的法律问题就是,香港大学作出解雇上诉人的决定是否存在法律上的错误?具体来说,就是香港大学校务委员会是否有权制定有关的规例?是否真正行使过此制定规例的权力?以及该规例是否是上诉人合同的组成部分?第一、第三个问题是法律问题,牵涉到对《港大条例》有关条文的法律解释,第二个问题是事实问题。枢密院对三个问题的回答都是肯定的。因此驳回了上诉人的上诉。这说明涉及法律上的错误这一司法复核依据的关键是对法律条文的正确解释。

当然本案的上诉人还提出香港大学校务委员会违反了自然公正原则,因为没有让她向校务委员会作出口头答辩。由于口头答辩并非自然公正原则所要求,因此枢密院驳回了此观点。这一论点在本案中是非常无力的一个论点。

10 的近律师事务所诉 White & Case Limited Liability Partnership 案 *

原告：的近律师事务所（Deacons）（前名为 Deacons Graham & James）（除
　　　了 Mark Gerard Fairbairn 之外，因为他是答辩人）

第一被告：White & Case Limited Liability Partnership

第二被告：White & Case（商号）

第三被告：Mark Gerard Fairbairn（第一申请人）

第四被告：Edward Anthony Cairns（第二申请人）

上诉委员会：终审法院包致金常任法官（Mr. Justice Bokhary PJ）

　　　　　　陈兆恺常任法官（Mr. Justice Chan）

　　　　　　李义常任法官（Mr. Justice Ribeiro PJ）

聆讯日期：2003 年 8 月 1 日

判决日期：2003 年 8 月 1 日

【判决书】

终审法院李义常任法官（Mr. Justice Ribeiro PJ）的判词

1. 2003 年 8 月 1 日，我们驳回了第三被告和第四被告向终审法院提出的
上诉许可申请，并表示随后将说明驳回理由。现在我们即公布我们的理由。

原诉讼

2. 引发这一上诉许可申请的诉讼起因为本案原告与第一、第二被告之间不
成功的合并谈判。本案中的原告和第二被告是香港的两家律师事务所。第二
被告和本案的第一被告——一家总部设在纽约的国际法律事务所——具有关
联关系。

---

* 此案收录于[2003] HKCFAR 322。

3. 在合并谈判中止之后的一段时间里,原告的事务所中有五位律师辞职,他们同意加入第一、第二被告的事务所。这五位律师中包括本案的第三被告和第四被告。在第三被告递交辞职通知书时,他被看作是原告的"资本合伙人",而在第四被告辞职时,他则被认为是原告事务所的"受薪合伙人"。

4. 2002 年 6 月 24 日,原告开始了对被告的诉讼程序。原告声称,他与作为被告的两家事务所已经达成特定的协议,根据该协议,双方当事人应当就合并谈判中获得的有关资料相互承担保密责任,并且在谈判进行过程中,以及假如合并谈判无果,那么在谈判结束之后的 12 个月内不得从对方事务所中挖掘人才。原告声称,被告的两家事务所聘用第三、第四被告的行为和第三、第四被告加入这两家事务所的行为都已经构成了对协议以及对特定衡平责任的违反,并且他们的行为要么是共同故意做出的,要么相互之间具有引起与被引起的关系。

5. 在原告修正后的索偿申请书中,原告针对第三被告和第四被告提出的救济请求中有一项是请求发布一道终局禁止令禁止他们"取得合伙人身份,或者受雇于,或者以其他的任何方式任职于"前两位被告的事务所中,并且"对第三被告的限制持续到 2003 年 9 月底,对第四被告的限制则持续到 2004 年 1 月 1 日"或者"由法院决定其认为合理的限制期限"。原告同时还提出了包括惩戒性的损害赔偿、一定数量的利益损失赔偿和衡平责任赔偿的赔偿请求。

6. 第三被告和第四被告否认原告的指称,并且拒绝承认原告基于各种理由提出的救济要求。他们答辩状的第 9 段至第 16 段这一部分标题为"第三、第四被告的辞职原因"。在这当中,他们列出了对原告律师事务所运作状况的种种不满,并且他们说,原告事务所中一些所谓的合伙人,在他们当中有一个叫 Mr. David Zee,因为各种原因,违背了合伙人应尽的责任。而这些据说就是激发并使他们决意辞职的原因。

潘暂委法官在 3 月和 4 月作出的命令

7. 2002 年 10 月,法院决定对本案进行快速审理,并把责任和赔偿金额分开审理。2003 年 1 月,潘暂委法官被指定为本案的初审法官,并全面受理本案。

8. 原告就第三、第四被告答辩状第 9 段至第 16 段中的内容向暂委法官提出了免除资料披露的申请,理由是它们与本案的诉因无关。2003 年 3 月 13 日这一申请得到许可(HCA2433/2002,13.3.03),并且根据原告随后一个相应的申请,暂委法官在 2003 年 4 月 1 日作出了这些段落应予以删除的命令。暂委法官在 2003 年 3 月 13 日作出的另一个命令与第三、第四被告就特定资料披露的申请有关。对第三、第四被告提出的申请,原告除了一项没有同意外,对其余的特定资料披露要求都表示接受,之后暂委法官以与诉讼中争议的事实无关为由驳回了第三、第四被告剩余的申请部分。在本判决书中,这些申请和命令分别被称为"较早的申请"和"较早的命令"。

潘暂委法官被撤换

9. 2003 年 6 月 2 日,审理开始,在处理一些尚未解决的非正审申请前,潘暂委法官"可能出于不必要的谨慎"决定告知当事人他和原告事务所中的一位"受薪合伙人"Mr. David Zee 在大学时以及大学之后的一段时间里是很好的朋友,但自从 1993 年他当上了法官之后,他们已经很少联系。法庭然后决定休庭以便使没有解决的非正审申请得到适当的处理。

10. 2003 年 6 月 5 日法庭重新开庭,所有的被告都要求撤换潘暂委法官,并指出,和暂委法官相信的情况相反,Mr. Zee 事实上从 1998 年 1 月就已经是原告事务所中的"资本合伙人"。因此 Mr. Zee 实际上是与本案的处理结果有利害关系的一方当事人。在参考了最近的案例并且对其处境进行"合理的偏私怀疑"的测试之后,潘暂委法官同意了被告要求撤换审理法官的申请,并在 2003 年 6 月 9 日作出了裁定(HCA2433/2002,9.6.03)。

11. 暂委法官 Gill 被指令接替潘暂委法官成为本案的初审法官,2003 年 6 月 19 日他开始处理尚未解决的非正审申请。但是,申请人决意挑战潘暂委法官较早的命令,因为他们认为既然他没有资格审理本案,那么他同样无权处理较早时候的非正审申请,因此他针对这些申请所作出的命令应当无效。

向上诉庭马法官提出的申请

12. 因为两个较早的命令,也就是那些应原告提出的要求,应限资料披露并删除第三、第四被告答辩状中第 9 段至第 16 段的内容的申请而作出的命令已经生效,暂委法官已经履行完其应尽的职责,并且上诉的期间也已过,所以申请人不得不向上诉法庭寻求准许延长上诉的期限。2003 年 6 月 17 日他们取得了传票向上诉庭的独任审理法官马法官提出申请。就第三个较早的命令他们不需要延长期限。

13. 6 月 20 日上诉庭马法官处理了一份要求延长期限的申请(HCMP2591/2003,20.6.03)。他基于两个理由驳回了这一申请。首先,他认为在申请人提出申请之时已经存在令人不可接受的迟延。尽管这种迟延相对比较轻微,但考虑到对该案进行快速审理的决定,随后出现的潘暂委法官被撤换,及该案即将由暂委法官 Gill 审理,这样的迟延是令人不能接受的。其次,拒绝延长上诉期限是因为这样的上诉可能是无意义的,或者说只有不切实的理论意义,因为申请人没有进一步提出令人信服的理由,说明假如申请获得成功,由暂委法官 Gill 重新审理原告较早的申请,他们有可能获得不同于潘暂委法官作出的处理结果。

在上诉法庭上

14. 申请人试图挑战上诉庭马法官的决定,在 2003 年 6 月 20 日他们发出传票向上诉法庭提出要求推翻上诉庭马法官的决定。上诉法庭在审理这一申请的同时,也审理了因不服潘暂委法官第三个较早的命令而提起的上诉,即被潘暂委法官所拒绝有关特定资料披露的申请。上诉庭副庭长 Rogers 同时驳回了要求延长期限和实质性上诉这两个申请(上诉庭法官 Le Pichon 对上诉庭副庭长 Rogers 的判决表示赞同)(HCMP 2591/2003 及 CACV 178/2003,11.7.03,理据 15.7.03)。

15. 在参考了一些权威的资料和代表申请人的资深大律师陈景生先生(Mr. Edward Chan)提出的观点后,大法官认为不能"以存在合理的偏私怀疑为由质疑"对较早的命令的处理。他同意上诉庭马法官以迟延为由拒绝延长案件的上诉期限决定,及明显在聆听过资深大律师陈先生就较早的申请提出的观点后,赞成潘暂委法官认为所要求的救济与本案无关的看法。

向上诉委员会提出上诉许可申请

16. 上诉许可申请是根据《香港终审法院条例》(Hong Kong Court of Final Appeal Ordinance)第 22 条第 1 项(b)下的规定提出的,其规定如下:

> 如该上诉是就上诉法庭就任何民事诉讼案或事项所作的其他判决而提出的,不论是最终判决或非正审判决,而……终审法院认为……上诉所涉及的问题具有重大广泛的或关乎公众的重要性,或因其他理由,以致应交由终审法院裁决,终审法院……有权酌情决定是否受理该上诉。

17. 上诉人的动议通知书和争论的提纲提出了各种问题,以证明他们的上诉具有必需的重要性而值得终审法院裁决。代表申请人出庭的资深大律师 Michael Bunting 先生和大律师 Ashley Burns 先生最先亦是最主要的陈词指出,上诉法庭处理本案上诉的方式使人们产生了以下的疑问,即如何正确测试法官的决定是否受到了偏私的损害。他们提出上诉法庭对此采取了一种由法庭进行自我确信的标准,却没有考虑在特定情形下一个理性的知情第三者的反应。申请人进一步认为,上诉法庭采用的标准完全不同于已经被其他相关法域普遍接受的标准。那么在香港,正确的标准应是上诉法庭采用的标准,还是其他相关法域适用的标准呢? 这样一个问题具有重大广泛的或关乎公众的重要性,因此应由终审法院作出决定。

检验是否存在明显的偏私的标准

18. 在 1993 年,关于这个问题的规则是由上议院在 R. v. Gough [1993] AC 646 案中确立的。Lord Goff 认为:"就确定一个适当的标准而言,没有必要

要求法庭以一个理性人的角度看待问题,因为在这些案件中法庭已经被视为是一个理性人。"相反,正确的标准应是:

> ……在确认相关的因素之后……自问一下,就这些相关因素而言,受质疑的法庭成员是否有产生偏私的实在危险,也就是说他是否可能不公平地(或已经不公平地)偏袒,或不利于案件中的一方当事人……

19. 像 Lord Hope 随后在 Porter v. Magill [2002] 2 WLR 37 一案中第100 段所指出,Gough 案中采用的标准不同于澳大利亚、苏格兰和斯特拉斯堡(Strasbourg)等地法院采用的标准:

> Lord Goff 在 R. v. Gough 案中阐述的"合理的可能性"和"实在危险"强调法院自身对事实的看法,而忽略公众对反常事件的感受,所以受到了澳大利亚最高法院的批评,见 Webb v. The Queen (1994)181 CLR 41,50, per Mason CJ and McHugh J 。这一标准与苏格兰最高法院在 Bradford v. McLeod 1986 SLT 244 案中采用的标准之间也存在着不稳定的紧张关系……对于是否存在偏私的怀疑,苏格兰最高法院采取的标准是透过一个知晓案件事实的理性人的眼光来进行检验,见 Millar v. Dickson 2001 SLT 988,1002-1003,这个被称为是"是否存在合理的偏私怀疑"的标准与多数普通法地区采用的标准是一致的。它也与斯特拉斯堡欧洲人权法院确立的根据法院查明的情形客观地判断是否有偏私可能的标准是一致的:见 Piersack v. Belgium (1982)5 EHRR 169,179-180,paras 30-31;De Cubber v. Belgium (1984)7 EHRR 236,246,para 30;Pullar v. United Kingdom (1996)22 EHRR 391,402-403,para 30。在 Hauschildt v. Denmark (1989)12 EHRR 266,第 279 页第 48 段中,斯特拉斯堡法院同时注意到,在考虑是否有合法的理由怀疑法官缺乏公正性时,被告的立场是重要的,但不是决定性的:"具有决定性意义的是,这种忧虑能否客观地得到证明。"

20. 但最近的英国案例显示其所采用的标准与其他相关地区采用的标准出现了一种融合的趋势。正如上诉法庭在 In re Medicaments and Related Classes of Goods (No. 2)(CA)[2001] 1 WLR 700 一案判词的第 85 段的解释一样,由于《1998 人权法案》(the Human Rights Act 1998)的施行,这种融合被认为是必需的(法庭同时也指出这种融合的趋势早在 Locabail (UK) Ltd. v. Bayfield Properties Ltd. [2000] QB 451 案(第 477-478 页)中已经表现出来了)。借鉴了斯特拉斯堡法院对"是否存在合理的偏私怀疑"标准的发展,Lord Phillips MR(他给予了该案的判决)阐述了在英格兰和威尔士应适用的标准:

　　法庭首先应查明所有与法官偏私有关的情形。然后它必须回答这样一个问题,即这些情形是否足以使一位理性的知情第三者认为审判庭成员有偏私的实际可能性,或者说实际的危险,这二者的含义是一样的。

　　21. 这种对 Gough 案中确立的检验标准的改变在上述的 Porter v. Magill 案中得到了上议院的认可,该案的判决把检验标准修正为"实际的危险"。这标志着英格兰和威尔士与上述的其他法域一样,接受了从公平理性的知情第三者的角度来检验是否存在合理的偏私怀疑的观点,而这种角度可能跟法庭的自我检讨看法不同,而正是通过对理性第三者观念的构建,法院才得以判断某个案件是否存在明显的偏私。

　　22. 就目前的这一申请来说,我们也参考了最近的相关权威案例。正如普遍接受的那样,须检讨的法庭必须查明相关的致疑事实。在确认事实之后,再对事实进行合理的偏私怀疑的检验。但是,时常出现的困难是究竟应该检验一个相关事实还是多个相关事实。因为一般观点认为,单纯接受法院根据事实的表面状况作出的认定是不够的(比如,是否知道案件当事人所主张的不适格的联系),同时审判成员又不得接受盘问,那么法庭应怎样处理那些与案件高度相关,但又存在争议的事实呢? 在本案中有关的问题就是,潘暂委法官在作出较早的命令时声明他并不知道 Mr. Zee 是原告事务所的"资本合伙人",申请人对这一声明的可接受性提出了质疑。

　　23. 法官就关键事实的认识对认定是否存在有明显的偏私具有重要意义,这一点在上述的 Locabail (UK)Ltd. v. Bayfield Properties Ltd. 一案中已经得到确认:

　　　　在进行是否有偏私的实在危险或可能性的检验时(这不同于在 the Dimes 案中的自动丧失资格的标准,见 3 HL Cas 759 and ex parte Pinochet (No. 2)[2000] 1 AC 119),有必要经常查究法官是否了解那些看上去会削弱其公正性的事实,因为如果事实显示他并不知情,那么对其判决发生影响的危险就降低了,而可能存在偏私的表象也就排除了。正如新西兰上诉法庭在 Auckland Casino Ltd v. Casino Control Authority [1995] 1 NZLR 第 142—148 页的观察所得,如果法官不知晓当事人所主张的其应无资格审理的利益关系,"那么就没有任何偏私的实在危险了,因为任何人都不能假想,法官会不知不觉地受到他所不知道的事实的影响……"

　　24. 在 Medicaments 案中,对这样的有争议的事实问题,尤其是关于法官对事实的认知状况的问题,进行合理怀疑的检验时,其正确的方法应如下:

关键的事实是包括法官就自己对这些事实的了解或感受给出的解释。如果这种解释得到申请人的认可,那么它就可以被视为是正确的。而如果解释没有得到申请人的认可,就需要进一步从一个公平、理性的第三者的角度去考虑。法庭无须就解释是否应被接受或拒绝作出裁定,而应该就一个公平、理性的第三者在法官给出了解释的情况下是否依然会认为存在着偏私的实在危险作出决定。

本案中上诉法庭所用的检验标准

25. 本案中支持申请人一方的观点认为,可能暂委法官确实是出于无心之失,但申请人的状书清楚指出 Mr Zee 是参与合伙者这一事实。如果上诉庭采用了正确的检验标准,那么以上事实应必然使其得出这样的结论,一个理性的知情的第三者是无法接受暂委法官所说的他对 Mr Zee 作为合伙人的身份并不知情。因此,上诉庭本应推定暂委法官已经知道这一事实,并且进而裁定这必然会引起合理的偏私怀疑。

26. 申请人还认为,上诉庭副庭长 Rogers 对案件的审理回避了理性知情的第三者的观点,而采用了赞成法庭自我检讨的检验标准。也就是说,他提出的标准类似于 Gough 案中采用的标准,而不是上述的被普遍接受的"合理的偏私怀疑"检验标准,这也引起了一个具有重大广泛的或关乎公众的重要问题,即在香港哪个才是正确的检验标准。

27. 我们认为,上诉庭副庭长 Rogers 是在试图或有意提出一个颇具竞争性的标准。在引致他被撤换的判词中,潘暂委法官毫无疑问是采用了 Medicaments and Porter v. Magill 案中使用的检验标准。在第 7 段中,他说:

> 最近,实在危险的检验标准在 Medicaments and Related Classes of Goods (No. 2)[2001] 1 WLR 700 案中已经由英国的上诉法院以及上议院在 Porter v. Magill [2002] 2 WLR 37 的判决中得到了"适当的修正",他们吸收了欧洲人权法院的理论并使之与知名的"合理的偏私怀疑的检验标准"相统一,这种修正后的检验标准也许可以这样阐述,即法庭必须首先查明所有与法官可能有偏私有关的事实,然后它必须追问这些事实是否足以使一个理性的知情的第三者认为审判庭成员有偏私的实在可能(见 Medicaments and Related Classes of Goods (No. 2)第 726—727 页第 85 段;Porter v. Magill 第 83—84 页第 103 段)。

28. 另外,在相同的段落中,暂委法官还引用了上诉庭副庭长 Rogers 在 Phoon Lee Piling Co Ltd v. The Hong Kong Housing Authority, 20 May 2003, CA 一案中的判决。这个判决尚未被编入判例。上诉庭副庭长 Rogers

是这样说的：

> 关于司法偏私的法律，最近在 Porter v. Magill〔2002〕2 AC 357 案中受到了关注。Lord Hope 考虑了来源不同的权威案例，特别是 R. v. Gough〔1993〕AC 646 的判决、Webb v. The Queen (1994)181 CLR 41 的判决，以及上诉庭在处理相关上诉时表达的观点。在第 494 页，Lord Hope 总结了他的结论。他认为，这样的检验应沿着下述的方式进行：法庭首先应查明所有与法官可能有偏私有关的事实，然后它必须追问，这些事实是否足以使一个理性的知情的第三者认为，审判成员有偏私的实在可能。

29. 当上诉庭副庭长 Rogers 在大约三周之后公布上诉法庭对本案的判决理由时，很显然他没有改变他的观点。在判决书的第 16 段，他对暂委法官裁决书中第 7 段至第 9 段的内容评论道，"在我看来，暂委法官 2003 年 6 月 9 日的裁决书的第 7 段至第 9 段正确地阐述了有关的司法检验标准"，紧接着他还提到了 Medicaments 判决中的一个观点。因此很显然他采用的是在 Medicaments 和 Porter v. Magill 案中被认为是正确的合理的偏私怀疑的检验标准。

30. 我们无需对适用的检验标准进行最终的评价。我们只要注意到这一点就够了，即无论是申请人还是被申请人，他们都同意香港所采用的检验标准是我们前述的合理的偏私怀疑的标准，并且上诉法庭也持同样的观点。因此，就什么是正确的检验标准，这里不存在一个重大广泛的或关乎公众的重要问题。最多，值得争论的是上诉庭副庭长 Rogers 不当地运用正确的检验标准，而不是上诉庭意图提出一个不同的检验标准，或法庭的裁决令人对它所用的检验标准提出质疑。至于本案是否有不当运用的情况——我们无意暗示本案的处理有不正确的地方——这个问题本身并不具有重大广泛的或关乎公众的重大意义。

上诉委员会的酌情权和较早的命令

31. Bunting 先生认为，原则上当有证据表明一个司法决定被合理的偏私怀疑玷污了的时候，它就应当被裁定无效，不论判决是否正确，也不论其他的法官是否可能作出与之大体相同的判决。因此，虽被促请，他亦拒绝提出任何论点来证明那些能够复原的被告答辩状中被下令删除的内容，或被排除或拒绝作披露的资料，是与某些争议问题相关的。

32. 我们认为，Bunting 先生的观点如果是向需要决定某司法决定是否受到合理的偏私怀疑的玷污的法庭提出，那么根据原则，这个观点或许是成立的。在那样的情况下，法庭不能因为命令是正确的就维持判决，而不管其正当性已经受到玷污。

33. 但是就目前的这个申请而言并不存在这样的条件。这是因为申请人无当然的权利直接提起上诉,因此便向终审法院就明显的偏私提出上诉许可申请。《香港终审法院条例》第 22 条第 1 项(b)规定法院有权酌情作出决定是否受理上诉(酌情权由上诉委员会行使):

> ……如果……终审法院认为,上诉所涉及的问题具有重大广泛的或关乎公众的重要性,或因其他理由,以致应交由终审法院裁决。

34. 上诉委员会已经多次表明,不管一个争议的问题看上去有多么重要,如果它只是在当事人之间仅有理论意义上的争议,那么委员会是不会同意该上诉许可申请的。

35. 就本案而言,我们不相信若申请人成功地取得了上诉许可,上诉法庭的决定和潘暂委法官较早的命令便会被宣告无效,而暂委法官 Gill 或其他法官会重新审理答辩状中被排除的内容及有关资料披露的争论。我们也没有理由相信,申请人能够证明其答辩状内容与案件的相关性和可行性,或有权获得所要求披露的资料。因此上诉的成功对于诉讼的资料披露范围以及其他程序和实体方面没有任何影响。这不同于 Millar v. Dickson [2002] 1 WLR 1615 案中出现的情况,除了对当事人,它不会对他人有更深远的影响。本案对于可应用的原则并没有争议,争论的仅仅是这些可应用的原则是否被错误地运用了。除了非常特别的情形外,上诉委员会是不可能把一个完全不具有任何实际意义的问题视为一个"应交由终审法院裁决"的问题。

36. 不给予上诉许可,还有一个酌情考虑因素。正如上文所述,申请人要求的救济涉及针对第三、第四被告作出的终局禁制令的有效期限。申请人要求的强制性救济措施,包括可持续的禁制令的有效期,会在当事人之间引发巨大的争议。而如果给予了上诉许可,它所带来的更久的延期审理势必会使强制性救济的效果丧失殆尽,同时可能会使原告受到不平等对待。如果上诉成功一方面不能给申请人带来任何实际的利益补偿,另一方面却使答辩人可能受到不平等的对待,那么我们很难证明这样的损害是正当的。

37. 基于上述理由,驳回上诉许可申请。

38. 我们裁定如下:

   (a)一项临时命令,就本申请而支付的诉讼费用由第三、第四被告立刻支付给原告,如不能协商确定诉讼费用,则依法评估。

   (b)如对临时命令有异议,应在本判决书公布之日起 14 日内以书面形式向本院的司法常务官提出,并送交对方当事人。

   (c)如果一方当事人提出了书面陈述,对方当事人应在收到书面异议之日起 14 日内提出书面答辩,并送交对方当事人。

   (d)如果呈递了书面陈述,而上诉委员会认为须听取口头答辩,上诉委员会将及时通知双方当事人。

(e)如果呈递了书面陈述，但不需要听取口头答辩，上诉委员会将以书面形式公布关于诉讼费用的决定。

(f)如果在公布之日起 14 日内没有书面陈述，诉讼费用的临时命令自动成为最终命令。

包致金（Kemal Bokhary）　　陈兆恺（Patrick Chan）　　李义（R A V Ribeiro）

　　常任大法官　　　　　　　常任大法官　　　　　　常任大法官

大律师代表：

Mr. Michael Bunting SC and Mr. Ashley Burns（由 Messrs Herbert Smith 所委托）代表申请人。

Mr. A. McGregor QC and Mr. Anderson Chow（由 Messrs Clifford Chance 所委托）代表答辩人。

（葛宗萍译，冯静美校）

【案例评述】

　　本案并非司法审查案件。但是对司法审查程序，特别是司法审查的依据仍然是有很重要的意义。这是因为本案是终审法院的判决，它对检验是否存在明显的偏私的标准作出了详细的讨论。虽然终审法院并没有就检验的标准发表自己的观点，但是它指出无论是申请人还是被申请人都同意香港所采用的检验标准是"合理的偏私怀疑"的标准，并且上诉庭也持同样的观点。

　　因此，终审法院在适当的案例作出终局裁定之前，确定是否存在明显的偏私的标准就是"合理的偏私怀疑"的标准。

11 Otis Elevator Company(HK)Ltd. 诉机电工程署署长案*

申请人：Otis Elevator Company(HK)Ltd.
答辩人：机电工程署署长
主审法官：Litton VP

           Nazareth VP

           Liu JA

判决日期：1995 年 4 月 11 日

【判决书】

上诉庭副庭长 Litton 法官的判词

这是针对高等法院增补法官 Penlington，JA 在 1994 年 6 月 6 日作出的判决而提起的上诉。这一判决的正文如下：

> 本院裁定发布移审令（order of certiorari），由高等法院审理本案，宣布撤销纪律审裁委员会（the Disciplinary Board）1993 年 9 月 28 日的决定并宣布该委员会的组成无效。

判决中提到的委员会是指机电工程署署长（the Director of Electrical and Mechanical Services）根据《升降机及自动梯（安全）条例》（Lifts and Escalators (Safety) Ordinance）（香港法例第 327 章）第 11 E 条(1)项 E(1)任命的纪律审裁委员会。

纪律审裁委员会的"决定"需要容后作进一步的详细审查。这一决定实际上是纪律审裁委员会根据该条例第 11G 条(1)项的规定作出的，其内容是决定

---

* 此案收录于[1995] 5 HKPLR 78。

对本上诉答辩人——Otis Elevator Company（HK）Limited——的控罪继续聆讯。

如果我们仅仅只是看高等法院 1994 年 6 月 6 日的判决,我们根本不会知道,本案中被宣告剔除的其实是一项如何对注册升降机和自动梯承建商进行纪律处分的法律规定,《升降机及自动梯（安全）条例》第 11E 条(2)(d)项规定:

(2)根据本条规定任命的纪律审裁委员会应由下列人员组成——……

(d)署长或者代表署长的人。

原审法官认为这个规定违反了《香港人权法案条例》(Hong Kong Bill of Rights Ordinance)("《人权法案》")第 10 条,并且根据《人权法案》第 3 条(2)项,该规定应从 1991 年 6 月 8 日起失效。

《升降机及自动梯（安全）条例》的第 11E 条是这样规定的:

11E. 纪律审裁委员会的任命及其他

(1)根据第 11G 条,署长在必要时可以任命一个纪律审裁委员会。

(2)根据本条任命的纪律审裁委员会应由下列人员组成——

(a)一名根据第 11F 条任命的委员团的成员;

(b)一名根据第 8A 条任命的委员团成员,同时他还应是《建筑物条例》第 3 条(2)(b)款中名单 II 上所列出的人员;

(c)3 名根据第 8A 条(1)(a),(b)或(c)款任命的委员团成员,并且其中至少有一人是合格的电力或电子工程师,至少有一人是机械或建筑服务工程师;

(d)署长或者代表署长的人。

(3)署长或者署长的代表人,或者由署长根据本条任命的其他纪律审裁委员会成员担任本委员会的主席,主席决定纪律审裁委员会的程序。

(4)法律顾问有权出席纪律审裁委员会的任何审理程序,并就任何问题向主席提出意见。

(5)被任命的纪律审裁委员会成员,除非其是公共政府官员,应有权按照财政司司长就特定案件确定的数额获得报酬。

《人权法案》第 10 条则规定如下:

人人在法院或法庭之前,悉属平等。任何人受刑事控告或因其权利义务涉讼须予判定时,应有权受独立无私之法定管辖法庭公正公开审问……

事件的发展经过

事件的发展经过大致是这样的:1992 年 3 月 14 日 Otis 公司对半山区一幢

建筑物里的升降机进行维修工程时,有一市民坠落升降机机槽内并死亡。因此电机工程署署长根据条例第 11E 条(1)项任命了一个纪律审裁委员会,并根据条例第 11G 条(1)项以 Otis 公司存在疏忽为由向委员会提出了指控。

委员会由 Mr. Hubert NH 潘担任主席,其他五名成员的任命也都符合条例第 11E 条(2)项的规定。当时 Mr. Hubert NH 潘是机电工程署下一个部门的助理主任。该局与升降机承建商没有利害关系。

委员会原定于 1993 年 3 月 9 日就指控进行聆讯。在这之前,即 1993 年 2 月 26 日,Otis 公司的律师致信检控官,内容如下:

> 尊敬的夫人,
>
> 关于对 Otis Elevator Co. (HK)Ltd. 进行纪律处分一事请参见我们以前的书信。
>
> 在大律师的建议下,我们现知会您,为了维护我的当事人的利益,我们的根本观点是反对机电工程署署长任命的纪律审裁委员会对本案有管辖权。反对的依据是 1991 年通过的《人权法案》。
>
> 《人权法案》第 10 条的有关部分规定:"所有人在法庭和裁判处前一律平等。在判定对任何人提出的任何刑事指控或确定他在一件诉讼案中的权利和义务时,人人有权由一个依法设立的合格的、独立的和无偏倚的法庭进行公平和公开的审讯。"
>
> 该条例的第 3 条(2)项说:
>
> "(2)所有先前法例,凡不可作出与本条例没有抵触的解释的,其与本条例抵触的部分应予废除。"
>
> 然而《升降机及自动梯(安全)条例》第 11E 条和 G 条的规定相结合却产生了这样一种后果,即作为起诉者的署长向由他自己任命的并支持他的,或者是由其代表参加的纪律审裁委员会提出检举。在这种情况下,任何一个为实现条例第 11G 条规定的目的,并依据第 11E 条成立的纪律审裁委员会(包括当前成立的这个委员会)都不可能是《人权法案》第 10 条下的"独立的、没有偏倚的法庭"。总之,根据自然公正(正义)的原则,署长不应成为自己案件的法官。
>
> 虽持这样的反对立场,但我们以及我们的当事人完全没有针对任何人的意思,或者对署长、纪律审裁委员会以及律政司中的任何人有意指责。我们的立场只是在于表明,在先的这个法律规定根据《人权法案》应宣告无效并予以废除。
>
> 我们的当事人非常重视其应承担的安全责任。这件死亡事故和相关的纪律处分具有重大的影响。目前 Otis 公司本地以及区域最高管理层已

经被牵涉进来。他们不是在寻求一个"方便的逃脱之道"。他们得到的建议说这是一个合法有效的异议，如果需要的话，他们将就案情进行答辩。

就以上异议，我们期待您的回复和任何建议。

您的忠诚的朋友

Wilkinson & Grist

因为上述原因，原定于 1993 年 3 月 9 日举行的聆讯被推迟了。之后 Otis 的代表律师与检控官进行了书面交流，这使事件的发展变得有点奇怪。检控官希望聆讯无限期押后，而律师则希望委员会撤销对 Otis 的指控：据他们之间 2 月 26 日的通信，他们认为，同一委员会对本案没有"管辖权"。1993 年 9 月 28 日委员会进行了一次聆讯，随后委员会裁定认为：

> 《升降机和自动梯（安全）条例》第 11E 条（1）、（2）和（3）项规定的内容与《香港人权法案》是一致的……。在这样的情况下，委员会将继续审理对 Otis 的指控。

委员会的"裁定"在 1993 年 10 月 4 日以信件的方式通知了 Otis 的律师，并且在同一封信中，委员会的秘书表示他准备在大约两周内安排审理对 Otis 的指控。但是，Otis 抢先向高等法院提出了许可申请要求批准在法院进行司法复核程序。它寻求的主要救济是根据《高等法院规则》第 53 号命令第 3 条要求法院宣布：

> （1）依据《人权法案》第 3 条（2）项，《升降机及自动梯条例》第 11E 条（特别是该条下的（1）、（2）和（3）项）和/或第 11G 条，应废止并溯及至 1991 年 6 月 6 日。

1993 年 10 月 18 日，法院同意了这一单方面的许可申请，Penlington JA 最终审理了这个申请，并引致有关命令被上诉。

被上诉的判决

我们可以看到，法官并没有按照 Otis 所希望的方式宣判。在判决中他是这样说的：

> 根据条例第 11E 条（2）（d）款，署长或者他的代表应参加纪律审裁委员会，我……毫无异议地认为这样的规定与《人权法案》的规定是抵触的，应当自 1991 年 6 月 8 日起被确认无效。因此有必要发布调取案件的移审令，由高等法院进行复审，并宣布纪律审裁委员会 1993 年 9 月 28 日的决定无效，该委员会的组成无效。这将意味着，该委员会无权聆讯对申请人的指控。

在随后的文字中,他给出了他的理由:

> 条例第 11E 条(2)(d)款规定署长或者他的代表应参加根据该条授权任命的纪律审裁委员会,我……确信这样的规定确实违反了《人权法案》第10 条。在我看来,署长是诉讼中的检举者或者说是原告,这是没有疑问的。署长给申请人的信件以"机电工程署署长已经提出对你的指控"这样的文字开头,就使上述的判断更清楚无误。我认为,使用什么样的语词无关大碍,但错误的是署长或者他的代表参加纪律审裁委员会,甚至担任委员会的主席。这是一个明显的、法官自己审理自己案件的事件……尽管检控官强调说,在本案中署长无意由自己担任委员会的主席,而是任命了潘先生做他的代表,潘先生是该署下属的一个部门的负责人。当然这丝毫不意味着潘先生事实上会不公正或不独立,但问题的关键不在于此。他是以署长代表的身份参加审理的,这会使他站在署长的立场上看待问题。正像 Gough 案的判决所说,偏私是藏而不露的。一个人也许会认为他没有任何的偏私,但他这样的地位会使他不知不觉地产生偏私,因此他不应参加裁判署的审理,行使准司法的权力。引用 Lord Hewart 在 Sussex Justices 判决中的经典的话来说就是:正义不仅应得到实现,而且应该以人们看得见的方式实现。

可见,法官是从普通法的立场处理问题的,他引用了 Lord Hewart CJ 在 R. v. Sussex Justices; ex parte McCarthy [1924]1 KB 256 一案在第 259 页中的名言:"正义不仅应得到实现,而且应该以人们看得见的方式实现。"该案涉及明显的偏私:在这个因车祸而提起的诉讼中,对方当事人的律师曾经做过审理法官的书记员,虽然在法官对案件作出判决时,这位律师已经辞去了书记员的职务,但仍被认为该案判决存在明显的偏私。Penlington JA 根据 Sussex Justices 案的判决认为,署长既是"原告",又是纪律审裁委员会的成员(不论是由他本人亲自参加,还是由其代表人参加),这种双重身份是肯定的,但法官没有对《人权法案》第 10 条作详细的分析。

这样的处理方法正确吗?特别是在本案中受到质疑的不是署长行使权力的方式,而是这种权力的合宪性基础,这样的处理还是正确的吗?

真正的争议

今天我们必须牢记一点,即我们关心的是《升降机及自动梯(安全)条例》中对注册承建商涉嫌疏忽和不当行为如何处理的法律设计的合宪性,也就是说,这样的制度安排是否满足《人权法案》第 10 条要求的最低限度的"公平"。这种受第 10 条保护的权利是"在一件诉讼案中的权利和义务"。该条要求,这些权利和义务应"由一个依法设立的合格的、独立的和无偏倚的法庭"裁判。对这些取自于《公民权利和政治权利国际公约》的词语,我们必须进行全面和恰当的解释。这里的"法庭"当然不能仅限指根据条例第 11E 条(1)项设立的纪律审裁委员会这样的审判组织。如果说它是指制度设计中那些对个人的"权利和义务"作出最终裁判的法庭,那么它的含义应广泛到足以涵盖各种初审法庭和上诉法庭。

本案中,委员会无权对 Otis 应承担的法律责任作出最终的裁决。对委员会的任何决定不服,Otis 有向高等法院上诉的权利,高等法院有可能"推翻或改变委员会的决定"。这样的上诉被规定在《高等法院规则》第 55 号命令中,其中第 3 条(1)项规定,上诉应以重新审讯的方式进行。第 7 条(2)项授权法院有权以口头讯问或誓章形式接受关于事实问题的进一步证据。

上诉人的代表大律师戴启思先生(Mr. Dykes)因此认为:假设,这里暂且承认,根据条例第 11E 条(1)项组成的委员会不像《人权法案》第 10 条要求的那样"独立、公正",然而考虑到所有的关于嫌疑人权利和义务的制度安排,其中包括嫌疑人根据条例第 11I 条有不受限制的提起上诉要求再审的权利,那么从整体考虑,很明显这样的制度设计满足了《人权法案》第 10 条最低限度的要求。

根据条例第 11G 条进行的纪律处分程序

毫无疑问,如果一项成文法规定,先后由同一个官员调查指控,任命审裁委员会,再陈述指控,进行追诉,最后就这些指控以判决的形式作出裁决,那么这样的安排是与《人权法案》的第 10 条相抵触的。就这一点来说,我们无须多言。

就本案而言,问题在于条例中的制度安排在实际运作中可能是有缺陷的,也就是说,这种署长实际操作的方式是有缺陷的。正是这一点使法官难以分析该法律规定的合宪性。比如,在署长为聆讯制定的"关于纪律处分程序的一般注意事项(General Notes on Disciplinary Procedure)"的第 5 段说:

> (5)如果答辩承认有罪,署长的律师应向署长提供主要的案件事实。

"注意事项"进一步说如果答辩认为无罪,应由署长的律师代表署长向委员会检举。

这些规定很显然可能使署长同时既是"起诉者",又是"法官"。如果一项制度安排在操作中具有这样的瑕疵,那么可能它还需要经过一段时间才能显现合宪性上的瑕疵。但是,今天需要判断的不是它在实际中如何运作,而是法律上是怎样规定的。

纪律处分程序

条例第 11G 条规定:

11G. 纪律处分程序

(1)凡署长觉得某注册升降机承建商或注册自动梯承建商已就某罪行被任何法庭定罪,或于进行任何升降机工程或自动梯工程(视属何情况而定)时曾犯有疏忽或行为不当,而该罪行或所犯有的疏忽或行为不当——

    (a)使该升降机承建商或自动梯承建商不宜名列于升降机承建商名册或自动梯承建商名册内;或

    (b)使该升降机承建商或自动梯承建商如继续名列于升降机承建商名册或自动梯承建商名册内,会损及本条例的妥善施行;或

    (c)使该升降机承建商或自动梯承建商应受责难,

署长可藉书面通知将此事告知根据11E条任命的纪律审裁委员会。

(2)如经适当研讯后,纪律审裁委员会信纳该注册升降机承建商或注册自动梯承建商已就第(1)款所述的罪行被定罪,或曾犯有第(1)款所述的疏忽或行为不当,委员会可——

    (a)下令——

      (i)将该升降机承建商或自动梯承建商的姓名或名称从升降机承建商名册或自动梯承建商名册或同时从该两份名册(视属何情况而定)永久地或在该委员会所指示的期间内除去;或

      (ii)对该升降机承建商或自动梯承建商处以不超过50000美元的罚款,而该笔款项可作为民事债项予以追讨;或

      (iii)谴责该升降机承建商或自动梯承建商。

    (b)下令将委员会的裁断及根据(a)(i)、(ii)或(iii)段作出的任何命令刊登于宪报。

(3)纪律审裁委员会可就根据本条进行的程序的费用,以及就署长方面或该程序中的升降机承建商或自动梯承建商方面的费用的支付,作出其认为适当的命令,而经如此判给的任何费用,可作为民事债项予以追讨。

测　试

在辩论过程中,我向律师提出了这样的问题:鉴于第11G条(1)项仅仅要求署长"可藉书面通知将此事告知根据第11E条任命的纪律审裁委员会",那这是否意味着署长在法律上有责任向委员会检举呢?假设在署长看来已经发生了他认为的疏忽和行为不当,那么他应该是袖手旁观,而完全听任律政司就此事作出专业的判断,并由律政司提出指控吗?再假设如果提出了指控,那么他能以六人委员会主席的身份参加聆讯吗?如果答案是肯定的,并且第11G条也能容纳这样的一种制度安排,那么又怎么能说它违反了《人权法案》第10条呢?就这个问题,我没有得到满意的答复,因为戴启思先生在辩论中决定放弃这个

观点(我并不是在批评)，而立足于证明就最终的结果来说，这一立法上的制度安排与《人权法案》是一致的。

就我而言，我很担心戴启思先生作出的"让步"。我认为第 11G 条(1)项的起草者在用词上很谨慎，"将此事告知纪律审裁委员会"并不当然地等同于向委员会提出和陈述指控。我们不应忽视条例第 11I 条的内容，因为本案只有在更广泛的背景下才能作出裁决，但是在上诉过程中，双方都没有就这一方面提出自己的观点。从这方面看，很明显 Penlington JA 作出了错误的处理，尽管他提到了检控官对第 11I 条的意见，但他好像没有更深入地考虑这个问题。Otis 的代表律师 Bleach 先生也没有为法官这个目光短浅的处理方式进行辩护。

"由独立的、无偏倚的法庭进行公正的审讯"

最终，我们需要作的是解释《人权法案》第 10 条中的"由独立的、无偏倚的法庭进行公正的审讯"这句话，进而考察条例中规定的制度是否满足了这些标准。这句话来源于国际法，本案大律师也提到了很多欧洲人权法院的判决，这些判决对《欧洲人权公约》第 6(1)款——这款的用语与《香港人权法案》第 10 条几乎完全一样——进行了解释。这些判决具有广泛的影响。公约的成员国为此建立了一系列的组织处理诸如因专业人员的不当行为而提起的诉愿，但公约第 6(1)款并不要求每一个组织都必须满足该条提出的条件。Van Leuven and De Meyere v. Belgium [1981]4 EHRR 1 就是这样的一个案子，在该案中法庭关心的是关于纪律处分的整体法律框架，这一框架由三部分组成：地区法院、上诉法院，最后是最高上诉法院。该判决的提要部分这样说：

> 公约第 6(1)款没有要求每一个事关"个人权利和义务"的指控都应由满足该条所列条件的法庭审理，不具备这些条件的行政机关、专业人员或司法机关，为提高效率和灵活性，可以先行介入。

这个观点在 Albert and Le Compte v. Belgium [1983]5 EHRR 533 案中得到了发展，这个案子牵涉到的是医生被控有不当行为。考虑到公约第 6(1)款提出的最低限度的要求，欧洲人权法庭在判词的第 542 页说：

> ……公约要求，相关的法律制度应至少是下述两种制度之一：即要么有管辖权的机构本身符合第 6(1)款的要求，要么尽管该机构本身不符合要求，但它应受另外一个对其有完全管辖权，并且也符合第 6(1)条的要求的裁判机构的审查。

很显然，这个观点与戴启思先生的观点是一致的，即根据条例第 11E 条(1)项组成的纪律审裁委员会本身或许不能满足第 10 条的要求，但条例第 11I 条的规定使整个的制度安排避免了与《人权法案》的冲突，因为当当事人提出上诉要求再审时,高等法院有充分的审查权。

值得强调的是,这里我们关注的仅仅是法律制度上的公正和不公正,而不是实际运作中是否会出现违反自然公正的情况。因此,引用诸如 Calvin v. Carr [1980] AC 574 这样的普通法判例就应谨慎。但是我们也应当切记,对于因下级法庭不适格引起的自然正义方面的缺陷,普通法的处理方法并不总是与戴启思先生的观点一致的。毫无疑问,也有这样的判例,即法院认为自治法庭不遵循自然正义,使整个诉讼程序具有了致命的缺陷,即使当事人有权提出上诉,也"治愈"不了这个缺陷。Leary v. National Union of Vehicle Builders [1971] Ch. 34 就是这样的一个例子。另一方面,就处理特定的争议而言,比如,地方议员故意行为不当造成税收损失,欲对其个人进行处罚(见 Lloyd v. McMahon [1987] AC 625),尽管受害方被赋予了充分的要求再审的权利,但欲"治愈"早期程序中的不公正,仍然需要经过一个漫长的过程。这些是我们讨论范围中的另一种不同的判例(见 Calvin v. Carr 一案第 592 页)。

而我们目前的案件很明显更接近于 Lloyd v. McMahon 这样的判例,而不是类似 Leary v. National Union 的判例。

Otis 的代表大律师 Bleach 先生在其出色的意见书中,反驳戴启思先生的观点说:当根本性的不公正在最初就已经被制度化了——条例第 11E 条(2)(d)款要求署长或者其代表做自己案件的法官——任何案件都不可能说可以因后续的充分的上诉程序而使此前的不公得到弥补。他引用了 De Cubber v. Belgium [1984] 7 EHRR 236 一案。在这个案件中,申请人被刑事法庭判决犯有伪造罪,其中法庭的一位成员参与了这个案件的调查。欧洲法院在作出该行为违反了公约第 6(1)项的判决时,说:

> 尽管上级法院有时可以修复初审过程中出现的违反公约的瑕疵,但本案中上诉法院的判决并没有治愈初审法院审理的瑕疵,因为它没有因此宣布初审程序无效。

但是,De Cubber 案只是一个因操作中发生错误而引起的案件:它没有对法庭的合宪性提出质疑,质疑的只是选出法定组成人员的方式。这正好与 Nortier v. The Netherlands [1993] 17 EHRR 273 案形成鲜明的对比。在这个案件中,荷兰法律中一项关于少年法庭的法官承担双重任务的规定受到了质疑,该规定要求法官既要对涉嫌犯罪的未成年人提出的指控进行调查,又要对指控作出判决。欧洲法院认为该规定与公约第 6(1)项不抵触,法官 Morevilla 的表示同意的判词中的一段话值得我们注意:

> ……保护未成年人是一项应由各国政府当局根据社会发展需要进行

规划的事业,对公约的解释应保障成员国政府就其刑事司法制度有一定的裁量空间,以保护未成年人的利益和社会的公共利益。

上述引用的 Morevill 法官在 Nortier v. The Netherlands 案中的判决增强了戴启思先生的观点的说服力,即从长远来看,对《人权法案》第 10 条解释过于严格,并滥用它否定成文法的效力,并没有什么益处;修改条例,删改纪律处分程序,这属于立法机关的权力;假使保持条例第 11I 条不变,只是授权署长在收到书面请求后,有权亲自或由其代表人就是否发生了疏忽或不当行为作出判断,然后有权不经过任何的聆讯程序就下令将承建商除名或暂时取消其资格。戴启思先生问,这是不是更公平呢?

结　论

我认为,对 Bleach 先生的观点可以作如下的回答:

(1)所谓"制度的不公"也许不像 Bleach 先生认为的那样严重。在我看来,在整个法律框架下,纪律处分程序也许可以这样来操作:(a)署长(这指的是该机电工程署中的一位高级官员)调查有关疏忽或不当行为的指控,并向署长作出报告;(b)署长任命一个纪律审裁委员,并要求检控官草拟有关的指控,如果指控成立,由检控官向委员会正式提出;(c)检举完全由检控官执行,他不需要向署长咨询任何意见。

现在我们还无从判断法律中的这种制度安排能否以上述的方式进行操作,因为戴启思先生为便于辩论,决定"勉强承认"条例第 11E 条规定的程序不符合《人权法案》第 10 条的要求,但这个瑕疵被条例第 11I 条弥补了。在我看来,条例第 11G 条(1)项下的"署长可将此事告知纪律审裁委员会"并不必然地意味着署长要承担起检举者的责任,这一点被已草拟出来的纪律处分程序和规则(这不是条例本身规定的程序和规则)给搅浑了。而这些程序和规则确实为署长设定了那样的责任。

进而,也是因为戴启思先生所采取的立场,对于立法机关为什么要创立一个这样的委员会,以及以这种方式组成的委员会究竟应提供什么样的公共利益,我们也没有得到很好的意见。这里也许有我们没有想到的行政管理上的考虑。

(2)如果说署长或其代表参加委员会并担任委员会的主席,就使得委员会的组成根据《人权法案》第 10 条变得有瑕疵,那么这种瑕疵至少在某种程度上被条例第 11E 条(2)(a)款的规定缓解了。这一规定要求,委员会的六名成员中有一人应是注册的升降机或自动梯承建商;他可能会在感情上自然地倾向于被指控者。再进一步说,其他的委员会成员都是在私营机构中服务的专业人员,他们能够清楚问题的所在,也能理解被指控者所面临的困难。因此很明显在这个案件中,如果说存在瑕疵的话,那么这样的瑕疵,用我们上述提到的 Calvin v. Carr 一案判决在 592 E—G 段的话来说,也是可以由充分的上诉程序"治愈"的。

基于上述理由,我裁定上诉得值,原审法官于 1994 年 6 月 6 日作出的决定应被撤销。纪律处分程序应尽快重新开始,如果可能,可以对其已经制定出来的程序进行修正。

这里应有一项临时命令,即本案所有的诉讼费用由 Otis 公司支付。

Nazareth VP 的判词

我同意 Litton JA 的判决,并基于他所陈述的理由,同意判决上诉得值。

但对于原审法官作出的结论我们有不同的意见,所以我作如下补充。在本案中我们应牢记向我们提出的问题是《升降机及自动梯(安全)条例》第 11E 条(2)(d)款,根据《人权法案》第 3 条第(2)项,是否应被予以废除,这一点至关重要。后者的规定是这样的:

> 所有先前法例,凡不可作出与本条例没有抵触的解释的,其与本条例抵触的部分现予废除。

因此本质的问题是,条例第 11E 条(2)(d)款作出的解释是否与《人权法案》第 10 条相一致,用通俗的话说也就是,纪律审裁委员会是否是一个"独立的、无偏倚的法庭"。

原审法官运用了普通法的两条原则,即"正义不仅应被实现,而且应当以明显的、毫无疑问的、人们看得见的方式实现"(参见 Lord Hewart CJ 在 Rex v. Sussex Justices, ex parte McCarthy [1924] 1 KB 一案第 256、259 页的判词),以及任何人都不得做自己案件的法官。他实际上认为,针对 Otis 公司的纪律处分程序没有做到上述两条的要求。因此,他得出结论认为,条例第 11E 条(2)(d)款——这个规定要求署长或署长的代表应参加根据该法任命的纪律审裁委员会——与《人权法案》的规定相抵触,应予以废除。

很显然,他没有回答本质的问题,即条例第 11E 条(2)(d)款能否被解释为与《人权法案》第 10 条相一致。他似乎简单地认为,违反了任何人都不应当做自己案件的法官和正义应当以人们看得见的方式实现这些普通法原则,就当然地或毫无余地地导致与《人权法案》第 3 条(2)项的抵触。

上述普通法的两个原则主要是针对一些特别的审理程序而适用的,而《人权法案》第 3 条(2)项关注的是立法本身内在的不良或缺陷,而不是因为偶然的不当适用而引发的不良或缺陷。因此,在普通法上如果一个有罪判决没有以"正义应当以显而易见的人们看得见的方式实现"作出,那这个判决存在着致命的缺陷;但是,这并不必然意味着,成文法中的规定不能以另一种可以避免这一情况发生的方式实施。广义上讲，普通法上的有关要求，包括自然正义，很容易被看成与《人权法案》第 10 条规定的目的是一样的。因此，法庭对前者的处理有助于说明《人权法案》第 10 条的内容。但是显而易见的是，普通法的要求不能替代《人权法案》第 3 条(2)项的规定，即一项法律规范，应作出与该条例没有抵触的解释的，否则效力应予废除。而且，即使正义没有以人们看得见的方式实现，但也有可能正义事实上已经实现了，比如，尽管法庭表明上有瑕疵，但法庭实际上确实是独立和公正的，这种情况同样是符合了《人权法案》第 10 条的要求。

而且，可能正是由于原审法官没有对本质问题进行说明，所以使他的结论——即根据《人权法案》第 3 条(2)项，《升降机及自动梯(安全)条例》第 11 E 条(2)(d)款的规定应予废除——具有重大的失误。

因此，本院有必要完成这个未完成的任务。在这一背景下，欧洲人权法院的判决对我们就大有帮助，值得重点考虑，尤其是他们对《公民权利和政治权利国际公约》的解释(R. v. Sin Yau-ming [1992] 1 HKCLR 127，141)。就本案而言，援引的欧洲人权判例(Litton VP 在前述的判决中已经涉及)，特别是 Albert and Le Compte v Belgium [1983] 5 EHRR 533 最有价值。该案关注的是这样一个特定的问题，即当一项立法与普通法的要求相抵触时，它是否还能被认为符合人权保护的要求。对于这些判例以及有关的普通法判例的价值，Litton VP 进行了精确和令人赞叹的条分缕析，在此我所能做的就是同意他的判决，以及他认为的如果说纪律审裁委员会的程序有瑕疵的话，那瑕疵也已经被充分的上诉程序"治愈"了这样的结论。

我同意他的结论和发布的命令。

Liu VP 的判词

我同意应准予上诉，但就戴启思先生立足于有限的范围认为本案中相关的制度安排与《人权法案》有矛盾，我不同意。

在 Le Compte, Van Leuven and De Meyere v. Belgium (1981) 4 EHRR1 一案判词第 19 页，欧洲人权法院认为，《欧洲人权公约》成员国没有义务在法定的每一个阶段都提供符合公约第 6 条(1)项所要求的程序保障。该公约的第 6 条(1)项与我们的《人权法案》的第 10 条的规定是一样的。判决进一步说，"对灵活和效率的要求——这种要求与人权保护是完全可以兼容的——可以为行政机关或专业团体，更不用说是司法机关(虽然它还没有具备公约要求的所有条件)的提前介入提供充分的理由"。乍看之下，好像是这种"对灵活和效率的要求"本应是"与人权保护完全兼容的"。那这就意味着法律制度中那些没有灵活性和效率的安排可能完全忽略诸如"不得做自己案件的法官"等规则要求的基本的人权保障。既然署长担任指控者,并且他的代表参加纪律审裁委员会可能违反了《人权法案》第 10 条,那么以 Le Compte 案为背景,纪律审裁委员会也许可以被指责为是一个出于灵活性和高效率的要求而建立的行政机关,而这"与人权保护(不)是完全兼容的"。

但是,大约 20 个月以后,上述推理在 De Cubber v. Belgium(1984)7 EHRR 236 一案判词第 247 页据说得到了进一步的发展(见 Albert and Le Compte v. Belgium(1983)5 EHRR 553 第 541—542 页第 29 段)。现在由专业机构裁决进行一些纪律处分,如果该专业机构本身就达到了人权保护标准,或者虽然它本身不足以保障人权,但它"受一个对其有完全的管辖权,并且能提供《人权法案》第 10 条要求的权利保障的司法机关的控制和审查",那么这一般不会招致反对。这种增加的理由很有道理。现在遭到普遍反对的是低等级法庭不能提供"要求的权利保障"。De Cubber 一案在判词的第 248 页认为,"这样导致的结果可能会与建立不同层级的法院体系的意图——加强对诉讼当事人权利的保护——产生冲突"。注意,这里讨论的是"法院",而不是"裁判署"。我认为,我们已经没有必要再去详细地审查欧洲那些通过上诉法院进行彻底的重审来治愈低级法院人权保护方面的瑕疵的案例(见 Nortier v. The Nethelands(1994)17 EHRR 273 第 289 页第 36 段,和 Poitrimol v. France(1994)18 EHRR 130 第 145 页第 31 段)。很显然,香港控制和监督电梯承建商的法律制度属于上述 Albert and Le Compte v. Belgium 案中处理的情况。

就本案来说,《升降机及自动梯(安全)条例》第 11G 条(1)项(要求署长首先就承建商是否"犯有疏忽"形成意见)和第 11G 条(2)项(在由署长或代表署长的人担任主席的纪律审裁委员会进行适当的聆讯之前)基于《人权法案》是能够成立的。立法机关可能是要限制或排斥基于普通法的自然公正原则而产生的权利。基于这样的考虑,上述的法律规定很明显是立法机关为了灵活、有效地实施条例中规定的制度而采取的措施。对于我们的《人权法案》来说,这样的制度是行得通的。对于这样的法律规定来说,是作出与《人权法案》相一致的解释,还是说其部分应予以废除?《升降机及自动梯(安全)条例》第 11I 条保障当事人有不受限制的上诉重审权。见《最高法院条例》第 55 号命令第 3(1)条。这儿法律提供了一个上诉并要求完全重审的途径,因此在这种制度设计下组成的纪律审裁委员会与《人权法案》第 10 条没有冲突。

(葛宗萍译,冯静美、林峰校)

【案例评述】

本案是一个很有意思的判例，它牵涉到自然公正（正义）原则、人权、普通法与《人权法案》之间的关系等一系列的法律问题。原讼庭认为根据《升降机及自动梯（安全）条例》第11E条（2）（d）款的规定，署长或者他的代表应参加根据该条授权任命的纪律审裁委员会。这样，署长是诉讼中的检举者或者说是原告，他或者他的代表参加纪律审裁委员会，甚至于担任委员会的主席。这是一个明显的、法官自己审理自己案件的事件……因此，原诉庭法官引用 Lord Hewart 在 Sussex Justices 判决中的经典名句，即"正义不仅应得到实现，而且应该以人们看得见的方式实现"判决第11E条（2）（d）款因违反了《人权法案》第10条而被宣布无效。

上诉庭 Litton 法官认为，本案真正的争议是，"《升降机及自动梯（安全）条例》中对注册承建商涉嫌疏忽和不当行为如何处理的法律设计的合宪性，也就是说，这样的制度安排是否满足《人权法案》第10条要求的最低限度的'公平'。"在考虑了欧洲人权法院的一些判例后，他认为《升降机及自动梯（安全）条例》第11E条（2）（d）款所设计的制度上的瑕疵，即使署长或其代表参加委员会并担任委员会的主席，至少在某种程度上被条例第11E条（2）（a）款的规定缓解了。这一规定要求，委员会的六名成员中有一人应是注册的升降机或自动梯承建商。而且在此案中，如果说存在瑕疵的话，那么这样的瑕疵，也是可以由第11I条所规定的充分的上诉程序"治愈"的。

上诉庭 Nazareth 法官同意 Litton 法官的判决，但是对原审法官所作出的结论有不同的意见。他认为本案对条例第11E条（2）（d）项作出的解释是否和《人权法案》第10条相一致，用通俗的话说也就是，纪律审裁委员会是否是一个"独立的、无偏倚的法庭"。而原讼庭运用普通法的两个自然公正的原则并没有回答此本质问题。他认为《人权法案》第3条（2）项关注的是立法本身内在的不良或缺陷，而不是因为偶然的不当适用而引发的不良或缺陷。他最终认为欧洲人权法院的，关于当一项立法与普通法的要求相抵触时，它是否还能被认为符合人权保护的要求的判例值得借鉴。在这方面，他同意 Litton 法官的判决，即如果说纪律审裁委员会的程序有瑕疵的话，那瑕疵也已经被充分的上诉程序"治愈"了。

此案的关键是法律所设定的委员会虽然不符合普通法中自然公正原则的要求，以及《人权法案》第10条的要求，但是并不能据此就得出整个争端解决程序是违反《人权法案》第10条的要求这一结论。因为若法律规定当事人对委员会的裁定还可以上诉到一个符合《人权法案》第10条规定的法庭的话，那么委员会的瑕疵就被治愈了。

12　陈某诉香港特别行政区行政长官案[*]

申请人：陈某（Chan Tak Shing）

答辩人：行政长官

主审法官：Hon Mortimer VP

　　　　　Godfrey JA

　　　　　Rogers JA

聆讯日期：1999 年 2 月 25 日

判决日期：1999 年 3 月 12 日

【判决书】

Godfrey JA 的判词

案情概要

答辩人（行政长官）因为考虑到公共利益，依据 1997 年第 1 号行政命令的第 12 条作出要求上诉人（一位警员）辞职的裁定。这备受双方争议的上诉案是由于法官 Findlay J 在其于 1998 年 9 月 15 日作出命令，驳回了上诉人请求对此裁定作司法复核的申请下展开的。作为司法复核，而非上诉案，法院当然不会干预行政长官所作的裁定；但是那位警官是投诉程序上的不规范，声称行政长官没有遵循第 12 条规定的程序，和程序上的不公允，即行政长官在作出裁定时，考虑了警务署署长依据第 12 条对该警官的评论，而该评论并未向该警官披露，因此他没有机会作出答复（这里不再追踪诉讼早期警员所持的其他观点）。在被法官驳回反对意见后，这位警官上诉了。

---

[*]　此案收录于 1999 HKCU LEXIS 202；[1999] 204 HKCU 1。

1997 年第 1 号行政命令第 12 条

被行政长官作为裁定依据的第 12 条第 1、2 款充分再现了在中华人民共和国对香港恢复行使主权之前发挥效力的《殖民地规章》（Colonial Regulations）第一部分（有关公众官员）中第 59 条的第 1、2 两款。《规章》的第 22 条为规则和命令的"平稳过渡"（请允许我以这样一个熟悉的字眼来总结）作出了规定。

第 12 条第 1、2 款指出：

12. 为公众利益而解雇

（1）如果行政长官觉得一位警官的解雇符合公众利益，他可以要求警官所在部门的领导提交一份报告。警官应被告知要求其解雇的理由，并被允许作出陈述。

（2）如果行政长官在考虑了公共服务的条件、该警官在职所发挥的作用以及案件的其他所有情况后，认为终止该警官的工作符合公众利益的话，他可以在对警署报告和警官作出的陈述进行审议后，在他（行政长官）所指定的时间解雇该警官。

事实依据

一份 1998 年 1 月 15 日以公务员事务司副司长（Deputy Secretary for the Civil Service）D. W. Pescod 的名义签发的记录曾向行政长官指出，这位警官的解雇符合公众利益，理由是他曾经涉及一宗抢劫案（详细情况因与提交目的无关而略去不提），警署已经不再对其作为一名警务人员正直人格抱有信心。这份记录是和许多附件一起被提交给行政长官的，这些附件包括：（1）抢劫案详情及警察调查资料；（2）一封由公务员事务司司长（Secretary for the Civil Service）给这位警官的标注日期为 1997 年 8 月 15 日的信；（3）一份警官 1997 年 9 月 8 日的回复信，内容包括他对 1997 年 8 月 15 日来信的评论和陈述，其中否定了有关他涉及抢劫案的指称；（4）一份未标注日期和地址、未署名，题为"对警官陈述的评论"的文件。

1998 年 2 月 1 日，行政长官核准了记录中有关出于公共利益考虑，解雇该警官的提议，但没有要求警署提交第 12 条中提及的报告。

第一个问题——是否存在程序上的不规范？

据警官称，如果没有事先要求提交一份第 12 条中提及的报告，行政长官就没有资格把他从公共服务岗位上解雇。但第 12 条只是规定行政长官"可以"（而不是"必须"）要求提交这样一份报告。如果行政长官确实要求提交报告，那么毫无疑问他必须根据第 12 条第 2 款的规定，把报告和第 12 条第 1 款规定的陈述一起考虑。但在本案中，就像证据所指的那样，这位警官只服务于一个部门（此案中是警察部门），有关把警官从公共服务岗位解雇的提议由同一个部门的领导提出，所以行政长官要求提交这样的报告根本没有任何意义。如果准确分析第 12 条第 2 款，必须这样理解："行政长官可以在对任何这样的报告以及相关陈述进行考虑之后……"；所以说，如果因为行政长官觉得要求提交这样一份报告没有意义而不要求提交时，他会仅凭警官提交的陈述而裁定。而法官呢，我理解他的判决也是同样的观点。

第二个问题——是否存在程序上的不公平？

此案中与这点相关联的是，这位警官认为行政长官手中不仅持有代表警务署署长的陈述和警官的答辩陈述（两者根据第 12 条行政长官必须考虑），还持有那份未标注日期、地址，未署名的和已经被冠以"对警官陈述的评论"之题的文件。这份文件的出处并没有证据确定。但是无论它出自何处，那份记录的作者认为把它提交给行政长官是合适的。现在我有必要对这份文件的内容作一些说明。这是一份详细的，而且明显具有说服力的对于警官 1997 年 9 月 8 日所作书面陈述的反驳（虽然需要指出的是，它并没有新增加的对警官的反对意见和事实依据）。如果（这种说法比较恰当）把 1997 年 8 月 15 日公务员事务司司长来信中所陈述的事实作为支持解雇警官的陈词，而把同年 9 月 8 日警官所作的陈述看作答辩陈词的话，那么那份未标注日期、地址及署名的文件实际上就是对警官答辩的回复。

上诉人投诉第 12 条里并没有规定可以提交这样的回复，他说向行政长官呈示的资料必须按照第 12 条中规定的那样，仅限于支持材料和警官本人的答辩状。这种观点也许看上去太狭隘了。第 12 条似乎的确把警官看作拥有最后发言资格的人，而行政长官需要考虑的是根据第 12 条第 1 款规定提交的各方陈述，首先是支持要求解雇警官裁定的陈述，其次是警官反对作出这个裁定的陈述。如果警官能够看到别人对其答辩状的回复并且在作出裁定前进行反驳的话，程序上的不公平就不存在了。这样就能保障第 12 条中规定的警官的最后发言权。但是事实上，警官在此案中并没有被给予机会考虑他人对其答辩状的回复，因而也就没有作最后的辩驳。所以结论是：这样做不公平。行政长官手上持有的文件，那份有意损害警官利益却未向警官出示，给予其机会应对的文件（无论出自哪里），是作为对警官答辩状的回复提交给他的。即使这份文件里没有新增加对警官的反对意见和新的事实依据，情况也一样（会对警官的权益造成侵害）。即使警官清楚地知道他面临什么样的情形，不公平的做法依然会存在。任何拥有判决权的人都应不会背着一方听取另一方的证据。

就像 Lord Denning 在 Kanda v. Government of Malaya [1962] AC 322 一

案中第.337 页所说的:

> 法院不会调查证据或陈述是否对一方不利。只要证据或陈述有可能会对一方不利就足够了。法院不会考证不利的可能性有多大。这种危险性的存在已经足够了。

结　论

那份记录的作者把未经向警官出示且给予其机会回复的对警官答辩状的评论提交给行政长官是一种错误。这份评论明显带有侵害警官权益之嫌。它本身有没有达到其目的并不重要。尽管那个记录的作者可能没有意识到,他的行为对警官是不公平的。鉴于此,法院必须批准警官的上诉,并撤销行政长官的裁定。

Rogers JA 的判词

我同意。

我要补充的是,"对警官书面陈述的评论"显然是一份在裁定程序中有潜在影响的文件。文件中提出的强而有力的观点更加证明了这一点。虽然文件没有列举新的事实,但它确实重复了对警官的反对意见。此外,同样重要的是,它作了一些结论,诸如,"这是一个难以置信的要求,使人对证人(A)的可信度产生了严重的怀疑。这一点很重要,因为这位警官已经把证人(A)作为其在抢劫案案发当时不在场的时间证人。后面又称"事实是,他曾被要求交代在抢劫案之前(被劫)汽车的去向。但他给出的每一个解释,包括这一个,都已经被证实是捏造的,或者是不可信的。"

警官未被给予任何机会处理这份文件。所以不可避免地出现了程序不公平这种说法。

我还要补充的是,在此案的这种情形下,如果警务署署长坚持他已经对这位警官失去信心的观点,依我所见,似乎没有理由不能重复有关程序,而避免今次的错误再发生。

Mortimer VP 的判词

我已经看过其他法官判词的草稿了,我赞同他们的观点。但因为我有些看法与其他法官不同,所以我想说一些我自己的看法。

第一个问题——是否存在程序上的不规范?

正如 Godfrey JA 所说,行政长官根据 1997 年第 1 号行政命令第 12 条作出了该裁定。第 12 条第 1 款规定:"行政长官可以要求警官所在部门的领导提交一份报告。"

这条规定赋予行政长官决定是否行使要求提交报告的酌情权。第 12 条第 2 款规定："行政长官可以在考虑警务署署长报告和警官陈述后,要求解雇警官……"这条规定表明在行使要求解雇警官的酌情权前,行政长官必须考虑有关报告。因此,资深大律师戴启思先生指出,由于行政长官未要求提交报告并加以考虑,所以他行使的权力是不合法的。

本条款是关于以公众利益为由而要求解雇的权力。虽然它有很严重的法律后果,但与处罚无关。如果戴启思先生的说法是对的,那么这两款便相互矛盾。第 1 款赋予行政长官有要求提交报告的酌情权,然若他不这样做及考虑,根据第 2 款,他就会被剥夺有关权力。

在类似的案件中,要求提交报告是没有意义的,因为这位警官近些年只工作于一个部门。此外,如果认真分析这两个条款,我认为它们之间并没有矛盾。

第 1 款清楚地规定了有要求提交报告的酌情权。如果行政长官这样做了,那他必须在按照第 2 款的规定行使有关权力前对报告作出考虑。但这是在他确实要求提交报告后,才有必要这么做。我赞同 Godfrey JA 对第 2 款的真正意义的诠释,即行政长官在行使有关权力前必须考虑"任何这样的报告"。

第二个问题——是否存在程序上的不公平?

上述第 12 条要求行政长官对他要求提交的报告和依据第 1 条提交的陈述作出考虑。这个条款并无阻止行政长官考虑其他文件。但如果他这样做,他必须遵守自然法法则并公平对待双方当事人。在本案中,如果他只考虑第 2 款指定的文件,争议就不会出现了。

警官的陈述通过警务署署长呈交给行政长官。那份未标注日期、地址及署名的文件是在不为人知的情形下呈现在行政长官面前的。这份文件不可能是有意被递交给行政长官的——否则这样一份文件应该署名更加正式一些。

事实上,该文件并未提出新的观点,但它对警官在其答辩状中所陈观点进行了全面的、逐点的反驳。这毫无疑问对不利于警官的案情作出支持。警官没有机会看到这份文件并进行进一步的陈述(如果他觉得合适的话),因为它是背着警官被提交给决策者(行政长官)的。决策者不可能把它看作与案件不相关或当它无效而忽略它的存在。它的目的纯粹是为了促使决策者尽快对警官作出裁定。在这种情况下,即使不是有意这样做,没有给警官提供一份拷贝,让他有机会进行答辩的做法是不公平的,而且也违背了自然公正原则。

结　论

基于这些考虑,我也认为应该批准上诉的申请,并撤销行政长官的裁定。

我看不到有任何理由不可在公平的程序下重新作出裁定。

此案的结论是上诉得值，行政长官的裁定被撤销以及行政长官须支付诉讼费的临时命令。

Barry Mortimer   Gerald Godfrey   Anthony Rogers

上诉庭副庭长   上诉庭法官   上诉庭法官

法律代表：

资深大律师戴启思先生（受 Jesse H. Y. Kwok & Co. 委托）代表申请人。

Mr Nicholas Cooney（受律政司委托）代表答辩人。

（李鸿兰译，冯静美校）

【案例评述】

本案的关键在于行政长官根据 1997 年第 1 号行政命令第 12 条所作出的解雇上诉人——一名警官的决定是否存在程序上的不规范和不公平。若存在，那么上诉人就有提起司法复核的依据，即存在程序不恰当性。

上诉人认为，第 12 条只允许提交两份文件给行政长官，一份是由上诉人所在的部门的领导提交的报告，另一份则是上诉人的答辩陈述，并不允许上诉人所在部门再针对上诉人的答辩提交回复，而且上诉人应该拥有最后发言权。

上诉庭法官 Godfrey 不认同第 12 条不允许上诉人所在部门再针对上诉人的答辩提交回复这一观点，认为这一观点太狭隘了。但是他同意根据第 12 条，上诉人应该拥有最后发言权。由于行政长官没有让上诉人看那份回复并作出答辩，因此上诉庭法官 Godfrey 在考虑了英国上议院的一个相关的判例后认为，那份评论明显带有侵害警官权益之嫌。只要有这种危险性存在，对上诉人就是不公平的。因此，他批准了警官的上诉，并撤销行政长官的裁定。

上诉庭法官 Rogers 同意 Godfrey 的判决。他认为那份评论是对行政长官的裁定有潜在影响的文件。未给上诉人机会答复那份评论是一种程序不公平。他同意行政长官的裁定应该被撤销，但是认为行政长官只要避免有关的错误，可以重新作出其裁定。

上诉庭法官 Motimer 同意其他两位法官的判决。不过他对第 12 条中第 1 款与第 2 款之间的关系作出了他的解释。另外，就程序不公平这一问题，他认为若是行政长官只按第 12 条的规定考虑了前两份文件，而没有考虑那份评论的话，那么其裁定就不存在程序不公平了。但是事实上那份评论是提交给了行政长官，因此存在程序上的不公平。

从三位法官的判决可以看出，他们的结论可以说是一样的，但是推理过程却有可能不同。在本案中，三位法官的判词的共同点是，他们都认为没有给予上诉人机会回复那份评论构成了程序上的不公平。因此行政长官的裁定应该被撤销。不过,Rogers 和 Motimer 在其判词中都明确说明,行政长官有权根据第 12 条重新作出决定。换句话说,行政长官只要下次完全依照行政法对行政裁定程序的要求,他还是可以作出解雇上诉人的裁定的。这一点非常重要,因为这是司法权和行政权相对独立的结果。司法权只能对不合法行使的行政权加以约束。但是司法机关却无权去限制行政机关依法行使其职权,就像本案中依法解雇警官的权力。

13 香港狩猎者协会案 *

主审法官：Li and Garcia，JJ

【判决书】

这是由香港狩猎者协会在得到法庭所批予的许可申请后所提出的原诉动议，香港狩猎者协会在该原诉动议中向法庭申请：(i)司法复核渔农署署长根据《野生动物保护条例》（香港法例第170章），拒绝批出和重新批出野生动物狩猎执照的决定；(ii)移审令废除前述的决定；(iii)履行义务令要求渔农署署长根据《野生动物保护条例》批出和重新批出野生动物狩猎执照给香港狩猎者协会的会员；(iv)宣布渔农署署长的决定是与法律相抵触的。

在聆讯的过程中，申请人的律师告知法庭，已同答辩人的律师代表协商同意，假如法庭宣布署长的决定是与法律相抵触的，署长将跟随这宣布而作出安排。因此法庭无须再为移审令和履行义务令而作出任何决定。由于该协议大大缩短了整个聆讯的时间，法庭表示非常欣赏双方律师在此事件上所作出的配合。

《野生动物保护条例》第14条，授权渔农署署长批出野生动物狩猎执照。

第14(1)条规定如下：

> 凡根据附表7内的格式1及根据附表8递交有关款项的人，便可向署长提出申请，署长可应申请向该人根据附表7内的格式2批出野生动物狩猎执照。

第14(3)条规定如下：

> 野生动物狩猎执照的有效期限是从作出决定的那一天起计一年。

---

* 此案收录于［1980］HKLR 179。

根据以上的条文,从前所批出的野生动物狩猎执照之有效期限都是一年的。在 1979 年 12 月的某个时候,有人就当中一些已过期的执照申请重新批出。这些申请都在署长没有给予理由下被驳回,各申请人只会收到一份通告告知申请失败的原因。这则通告在香港狩猎者协会的干事,Mr. Shany Au(欧先生)的誓章(1980 年 1 月 18 日)中出现。欧先生的誓章,声明行政局在 1979 年 12 月 4 日作出此决定是因为想禁止所有在香港的野生动物狩猎活动。此决定在欧先生的誓章中(证物 SA-I)被确认了。这封代表了署长所写的信是相当短的,其内容如下:

> 亲爱的先生,
>
> 我特意通知你,你的野生动物狩猎执照的申请已被中断。理由是因为行政局最近已决定了一切打猎应被禁止。现有的执照将保持有效,直到它们原有的到期日为止或有关的法律被修改,这取决于哪个日期较早。

该原诉动议的法理依据是:

(1)署长作为一个被赋予了权力、酌情权和根据有关条例批出野生动物狩猎执照之职责的人,并没有执行他的职务。

(2)署长在表明拒绝批出这些申请时,实际上,他并没有行使其酌情权,也没有执行他的职务。

(3)当署长决定拒绝批出或重新批出任何野生动物狩猎执照时,他似乎盲目跟从行政局的决定而没有真正地行使其酌情权。实际上,假如他真的有行使其酌情权,他都用了与法律相抵触的方法去行使这权力。

我们接着说,从署长将他在 1979 年 12 月 4 日的决定告知给存在的执照持有人开始,直到今天为止,有关的法律都没有被修改过。

申请人的投诉是署长并没有根据法律执行他的职务,也没有根据法律来行使其酌情权,所以他像以往般拒绝批出野生动物狩猎执照是错误的。署长就这样的投诉向法庭提交了誓章,请求法庭不要根据该原诉动议而宣布署长的决定是与法律相抵触的。

在誓章(1980 年 2 月 2 日)的段落 3,他说:

> 3——自从《野生动物保护条例》通过了之后,发牌当局就更加关注批出野生动物狩猎执照的情况。根据现在的法律,可以用作打猎的地方已经越来越少,而每一个可以供狩猎的地方就相对的要容纳更多持牌的狩猎者。
>
> 4——除此之外,发牌当局担心假如这情况持续下去,越来越多前来新界消遣的人之安全将会受到威胁。

5——大概于 1979 年年头,这种情况已到了一个渔农署认为要真正地废除香港野生动物狩猎的地步。

6——新界区议员和警务署署长都提议废除野生动物狩猎,而香港狩猎者协会在 1979 年 6 月也递交了呈请书让法庭考虑其观点。

7——在 1979 年 12 月 4 日,行政局建议临时港督全面禁止野生动物狩猎,更提议修正《野生动物保护条例》。修正条例的指引随之发出,因而产生了这个决定。

8——当署长重复思考应否行使其酌情权,来重新批出或拒绝批出野生动物狩猎执照时,署长考虑到公众的安全更为重要,因此野生动物狩猎执照的数量应马上减少。

9——虽然自 1976 年 6 月起已没有批出新的执照,但是自然的消耗量并没有减少野生动物狩猎执照的持有量。署长在行使其酌情权去处理那些申请时,决定为了减少执照的持有量,从 12 月 9 日起他将会拒绝批出或重新批出野生动物狩猎执照。虽然署长明白很难满足各方面的需要,但他相信现在的决定将会是最好的。

10——虽然条例有可能不会跟随港督的指令被修改,但这还是不足以支持不去及时减少野生动物狩猎执照的持有量。

基于以上的背景和原因,署长认为他使用了他的酌情权去拒绝发出新的执照。

答辩人的律师声称,我们要清楚识别没有行使酌情权和跟从一个行政决定而行使酌情权的不同。他认为在这案件中,署长正是跟从一个行政决定而行使其酌情权。署长这一决定,不但是根据《野生动物保护条例》所作的,并且是非常恰当的。

署长的誓章就是最好的证据,很明显他由开始至今都是想禁止所有在香港的狩猎活动。他的决定也得到新界区议员和警务署署长的支持。最令人遗憾的就是行政局的决定,我现在重说一遍,行政局会同港督建议全面禁止狩猎野生动物,更提议修正《野生动物保护条例》。这样的命令实在是把次序搞乱了。法庭没有权力建议港督去作出一个怎样的指令,法庭只可以根据法律去解释法例。然而最容易的方法就是由港督会同行政局指示马上修正《野生动物保护条例》,全面禁止狩猎野生动物。可惜他们并没有这么做。他们现在的指令把渔农署署长放到一个非常惹人不满的位置。作为渔农署署长,他一定要根据该指令去工作。作为发牌当局,他一定要尽力根据法例去独立地行使其酌情权。他是这个禁令的原动力,他没有想过自己所得到的远远比他从协议中所得的更多,他真诚地相信自己所做的一切都是正当的。我们只能说他有这样的想法是正确的。但是,我们很抱歉,他并没有行使其酌情权,因为他以为其酌情权已被行政局的指令所束缚。除此之外,他又表明不会重新批出任何野生动物狩猎执照。

其实只要那行政决定是由立法机关和立法局所制定的,那么跟从一个行政决定而行使酌情权便是合法和适当的。在此我们要把此案件与 Rex v. Port London Authority (1908)K. B 加以区分,因为这两件案件的实情并不一样。在 Rex v Port London Authority 案里,伦敦港管理局(Port London Authority)被 1908 年 Port of London 法案赋予了权力去发展伦敦的港口。他们可以使用任何方法去改善那港口,包括建造配备、维修、保养、管理任何的码头和防波堤。但是在发展的时候,他们要密切留意着泰晤士河(River Thames)和在伦敦港口之住所的状况。他们更被赋予了权力允许那些拥有泰晤士许可证的地主去兴建任何码头。换句话说,伦敦港管理局并没有使用酌情权去批准其他人在泰晤士河旁兴建任何码头和防波堤。实际上,他们自己已被授权发展伦敦的港口。该案中的署长,在根据《野生动物保护条例》去决定是否批出执照时,是必须要行使其酌情权的。

该案件也应该跟 Boyle or Walsh v. Wilson (1907)A. C. 45 有所区别。在那案中,发牌当局在收到公众反映的意见后决定要减少有牌的房宅。他们在驳回申请前都会开会考虑各申请人的申请。这案中的署长并没有样做,署长很清楚和坦率地表明,任何过期的野生动物狩猎执照都不会获续牌。这是笼统和单调地驳回所有续牌申请。

据 Darling J 在 Rex v. London Country (1918)1 K. B. 69 一案中所说,任何人假如被赋予了权力去批出任何牌照,他都一定要根据每一件案件的法律依据去考虑每一个申请,并不能作出笼统的决定去驳回一些没有遵照详细条件的申请。

他又举例说,女检察官是一个想在没有犯法的情况下而卖书的人。她有权要求当局的批准。当局却不听她的申请,而且还通过了决定不让任何人在公园内卖书。

在同一份誓章中,Mr. Shany Au 为了另一件事宣誓证明,于 1979 年 12 月 27 日,他向署长提交了重新批出野生动物狩猎执照的申请,随后他就收到收据。在那收据上印有一个临时执照号码,这像是代表着署长是有意重新批出执照的。但他却盲目地驳回了批出和重新批出执照的申请。我们认为这部分的宣誓证明是想要调查署长誓章的可信性。很可惜,在大部门中,部下往往不清楚领导的意向。在这件事件中我们不怀疑署长的诚信,他只是没有得到需要的数据。如果他有的话,他会在誓章中提及。

我们的意见如此，尽管署长有着值得赞赏的动机，而公众安全能够为修正条例作辩解，但我们真的不能够赞成他的决定。因此我们宣布署长并没有根据第 14 条行使其酌情权，而其决定是与法律相抵触的。

【案例评述】

本案是关于法定自由裁量权行使的案件。具体来说，当成文法赋予某一行政机关或者决策者法定自由裁量权后，该行政机关或者决策者就应该真正行使成文法所赋予它的自由裁量权。在行使法定自由裁量权的过程中，该行政机关或者决策者一定要尽力根据法例去独立地行使其酌情权，而不能受到其他行政机关的决定或者命令的影响。在本案中，署长认为他的酌情权已被行政局的指令所束缚，因此他在作出决定时并没有真正行使其酌情权。因此，法庭裁定署长没有根据法律的规定行使其自由裁量权。

此案所确定的普通法的原则是，享有自由裁量权的行政机关必须真正行使法律所赋予的权力，而不应该受其他行政机关的决定束缚。

14 **Vu Ngoc Dung 女士诉 刑事及执法伤亡赔偿上诉委员会案** *

申请人：Vu Ngoc Dung 女士

答辩人：刑事及执法伤亡赔偿上诉委员会

主审法官：Hon Jerome Chan J

聆讯日期：1996 年 5 月 7 日

判决日期：1996 年 5 月 7 日

【判决书】

1. 申请人是死者 Tran Tien Dung 的寡妇。他们两人于 1989 年 5 月 30 日坐船从越南到达香港寻求庇护。船在香港水域被水警截获。按照惯例，他们得到了一份书面通知（分别采用英语、中文和越南语），被告知关于此次蓄意航行可供选择的解决方案。他们选择靠岸，同时依据《入境条例》第 13D 条（1）项之规定，被命令接受拘留，等待根据《入境条例》Ⅲ（A）确认难民身份。在 1989 年和 1990 年，他们的两个孩子分别在香港出生。1991 年 8 月 21 日，他们收到入境事务处处长的通知，告知其以难民身份留在香港的请求被拒绝。难民身份复检委员会于 1992 年 4 月 16 日确认了入境事务处处长的决定。自此，该家庭一直被羁留等待遣返越南。

2. 1993 年 9 月 4 日，Tran Tien Dung 在荔枝角羁留中心的一场暴力犯罪中受伤并最终死亡。申请人根据刑事及执法伤亡赔偿计划（"该计划"）提出赔偿申请。1993 年 10 月 27 日，申请人收到刑事伤亡赔偿委员会（"委员会"）秘书长来信，告知她无权请求赔偿，因为死者既不是香港合法居民也不是合法进入香港的旅游者。1995 年 1 月 23 日，申请人向刑事伤亡赔偿上诉委员会（"上诉委员会"）提出上诉，1995 年 11 月 15 日被驳回。1996 年 2 月 16 日，申请人获准

---

* 此案收录于［1996］3 HKC 346。

对上诉委员会的决定提起司法复核程序。

3.申请人请求对答辩人上诉委员会的决定进行司法复核,理据如下:

(a)上诉委员会错误地考虑了不相关因素,即一份日期为 1980 年 10 月 27 号由社会福利署副署长制定的有关该部门负责的公共服务的第 5/80 号实施机构通知("通知"),从而限制了其在"职权范围"下的酌情权。

(b)上诉委员会在得出死者既不是香港合法居民也不是合法进入香港的旅游者这一结论的过程中,错误地理解了《入境条例》的相关条款。

资格准则

4.申请人正确地承认她没有请求赔偿的权利。她亦接受将那些违反《入境条例》而出现在香港境内的人被排除于该计划外的政策并非不合理。

5.刑事及执法伤害赔偿委员会主席于 1994 年 3 月 31 日在第 25 次年度报告的"引言"中指出:

1973 年提出的该计划旨在通过简易行政程序,给暴力犯罪的受害者或者在帮助阻止犯罪的过程中遇害、受伤的人及他们的受养人提供经济援助。该计划同时也对那些因法律执行机构在执行职务过程中使用武力致死或受伤之人提供赔偿金。根据该计划应得到援助的主要资格准则可参见附录Ⅰ。

该计划在社会福利署的支持下由刑事伤害赔偿委员会和执法伤亡赔偿委员会负责执行。两个委员会由共同的主席和成员组成。成员由总督从公务员队伍外任命。有关这两个委员会的职权范围和他们之间的关系可分别参见附录Ⅱ和附录Ⅲ。

规定的"职权范围"

委员会隶属于社会福利署并就该计划的执行向总督负责。它特定的责任如下:

(a)行使按照总督的法定指令标立的属于委员会的职责和权力;

(b)设置并监督有关对暴力犯罪受害者赔偿的安排和程序,并就完善相关事项提出建议;

(c)审查并决定是否批准对赔偿的申请及上诉,必要时对其听证;

(d)全权负责决定对每位受害者给予的赔偿;以及

(e)向总督提交计划执行情况及相关说明的年度完整报告。

6.根据"职权范围",委员会除了服从总督的指令,并以司法复核的方式接受法院的监督外,在决定有资格获得赔偿的人的类别上有绝对的酌情权。申请人指称,委员会和上诉委员会错误地认为应遵照通知将非香港合法居民及违反《入境条例》而出现在香港境内的人排除于该计划外。申请人并指称委员会简单地考虑了不相关的因素。

7.上诉委员会如何处理这个问题?

8.对于此案在上诉中的"双方同意须待决定的争论点"与现在提交法庭的很不相同,代表上诉委员会的大律师表示并无异议。平心而论,上诉委员会从未如此次司法复核一样,被要求考虑资格准则的问题。然而,由于上诉委员会并无异议,申请人所提出的争论点便是司法复核时要决定的问题。

9.要更好地理解上诉委员会的决定,我们须列出"双方同意须待决定的争论点"。它们是:

1.社会福利署在1980年12月27日签发的第5/80号实施机构通知及社会福利署程序手册第98条(f)款,作为禁止或限制对非法入境者提供社会服务的有关条款,是否构成该计划的一部分?

2.如果上述文件构成该计划的一部分,那么这些文件是在1980年公布的,而在此日期后,才于《入境条例》第ⅢA部分加入有关处理前越南居民羁留问题的特殊条款,这对整件事有什么影响?

3.就"受害者是香港合法居民或者是合法进入香港的旅游者"这句出现在现行用来辨别根据该计划合资格请求赔偿的人的类别的小册子中,应如何理解?

4.上述(3)的限制,在死者死亡之时,是否组成该计划的一部分?

5.根据《入境条例》,死者死亡时的身份是什么?

6.根据《入境条例》而确定的死者死亡时身份是否为该计划下申请人合资格与否的决定性因素?

7.如果依照《入境条例》而确定的死者死亡时的身份不是申请人合资格与否的决定因素,那么依据该计划,申请人是否就在事实上合资格呢?

8.如果依据该计划,申请人不合格,那么申请人是否拥有假设死者是香港合法居民或者是合法进入香港的旅游者或者根本就没有合格身份这一限制而请求赔偿的呢?

9.如果申请人事实上拥有这样的合法期待,那么委员会是否必须考虑她的申请并且给予相应的赔偿从而使其期待生效(如果这样的赔偿在该案中是适当的)?

10.根据"双方同意的有争议问题",我们发现委员会是以如下方式作出决

定的也许并不奇怪:

3. 该计划在 1973 年提出,旨在赔偿暴力犯罪的受害者和因法律执行人员在执行职务时使用武力而受到伤害的人。该计划并未以任何立法为依据,所有的规则和附例都是由负责其日常运作的行政机构制定。而计划委员会也是隶属于社会福利署。

有关通知和刑事及执法伤亡赔偿程序手册("程序手册")摘录的适用

……

7. 正如上文第 3 段所述,该计划是受有关其日常运作的规则和附例所监管。因此我们完全有理由认为 1980 年通知和程序手册——这些通知和程序的制定是为了监管该计划的实施,并不构成该计划的一部分。

8. 虽然 1980 年通知是因大量来自中国的非法入境者而制定的,然而它的适用范围广泛得足以适用于排除所有的非法入境者,即所有不具有香港身份证或其他认可的身份形式的人。因此,尽管《入境条例》(死者根据该条例被羁留)是在 1980 年后才颁布的,但也不能阻止或者以任何方式影响 1980 年通知对死者的适用。

9. 我们因此认为,1980 年通知和程序手册摘录适用于死者。我们不能同意申请人代表大律师戴启思先生的意见,认为因像死者这样的人之前自动获得难民身份,公共政策要求这类人应该属于该计划适用的对象。相反,我们采用的公共政策要求,为阻止他们大量流入境内,非法入境者不应该享受香港提供的个人服务和救济金。

11. 上诉委员会认为该计划是由行政机关制定的规则和附例规定的。考虑到该计划由总督在 1973 年设立并随后制定了一系列规则和附例,上诉委员会的看法也许是对的。但是,如果就此认为该计划受上级公务员授出的指示控制,那就犯了严重的法律错误。根据"职权范围",毫无疑问,委员会有绝对的酌情权决定何种人有资格获得赔偿。委员会之外的任何人(除了总督,如果他意欲干涉其设立的独立机构)不得以命令或者指示的形式进行干预。遗憾的是,1980 年通知却正好这么做了。通知声称社会福利署副署长传达了一项政府新政策:考虑到中国大陆人口的大量流入,政府将不再扩大对非法入境者的社会福利服务。为执行该项政策,有权享受特定社会福利的人需要进行身份确认。根据该计划获得赔偿也是对非法入境者收回的社会福利之一。关于该计划,该通知提到"如果受害人已经年满 15 岁,新的申请人除了满足一般的要求外,还必须确认香港身份证或其他认可的身份形式。不到 15 岁的,除了丧葬费,不给予其他赔偿"。在通知的附录Ⅰ排除了下列人员的适用,即经善意途径来香港的旅行者且在香港逗留不超过 180 天(否则他必须亲自到人事登记处去申请延长豁免期)。上诉委员会认为,同样的禁止在社会福利署程序手册摘录中以"为执行 1980 通知"这样相同的措词重复出现。很明显,上诉委员会错误地将"手册"认作为"赔偿手册";因为在上诉委员会的决定中,"手册"被描述成是"社会福利署使用的程序手册",但没有证据表明暴力及执法伤亡赔偿有专属自己的独立于"程序手册"的手册。考虑到授权执行该计划的人的思维状况,这样的混淆也许并不令人奇怪。

12. 除上述以外,在本法院席前,并无任何确切证据显示社会福利署的政策是该计划的一部分。然而,我们不难想象,此情况是来自服务于该计划的社会福利署的职员,而不是负责计划执行的委员会。在这个意义上,大律师郭先生在某阶段陈词中的表示或许能对这个问题提供一些真知——在发生争议时,社会福利署成员(属公务员编制而非独立团体雇员)将会对福利署而不是该计划效忠。但是,我不想对此作推测。

13. 无论"手册"地位如何,也不管社会福利署的政策如何在该计划的措辞上找到出路,明显的事实是通知就如来自社会福利副署长的指令一样生效,并自动成为该计划的组成部分而不需要有意识及独立地运用酌情权。通过社会福利署印发给公众的小册子,这通知很容易找到出路。正是根据这些小册子(不是其他任何有关政策和程序的书面陈述)的内容,委员会秘书长于 1993 年10 月 7 日的一封信函中拒绝了申请人的申请(参见委员会 1994 年 12 月 6 日书面决定的第(1)(h)、(i)段以及第(6)段)。

14. 要是曾经独立地动用过酌情权,那么上诉委员会及委员会便不用考虑"究竟通知是否为构成该计划的一部分",而争议的问题便可简化为"死者是否为计划的适用对象",在接受要处理该通知的适用问题的情况下,上诉委员会和委员会必须承认他们是在感到有责任遵守,而没有先行运用独立的酌情权的情况下,接受了该计划的新政策的正确性。

15. 关于何种人有资格获得赔偿,在委员会和上诉委员会没有制定独立的政策下,便须依靠它们在面对申请者的申请时作出决定。遗憾的是,委员会和上诉委员并没有这样做。相反地,委员会和上诉委员认为有责任审查通知在什么情况下成为该计划的一部分(在委员会没有任何发言权的情况下),以及仅需要决定通知是否"适用"或者"构成"该计划的一部分,仿佛它们不能运用独立的酌情权选择拒绝通知"适用"或者"构成"该计划的一部分一样。这有点类似于法院无权改变立法,仅有权考虑成文法是否能适用于眼前的事实一样。委员会和上诉委员会是决定有关准则的机构,而不是社会福利署副署长。若该通知是适用的,那便无须让他们作考虑。合适的考虑应该是死者,作为根据"警告通知"允许进入香港及根据《入境条例》被羁留的越南人，是否合资格获得赔偿？在此情况下，委员会和上诉委员会便能够考虑该通知或通过其他渠道公布的政府政策，作为一种相关因素而不是唯一因素。

16.我相信，在作出决定时，上诉委员会错误地把该通知和复印了该通知的程序手册作为唯一相关的或主要的考虑因素，而放弃了自己有运用独立的酌情权的责任，在考虑所有相关的情况下，决定合资格的赔偿申请人。相关的情况应包括许多其他可能的事项：该计划的目的，死者进入香港的个别原因，在相比起死者这类人，本地人需求的满足；满足死者这类人需求的可得资源，委员会在这方面的任何政策，关于死者这类人的政府政策，包括申请人需求在内的特殊情况下的道德权衡，等等。

17.最后我还要指出，上诉委员会还错误地认为"该计划的实施规则和附例是由领导层制定"。事实上，相关的规则和附例及该计划应当如何实施的政策都应该由委员会来制定。放弃这一独立权力和抛弃相关职责是根本的错误。该计划是由总督成立并拥有特定职权的独立实体，它不是社会福利署的附属部门，不需要听从社会福利署或其他领导层的指挥。

18.在我看来，委员会和上诉委员会根本没必要为那些依照国际公约、人道立场和道德而进入香港的前越南居民，冒险尝试给诸如非法入境者、合法居民、或者合法进入香港的旅游者等术语给予法律含义。因为委员会有不受限制的酌情权去订定何人有资格获得赔偿的准则，因而最好不要让自己纠缠于诸如非法入境者（虽然它出现在《入境条例》中，但未有法定含义）、合法居民及合法进入香港的旅游者这些困难的法律概念之中。如果能简单地以个案为基础处理赔偿申请，针对各个案情去行使不受限制的酌情权，那么委员会将能更好地服务社会。涉及本地人以及外国入境者（包括合法和非法入境者）的需要，委员会可以像考虑其他因素一样考虑政府政策。当然委员会考虑申请人在死亡或受伤之时，是否触犯了《入境条例》的事实。它同时应该考虑，不论有否违反《入境条例》或其他法例，试想象一个违反《入境条例》的人在一次暴力犯罪中挺身而出甚至牺牲生命解救了一个无辜的香港居民的情境，难道仅仅因为他是非法入境，我们就应该苛刻地、死板地绝对禁止其受养人获得赔偿吗？如果他没有出现在暴力犯罪的现场（通过非法入境），这个获救的无辜受害者不就会遭遇他一样悲惨的命运？此种情况下，道德何在？对一个独立实体来说，故意放弃不受限制的酌情权而主动限制自己公正处理问题的自由，让自己在抽象的法律争论中作茧自缚完全是不明智的。这种维护公正的神圣任务和在适当的时候表现同情心是不应因任何理由而轻易放弃的。如果真有需要制定一般政策，也不应采用该通知这样死板的方式，并且必须保留委员会的酌情权，在案情合适时免除任何要求。

"合法居民,或者合法进入香港的旅游者"

19.即使假设在该计划的实施过程中,委员会自觉地采纳了上述政策,上诉委员会得出"死者不属于有资格获得赔偿的这类人"的结论正确吗?

20.上诉委员会认为:

> 当死者抵达香港时,他未获得许可或者有权进入香港。他不符合《入境条例》第 2A、7、8、9、10 条合法进入香港的规定。他是非法进入香港的。根据第 13D 条的规定,他随后被羁留以等候甄别。在 Pham Van Ngo & Ors v. AG(No A4895,1990)案中,陈法官同样认为,像死者这种情况是非法进入香港。

> 15.因第 38 条(2)款而令根据第 38 条第 1 款控告某人在羁留期间犯罪无效这事实,并不意味着给予死者任何合法逗留香港的法律权利(参见 In re Tran Ouoc Cuong and Khuc The Loc [1991] 2 HKLR 312)。

> 16.另外,第 13 条(D)款并无如《入境条例》第 13 A 条 4(A)款那样,在被拒绝了难民身份而羁留在香港的人须要作原地遣返这事实,并不能影响或改变死者是非法入境的。一个越南难民若逗留超过了《入境条例》第 13A 条 4(A)款所指的逗留期限,根据第 13A 条(1)款,已被"准许"继续逗留在香港,虽则该逗留是有条件的逗留。因此,必须用第 13A 条 4(A)款去确定他的逗留在港何时"变成"不合法。然而,像死者这种依照第 13D 条被羁留以等候准许留在香港的决定或遣离香港的越南人,从未被"准许"留在香港。因而他逗留在香港始终是不合法的。所以也没有溯及既往的条款可以适用。很明显,依照第 13E 条,入境事务处处长可以随时下令,将根据第 13D 条被羁留香港的越南难民遣离香港。

> 17.我们进一步认为,根据《入境条例》死者死亡时的身份决定了上诉人的适格与否。

> "合法居民,或合法进入香港的旅游者"这词语的含义以及它是否构成该计划的一部分。

> 18.关于此点,提供给申请人的小册子中,在第 2(d)段提到,条款"合法居民,或合法进入香港的旅游者"是用来判定有资格提出申请的人的类别。我们认为,小册子是该计划的简单撮要,而册子中引用了上述条款并不能创造出任何新的合资格类别。它仅仅是总结了该计划已存在的情况。

> 19.死者,作为非法移民,无疑不是合法居民。此外,死者也不能被认为是"合法进入香港的旅游者"。合法入境的旅游者意味着该旅游者来到香港获得了准许并且明显是善意的。因为死者不曾获得准许入境香港,因

此他不属于合法进入香港的旅游者。我们也将采纳委员会1994年12月6日书面决定第19、20及21段给出的理由。

21.当死者被水警拦截并向其发出"警告通知"时，其已经入境香港了吗？无论是否附条件，其入境香港时获得合法许可了吗？在被确认为不合法难民后，继续逗留是合法的吗？在死于暴力犯罪时，死者是合法留在香港的吗？

22.申请人承认，对在受伤或死亡之时非法留在香港的人拒绝赔偿，这样的政策是合理的。"非法"是指此人在香港出现是与《入境条例》相抵触的，不管他是否被指控为犯该罪否。

23.当死者被水警截获并收到"警告通知"时，是否已经入境香港？

24.《入境条例》第2条，将"入境"定义为"(a)从陆路进入或从船只上岸或从飞机着陆"。和其许多同胞一样，死者在香港水域被水警截获时，仍在自己的船上而未上岸。据此，答案应为"否"。死者被水警带离船并发给"警告通知"时才上岸。因此，当被水警带离船只上岸时，其应该已经收到了"警告通知"。

25."警告通知"有何效力？通知申明：

新政策正在香港实施。

意图以经济移民的身份前往香港的前越南居民现被视为非法入境者。你们将获准离开香港。

一旦选择继续行程，我们将提供食物、水，如果需要，你们的船舶将得到维修。

如果你们不离开香港且被发现是经济移民，将以非法入境者的身份被羁留等候遣返回越南。

26.通知涉及移民身份及合法入境问题，因而是经入境事务处处长授权签发的。那么，通知效力如何？上诉委员会假定本案中死者的地位与根据第4条(1)款被羁留以等待审查的人类似。我恐怕不能从上诉委员会决议书中所提及的申请人的陈词得出如此推论。我也不能同意这就是通知的效力所在。

27.第4条(1)款授权入境事务主任"可在任何人抵达香港或在香港入境时，或离开香港前，向该人作出讯问；如他有合理因由相信该人在香港非法入境，则可随时向他作出讯问"。据此，入境事务处可在其认为需要时行使第4条(1)款之权力向死者作出讯问。问题是，入境事务处真有如上诉委员会假设的那样在相关时期声称行使任何有关的权力吗？对此，我们缺乏充分的资料或证据。任何追求合理事实的法院也不能在此事实上作推论。该通知对死者和他的同胞被带入香港羁留的基础上完全保持沉默，因而对解决此问题也无任何帮助。甚至，死者或他的同胞们在上岸之前被水警问及希望入境香港的目的时如何答复,我们也无从知晓。他们很可能要求确认难民身份。这是法院在着手确认死者入境身份时必须探求的事实,而不应被留于假设或者推断。

28.对曾向死者运用第 4 条(1)款的推定充其量是一个以一般知识而非以证据为基础的猜想。无论这样的推定效力如何,无可否认,死者是根据该通知而被准许进入香港的。通知规定,一旦死者被发现是经济难民,他将被视为非法入境者(一个技术概念而非法定概念),且将被遣返回越南。不管非法入境者在法律上的定义如何,此信息是明确的:死者将不被允许继续留在香港,并且可能被认为从未合法入境香港。如果死者被发现不是经济难民将会如何,我们不得而知。但对不愿提及那些被成功甄别为难民的人的情况,可能可以被理解为是依据政策阻止非通过海关、入境等正常渠道进入香港的越南人大量涌入。如果一个人既非难民也非经济移民,将会怎样? 如果一个前越南居民被发现进入香港为外国政府做间谍或者为了其他一些根本与经济原因无关的目的,又将怎样? 该通知并未规定这类人将被视为非法入境者或将被遣返。

29.通知是否构成了一个"准许"(虽然是有条件的),准许依据第 7 条(1)款入境从而给死者某种法律身份? 第 13D 条涉及羁留无香港签证的前越南居民的权力。第 13A 条授权入境事务主任发出准许以难民身份合法留在香港(不论是否附条件)。然而,第 13D 条未规定被羁留者的身份。第Ⅲ A 部分的其他条款也未规定其在香港的身份。或许第 13F 条(6)款提供了最低限度的帮助,因为它清楚地表明为免除疑问,根据本条向难民身份复检委员会提出申请,并不使提出申请的人获得合法的身份。

30.然而,第 13 条规定,非法在香港入境的人在满足处长认为适当的逗留条件下可获得处长的许可留在香港(不论其是否已被裁定犯该罪)。在此情况下,第 11 条有关被准许入境人士的处理将适用于他。这个条款可能与确定那些按照该通知被带入香港,但既不是难民也未清楚表明是经济移民的前越南居民的身份相关。

31.以上条款和意见在此种意义上未曾被委员会或上诉委员会考虑过。

32. R. Naville 案([1993] WLR 927)和 In re Tu Phuong([1993] 2 HKLR 303)案都认为,寻求庇护者在接受入境审查时供认自己未有合法授权进入香港,并不犯任何罪。In re Tran Quoc Cuong([1991] 2 HKLR 312)案的判决在此问题上可被看作支持申请人的主张,即任何人只有当其犯罪时才被视为非法入境者。应当承认,当死者按照该通知规定登陆时,他从未被认作触犯《入境条例》下的罪名。这样看来,非法入境者的定义是以"犯罪"为基础,又或者不问犯罪与否,其至少违反了《入境条例》的某些条款这一论点是有说服力的。Pham Van Ngo v. Attorney General 案的判决对此问题并无帮助。

33.以上论述并不能视作解决了上述的法律问题。有关问题在上文并未有充分争辩,而我在有关法律上不发表意见,不论是否该下定论。我会将此问题留待必要时才决定。

34.根据上述理由,上诉委员会的决定不能得到支持,必须予以撤销。此上诉将发回上诉委员会根据以下基础重新决定:即如果在此问题上需制定任何政策,委员会有不受限制的酌情权决定何人有资格获得赔偿。上诉委员会在依据"职权范围"行使酌情权时,应当考虑所有其认为合适的相关因素后作出上诉决定,而不须感到受任何政府政策的约束,不论该政策是否包含在通知内。委员会的不受限制的酌情权仅受"职权范围"的约束。

35.诉讼费将依据最终的判决结果而定,由答辩人承担。就此申请,申请人获赔偿诉讼费并按照《法律援助条例》厘定。

(高燕译,冯静美校)

【案例评述】

此案的答辩人,刑事及执法伤亡赔偿委员会,是两个法定机构,但是由共同的主席和成员组成。其职权由法律所规定。该委员会享有绝对的酌情权决定,某申请人,例如本案的申请人,是否有资格获得赔偿。这两个委员会的上诉委员会也是法定机构。本案的申请人认为委员会和上诉委员会错误地认为应遵照社会福利署 1980 年 12 月 27 日所签发的第 5/80 号通知,将非香港合法居民及违反《入境条例》而出现在香港境内的人排除于赔偿计划之外。同时,申请人还指称委员会简单地考虑了不相关的因素。因此此案中的法律问题是:答辩人行使酌情权是否合法,以及是否考虑了不相关的因素。

法院认为,根据法律对"职权范围"的规定,毫无疑问,委员会有绝对的酌情权决定何种人有资格获得赔偿。委员会之外的任何人(除了总督之外)不得以命令或者指示的形式进行干预。但遗憾的是,1980 年的通知却正好这么做了,该通知声称社会福利署副署长传达了一项政府新政策,即政府将不再扩大对非法入境者的社会福利服务。而根据该计划获得赔偿也是对非法入境者收回的社会福利之一。法院还认为,委员会和上诉委员会没有制定关于何种人有资格获得赔偿的独立的政策,它们理应在面对申请者的申请时作出决定。但委员会和上诉委员都没有这样做,而是错误地把 1980 年的通知和复印了该通知的程序手册作为唯一相关的或主要的考虑因素,放弃了自己有运用独立的酌情权的责任。另外,委员会和上诉委员会没有考虑其他的相关因素,包括:该计划的目的,死者进入香港的个别原因,在相比起死者这类人,本地人需求的满足;满足死者这类人需求的可得资源,委员会在这方面的任何政策,关于死者这类人的政府政策,以及在特殊情况下的道德权衡等因素。另外,法院还认为上诉委员会没有考虑影响其他的相关因素,例如《入境条例》第13条的规定。

因此,法院裁定上诉委员会在依据"职权范围"行使酌情权时,应当考虑所有其认为合适的相关因素后作出上诉决定,而不须感到受任何政府政策的约束,不论该政策是否包含在通知内。委员会的不受限制的酌情权仅受"职权范围"的约束。故法院撤销了上诉委员会的决定,并将此上诉发回上诉委员会重新作出决定。

在行政法上,司法权对行政机关是否合法行使其自由裁量权的审查是重要的一部分。其要求之一,或者说是司法审查的依据之一就是,被赋予自由裁量权的机关,不管是行政机关还是法定机构,都必须真正行使该自由裁量权,而不得在行使过程中自动受其他行政机关的政策的约束。同时,在行使自由裁量权的过程中,还必须考虑所有相关的因素,这是司法审查的另一个依据。因此,在本案中,申请人对委员会和上诉委员会的决定所提起的司法审查事实上满足了两个既独立又相关联的司法审查的依据,即没有行使该行使的自由裁量权和没有考虑所有的相关因素。

15 港口保护协会有限公司诉城市规划委员会案 *

申请人：港口保护协会有限公司
答辩人：城市规划委员会
主审法官：朱法官（Hon Chu J）
聆讯日期：2003 年 4 月 7—11 日及 14—15 日
判决日期：2003 年 7 月 8 日

【判决书】

1. 在如下诉讼中，本案申请人——港口保护协会有限公司（the Protection of Harbour Society Limited），对答辩人——城市规划委员会（the Town Planning Board）于 2002 年 12 月 6 日、2003 年 2 月 14 日作出的两项决定进行司法复核，该两项决定涉及湾仔分区计划大纲草图编号 S/H25/1。

I. 背　景

（一）申请人

2. 申请人公司设立于 1998 年 7 月 17 日，管理与行使港口保护协会（the Society for Protection of the Habour）的各项职能。该协会成立于 1995 年 11 月，与答辩人共同致力于维持和保护维多利亚海港。申请人的自身目标包括通过法庭诉讼以保护维多利亚海港以及采取合法行动制止其认为不符合公共利益的海港填海。在本案诉讼中，答辩人对于申请人提出申请司法复核要求的资格（the locus standi）并无争议。

---

* 此案收录于［2003］HKEC 1455。

（二）城市规划委员会

3. 该委员会是基于《城市规划条例》(the Town Planning Ordinance，Cap. 131)设立的政府机构。委员会成员由行政长官任命，成员包括政府官员与选取的社区公民。目前，该委员会由 7 名政府官员与 33 名非政府官员成员组成。规划及地政局常任秘书长与规划署署长分别任委员会正、副主席。规划署副署长任委员会秘书长。

4.《城市规划条例》第 3 条第 1 款规定了委员会的职能，包括：

> (1)为促进小区的卫生、安全、便利及一般福利，规划委员会须承担有系统地拟备——
>> (a)行政长官所指示的香港某些地区的布局设计及适宜在该等地区内建立的建筑物类型的草图；及
>> (b)行政长官所指示的香港某些地区的发展审批地区图的草图。

（三）《港口保护条例》

5. 1995 年到 1996 年，港口保护协会开展了"拯救海港"行动，反对政府对维多利亚港的进一步填海提议。1996 年 3 月 13 日，港口保护委员会副主席，Miss Christine Loh 的动议被立法会通过。Miss Christine Loh 现在是申请人的理事及成员之一。该动议主要号召政府撤销海港的填海计划，并采取及时的措施维持和保护维多利亚港。

6. 1996 年夏，港口保护委员会通过 Miss Loh 的提议，她提出个人提案——1996 维多利亚港保护法案(the Protection of the Harbour Bill 1996)。1997 年 6 月 27 日，该法案通过，即《港口保护条例》(The Protection of Harbour Ordinance，简称 PHO，Cap. 531)。尽管该法案提案时意在适用于全香港的港口，如《释义与通则条例》(the Interpretation and General Clauses Ordinance)(香港法例第 1 章)第 3 条所定义的那样；但条例在立法会审议时，由于其他议员提出的修正案，通过后仅适用于香港中心海港。提出修正案，是因为担心 PHO 的执行会阻碍在某些填土区兴建公共房屋的计划。

7. 1999 年 11 月 3 日，当时的规划环境及地政局局长提出 PHO 的修正案。该修正案的作用在于扩展 PHO 的适用范围，以包括整个维多利亚海港。1999 年条例修正案使 PHO 适用于整个维多利亚港。

II.《城市规划条例》

8. 按照《城市规划条例》(The Town Planning Ordinance，简称 TPO)第 3 条第 1 款 a 项，城市规划委员会负责准备根据行政长官指示开发的特定区域的草案。按照《城市规划规例》(Town Planning Regulations)第 2 条,城市规划委员会主席可要求规划局局长按照委员会的指示,对第 3 条规定的行政长官指示的区域,制定开发计划。

9.《城市规划条例》第 5 条规定,按照委员会指示制定的任何开发草案,经委员会认为适于公开后,应公示两月以备公众查询。

10. 按照条例第 6 条第 1 项和第 2 项规定,受公示的草案影响的任何人有权在这两个月期限内,向委员会书面呈递反对意见,说明其反对的理由或提出任何修正意见。

11. 第 6 条第 3 项至第 5 项规定,委员会应对反对意见进行初步考虑,并可以针对反对意见修正原草案。在收到委员会的修正通知后,反对方可以通知委员会,收回反对意见。

12. 第 6 条第 6 项规定,当委员会未对草案作出修正或反对意见未被撤回时,委员会应考虑召开会议公开反对意见。若反对方有意陈述意见,应被给予合理通知与会。按照第 6 条 a 项,对同一草案的多项反对意见可以分别或共同在一次会议上处理。

13. 当委员会针对反对意见作出修订,且该修正影响到任何土地的,第 6 条第 7 项要求委员会作出修订的通知。按照第 6 条第 8 项,在 14 天通知期间内收到的书面反对意见应由委员会召开会议处理,反对方可以参加会议陈述意见。

14. 第 6 条第 9 项规定,在依该条第 6 项或第 8 项考虑反对意见后,委员会可拒绝全部或部分反对意见,也可按反对意见对草案作出修订。

15. 按照 TPO 第 8 条,在考虑所有反对意见后,委员会应向行政长官会同行政会议提交草案(可附修正案),由其批准。同时递交的还应包括没有撤销的反对意见列表以及可能的修正案列表。第 8 条第 2 项规定,该递交的期限为公示期满后 9 个月内。行政长官会同行政会议有权延长该期限 6 个月。

16. 按照 TPO 第 9 条,行政长官会同行政会议有权批准或拒绝草案或将草案退回委员会进一步考虑和修订。一旦通过,草案即成规划案,并应向公众展示以供审视,批准也应作公告。第 13 条要求所有公共机构和政府官员在履行职权时以为指导。

III. 湾仔分区计划大纲草图编号 S/H25/1 的背景

17. 在 1982 年 4 月到 1983 年 10 月间进行了海港填海及市区发展研究 (the Harbour Reclamation and Urban Growth Study,简称 SHRUG)。该研究建议在海港的若干地点填海造地以满足香港人口增长需求。该建议构成了全港发展策略 (the Territory Development Strategy,简称 TDS) 的部分基础。

1991 年 9 月,香港行政局批准了都会计划选定策略,该策略建议在港口区域进行多个开发计划。

18. 中环湾仔填海发展计划是 SHRUG 建议的一部分,并经 1984 年 TDS 批准,1991 年都会计划通过。1997 年,地区发展部(the Territory Development Department,简称 TDD)开始进行中环湾仔填海发展可行性研究(the Central and Wan Chai Reclamation Feasibility Study,简称 CWRFS),该可行性研究于 1989 年 9 月完成。CWRFS 建议在从中环到铜锣湾海滨填海造地约 108 公顷,主要目的在于为中环及湾仔绕道(the Central-Wan Chai Bypass,简称 the CW Bypass)东区走廊连接路(the Island Eastern Corridor Link,简称 IEC Link)、地铁北港岛线(the MTR North Hong Kong Island line)提供土地,并使既有的海滨土地更便于行人行走和公众接近。

19. CWRFS 提出一个发展大纲案以指导地区开发,并进一步建议发展计划应分五阶段进行。五阶段的前三部分已经完成,一个正在进行中。第五阶段构成了本案的争议点。五阶段概述如下:

(1)中环开发阶段 I 于 1998 年 7 月完成,供香港机场铁路站用地。

(2)中环开发阶段 II 于 1997 年 7 月完成,前添马舰填海区。

(3)湾仔开发阶段 I 于 1997 年 8 月完成,供香港会展中心扩展用地。

(4)中环开发阶段 III,正起步。

(5)湾仔开发阶段 II,悬置。

20. 1999 年 7 月,地区发展部委托 Maunsell Consultants Asia Ltd.,简称 Maunsell 进行湾仔开发阶段 II(原湾仔开发阶段 II,简称 WDII)的全面可行性研究(WDII Study)项目。

21. 在 WDII 研究的第一阶段中提出了 8 条干道线路供选择。其中 3 条干道线路及其相关的用地要求被列入表单供下一步磋商与考虑。在 TDD2000 年 2 月召开的公开磋商论坛上,列入表单的干道线路及其相关用地要求也被呈报给立法会规划、地政及工程事务委员会(the Legislative Council Panel on Planning, Lands and Works,简称 LegCo Panel)以及湾仔区区议会(Wan Chai District Council)、东区区议会(Eastern District Council)以便磋商。2000 年 3 月 10 日,干道线路选择建议被呈送给城市规划委员会,见 TPB Paper 5555。A 方案被从 3 条干道线路选项建议中决出,对其进行下一步研究与详尽的工程分析。

22. 在 WDII 研究的第二阶段,建立了 WDII 区域的都市设计框架,并在提议的发展方案纲要(Outline Development Plan,简称 the ODP)中加入了用地建议。Maunsell 公司在其 2001 年 8 月的终期报告中,呈报了深入研究和详尽工程分析的结论以及 ODP 建议书。基于 WDII 研究的结果，尤其是其 ODP，新的湾仔北分区计划大纲草图被起草，编号 S/H25/C，以处理湾仔与铜锣湾海滨土地新的建议填海区域。

23. 2001 年 8 月 11 日，当时的规划地政局局长，受行政长官授权委托，依据 TPO 第 3 条第 1 款，指示城市规划委员会作出新的 WDII 计划大纲草图。

24. 2001 年 8 月 24 日，Maunsell 公司在其终期报告中作出 WDII 的主要研究结论，呈送给城市规划委员会，见 TBP Paper 6050。在同一会议上，城市规划委员会收到湾仔北分区计划大纲草图，编号 S/H25/C，其注解与说明文件见 TPB Paper 6051。

25. 在 2001 年 8 月 24 日的会议上，城市规划委员会同意 WDII 研究的用地建议以及委员会成员在会议上提出的意见可以作为新湾仔北分区计划大纲草图的基础。委员会还评议了计划大纲草图，编号 S/H25/C，并同意了其建议的用地要求。委员会进一步同意将该计划大纲草图，其注解与说明文件，呈送给湾仔和东区区议会供商议。

26. 在湾仔北分区计划大纲草图，编号 S/H25/C 呈送给立法局小组以及湾仔和东区立法会审议后，城市规划委员会在 2002 年 3 月 22 日召开会议，讨论了该计划大纲草图。在这次会议上，委员会同意，该计划大纲草图，包括一个海港公园（重编号为 S/H25/1），其注解与说明文件，符合 TPO 第 5 条要求，可予公示。

27. 2002 年 4 月 13 日，规划地政局局长，在行政长官授权委托下，扩展计划大纲草图范围以包含拟建的海港公园。

28. 2002 年 4 月 19 日，湾仔北分区计划大纲草图，编号 S/H25/1，及其注解与说明文件按 TPO 第 5 条要求公示接受公众检视。

IV. 本案相关事件

29. 在两个月的公示期间，共收到 770 份有效的反对意见，其中一份随后撤销。753 份反对意见以标准信件的形式递交，申请人也在 2002 年 7 月 18 日以信件方式递交了反对意见。

30. 2002 年 9 月 6 日，城市规划委员会召开会议，初步考虑了反对意见，而后继续按照 TPO 第 6 条第 6 款考虑那些没有撤销的反对意见。

31. 2002 年 11 月 29 日的会议上，城市规划委员会听取了申请人及其他反对者的反对意见。2002 年 12 月 6 日，委员会又召开会议进行评议。委员会决定对计划大纲草图作出一项修正以满足一个反对意见及部分满足另 10 个反对意见，其中包括申请人对设计建筑高度限制的反对意见。申请人反对意见的其他方面被驳回。委员会 2002 年 12 月 20 日的会议决定对计划大纲提出五项修订。委员会的决定经 2002 年 20 日的信件发送给申请人。

32. 2003 年 1 月 3 日,拟议的修正案按 TPO 第 6 条第 7 款被公示由公众检视。在两周的通知期间内,针对修订后的计划大纲收到另一份反对意见,以及两份来自先前反对方的意见陈述。

33. 在 2003 年 2 月 14 日的委员会会议上,城市规划委员会听取了新的反对者的反对意见,也听取了对 CDA 地点的反对者,包括申请人的反对意见。经审议,委员会决定再次修订原修正案 A 项,降低 CDA 地点的最大建筑高度,并根据 TPO 第 6 条第 9 项,将此项新的修订加入。委员会还决定,修订后的计划大纲可以按 TPO 第 8 条呈送行政长官会同行政会议审核批准。委员会的上述决定经 2003 年 2 月 14 日的信件递送给申请人。

34. 2003 年 2 月 27 日,申请人提起本案诉讼。2003 年 2 月 28 日,夏振民(Hartmann)法官批准了司法复核的许可申请。2003 年 3 月 3 日,申请人提交动议通知。2003 年 3 月 14 日,根据申请人的申请,夏振民法官裁定暂停向行政长官会同行政会议呈送修订后的计划大纲草图,以待本案最终的司法复核决定。

V. 司法复核申请

35. 在司法复核申请的动议通知中,有三方面理由被作为申请司法复核的基础,即:

(1)城市规划委员会作出那两个决定时存在法律错误,错误解释了 PHO,也没能正确适用法律原则;

(2)该两个决定是不理性的;并且

(3)就有关委员会 2003 年 12 月 6 日会议上一位 PD 职员的陈述所作出的决定程序不当及不合规则。

36. 在听证会上,第三方面的理由没有被追究。

37. 申请人寻求的救济,在修正后的原诉动议通知书列明如下:

(1)取消上述城市规划委员会决定的移审令。

(2)进一步或作为替代的,确认上述城市规划委员会的决定违法及/或不合理和不理性。

(3)更进一步地,裁定答辩人败诉,应依法重新审核该计划及其反对意见,尤其是应根据 PHO 审议计划大纲中的填海计划是否正当合法,特别是审议填海计划是否符合以下要求:

(i)填海计划符合现有的令人信服的公共需求,而且该公共需求优先于

港口独特的法律地位;

(ii)填海计划的各部分均不可替代;

(iii)填海计划严格限于满足上述(i)(ii)要求的范围内;并且

(iv)全部上述前提均有清晰、一致、令人信服的证据证明。

VI. 湾仔北分区计划大纲草图,编号 S/H25/1

38. 计划大纲中的规划区域约有 76.54 公顷。东至兴发街,南到维多利亚公园道与告士打道,西到博览道。它包括现有的湾仔地区,北到告士打道与 IEC,以及拟议的填海区域北至现有的海堤。

39. 约 26 公顷的沿湾仔港口地域被预作填海区域。根据委员会在诉讼中提交的证据,其中包括 2000 年 2 月 24 日对立法局小组所作的陈述,填海计划是为了下述目的:

  (a)从现有的临时街天桥到现有的 IEC 的干道建设。这条干道包括 CW Bypass 与 the IEC Link。

  (b)在 HKCEC 扩展区东部和避风塘内去除死角,改进水质。

  (c)提供避风塘内的排水管道。

  (d)重新安置现有防洪设施,包括重新安排避风塘和一个码头。

  (e)安置海滨人行道。

40. 在都市设计中,计划大纲区域被分作两个主要地域,即会展区,包括会展新翼与拟建的新海滨人行道;以及铜锣湾海滨地区,包括香港游艇会、避风塘和一个新的海滨地区至北角防洪堤。在铜锣湾海滨地区内,沿着现有的避风塘防洪堤,拟建一个港口公园。

41. 计划大纲中的用地规划分为五个地带:

  (a)商业区;

  (b)综合开发区(CDA);

  (c)政府、机构或社区(G/IC);

  (d)空地;

  (e)其他用途用地(OU)。

42. 与本案有关的、计划的用地有以下特色:

(1)CDA

在修订计划前,北到港口路,西到湾仔体育场的地区被作为 CDA,计划用于展览和娱乐开发。港岛北线展览馆站将建于 CDA 地下。最大非住宅楼面积达 128100 平方米,容积率约 5,最高建筑高度为 100 米 PD 将建于 CDA。根据计划修正案 A 项,CDA 将扩大以包括空地(1)地带的很大一部分,以及"OU"地带的一部分标注为"高架行人道"和"道路"。

为了部分满足申请人的反对意见以及其他的反对者,委员会决定修正最高建筑高度限制到 50 米 PD。这符合了香港贸易发展局的反对意见要求。经审议,2003 年 2 月 14 日委员会决定将最高建筑高度限制变为 64 米 PD。

(2)空地(O)

在修订计划前,空地地带面积约 16.6 公顷,包括自中环到铜锣湾避风塘绵延的海滨人行道。邻近香港会展新翼的空地(1)将被用作建设地下展览厅及其配套设施和停车场,以及地上的空地发展。根据计划修正案 A 项,空地(1)的一部分将变作 CDA 区域。

(3)计划进一步建议沿着现有的铜锣湾避风塘防洪堤建设一个港口公园,需要填海造地约 3 公顷。

VII. PHO 第 3 条

43. PHO 第 3 条规定如下:

> 3. 不准在海港内进行填海工程的推定
>
> (1)海港须作为香港人的特别公有资产和天然财产而受到保护和保存,而为此目的,现设定一个不准许进行海港填海工程的推定。
>
> (2)所有公职人员和公共机构在行使任何归属他们的权力时,须顾及第(1)款所述的原则以作为指引。

44. 本案最主要的争议在于 PHO 第 3 条的解释与适用。申请人主要的理由在于:

(1)城市规划委员会未能按照 PHO 第 3 条要求提供计划及其修正案的规划,致使填海计划违反了其维持和保护港口的责任,因此,拒绝修正原计划的决定违反了第 3 条。

(2)城市规划委员会未能综合考虑 PHO 第 3 条与其原意宣言,拒绝修正原计划构成了"Wednesbury"式的不合理。

(一)申请人的解释

45. 资深大律师梁定邦先生(Mr Neoh)认为,按照第 3 条第 2 款规定的原则以及第 3 条第 1 款规定的推定赋予的责任,城市规划委员会作为公共机构,应使拟议的填海开发计划满足三项测试:

(1)令人信服的、凌驾性的及现有需求的测试

第 3 条第 1 款的针对性推定只能被更大的公共需求所取代,该公共需求明显超过维持和保护作为香港人民的特殊公共财产和自然遗产的港口的公共利

益。应有明显的一致的有说服力的和客观的证据证明竞争的公共需求的确非同一般、非常紧急和有说服力以至于超过了维持和保护港口的公共利益。

(2)无替代可能性测试

拟议的填海造地计划必须额外经清晰、一致、有说服力的证据证明是不可避免的,没有其他替代方式可以实现其目的。

(3)最小损害测试

进一步地,拟议的填海造地计划的规模应限制在严格的必须实现其目的的范围内。

46. 申请人主张,对 PHO 第 3 条的解释可以通过 6 种途径实现:

(1)对第 3 条条文文字的目的性解释;

(2)结合作为整体制定的 PHO 条例与作为部分的第 3 条的上下文来解释;

(3)补充对填海造地计划及其随后的区域化的论理解释;

(4)基于法例制定前政府官员的声明、规划政策、维持和保护海港的公共承诺作出的解释;

(5)与政府承担的维持和保护自然遗产的国际责任相一致的解释;

(6)与第 3 条作为保护人民享有海港的权利的法律基本原则的独特本质相一致的解释。

(二)城市规划委员会的主张

47. 资深大律师 Mr. Tang 作为委员会一方的代表,主张应当采用常理来解释 PHO 第 3 条。委员会认为,第 3 条的推定仅要求作出实质性考虑,即政府官员或公共机构应认真看待该实质性考虑。委员会认为,按照第 3 条,政府官员或公共机构应进行衡量。当拟议的填海造地的公共利益非常重要,超过保护港口各部分的需求时,就认为该针对性的推定已被推翻。

48. 委员会对 PHO 第 3 条的理解和解释反映在下述条款中:

> 没有规则规定填海造地应作为最后的手段。这过多考虑了推定原则的重要性。《港口保护条例》第 3 条只不过要求在作出任何与港口填海造地有关的决定和行使任何有关权力时应对"推定原则"作进一步的实质性考虑。如果政府官员或公共机构在作决定或行使权力时已经经过充分的实质性考虑、恰当地衡量了利弊轻重,那么无论其实际决定如何,都应当认为已经满足了《港口保护条例》的要求,是合法的。就此而言,该公共机构应认真考虑不准填海造地的推定,如果它仍旧决定实施填海计划时,应基于某些合理的易于理解的理由,例如某些关系重大的,须经填海造地取得的公共利益。(城市规划委员会 2002 年 12 月 6 日的会议记录第 46 小段 d 项)

49. 资深大律师 Mr. Tang 还认为,在进行衡量时,委员会应将计划带来的公共利益作为一个整体,与不准填海造地的推定相比较,不需要个别考虑单独要求填海造地的部分。进一步地,拟议的填海造地应当是重要的,即其带来的公共利益足以超过维持和保护港口的利益。有利于维持和保护港口作为香港人民特殊公共财产和自然遗产的填海造地应被许可。资深大律师 Mr. Tang 承认,如果存在合理的替代方案,填海造地就不能认为是正当的,而且拟议的填海造地不能过度。在委员会 2002 年 5 月 28 日给申请人的信中,委员会认为,填海造地计划是否重要,是否存在合理的替代方案,尽管可能在衡量填海造地是否正当合法时有影响,但并不属于驳回推定的必要前提。

(三)PHO 第 3 条的文字表述

50. 任何对条文的解释都必须从条文的文义和一般理解出发。对第 3 条的直接解读可以得出三方面意思:

(1)它提出港口应当作为香港人民的特殊公共财产和自然遗产受到保护;

(2)它作出不准填海造地的推定;且

(3)它要求所有的政府官员和公共机构在履行权力时考虑维持和保护港口的原则及推定。

很明显,第 3 条对政府官员和公共机构施加了束缚,要求其履行考虑维持和保护港口以及推定的责任。问题在于,需要如何行事以满足该责任要求,以及如何才能推翻不准阻碍的推定。

(四)目的性解释

51. 《释义及通则条例》第 39 条规定:

> 条例应被视作补充性的,应当采用公正的、宽泛的、自由的解释以最好地保证条例的目的按其真实意图、意义和精神实现。

52. 在 Friends of Hinchinbrook Society Inc. v. Minister for the Environment [1997]147 ALR 607 一案中,澳大利亚联邦法院在解释 1983 年《世界遗产保护法案》(the World Heritage Properties Conservation Act 1983)第 13 条第 1 款时,即在决定是否同意进行某项开发时,在公约遗产意思范围内,大臣应仅考虑遗产的维持、保护和展示,认为立法文字"考虑"确立了大臣须将一些特定事实纳入考虑范围,并将其作为基本因素来衡量以便作出决定的责任。

53. 在 South Lakeland DC v. Secretary of State for the Environment [1992] 2 AC 141 一案中,英国上议院要复核 1971 年《城乡规划法案》(the Town and Country Planning Act)第 277 条第 8 款的法律效果,即:

当一个地区暂时作为保护区时,对于保护或增进其个性或外观涉及该地区内的建筑和土地的需求,本法案下的公共权力应特别注意《历史建筑物与古代遗迹法案1953》(the Historic Buildings and Ancient Monuments Act 1953)的第一部分,以及《地方机构历史建筑物法案1962》(the Local Authorities(Historic Buildings)Act 1962)。

Lord Bridge 的法律意见被其他上议院同僚认同,他认为在该条文下,保护和增进保护区个性或外观的目的优先。相应地,"如果任何拟议的开发与该目的冲突,便有很强的推定反对给予开发的许可;当然,毫无疑问,在某些例外情况下,如基于某些有其他公共利益需求的开发计划,该推定也会被推翻"。(在判词的第146页)

54. 对于在城市规划文本中的法定推定的效果,暂委法官 Widdicombe,QC 在 St Albans District Council v. Secretary for the Environment [1993] 1 PLR 88 一案中认为,当一个政府官员面对城镇规划法案第54条A项规定的事实上的法定推定时,应当确认在决定程序开始时已经给予该推定恰当的考虑,而不仅仅是进行利益衡量。

55. 毫无疑问,PHO是被制定来维持和保护港口以免于填海造地。该目的鲜明地体现在第3条以及不准阻碍推定上。为充分实现该目的,要求政府官员或公共机构充分考虑维持和保护作为香港人民特殊财产和自然遗产的港口的要求以及不准填海造地的推定。上述责任与推定应作为决定程序中的基本原则和起始点加以考虑。它们并非只是实质性考虑的因素而已。如果不是这样,就没有必要确立该不准阻碍的推定。很明显,在商议一个影响港口的决定时,对港口的保护当然应该是进入考虑范围的实质性因素之一。该法定推定促使维持和保护港口的需要的重要性高于纯粹的实质性因素。由于该推定,政府官员或公共机构必须额外确定存在取代反对港口填海造地的推定的情况。所以,为了满足该推定,必须证明有重要的考虑因素以至于它超过了对港口的维持和保护的需求。为了取代维持和保护港口的公共利益,应有其他极其重大的公共利益超过了维持和保护港口的责任去说服决策者。相与竞争的公共利益或实质性因素如果仅是可求的是不够的。我认为,对第3条和PHO的目的性解释要求不准填海造地的推定只能被更令人信服的更高的填海造地的需求推翻。另一个必然的推论是这种更令人信服的更高的需求应被清晰的、一致的、客观的证据所证明。

(五)损害原则

56. 在 Attorney General v. Prince Ernest Augustus of Hanover [1957] AC 436 一案中,Viscount Simonds 说道:

文字,尤其是一般文字,不能孤立地理解,必须结合上下文才能了解其外延与内涵。所以我认为自己既有权利又有义务检查法令中字词在其上下文中的含义,而且我是在最广泛的意义上使用"上下文"一词的……法令的前言、已有的法律、其他同类性质的法令,以及其他合法方式的论理解释,来辨明欲解释的法令……如果我没有了解法令的上下文(在其最广泛意义上的)就解释法令的部分内容,我必须承认这样是不恰当的。(在判词的第 461 页)

在解释第 3 条时,考虑 PHO 所造成的损害是既合法又适当的做法。

57. 毫无疑问,PHO 的制定是针对为了居住、经济与社会目的而进行填海造地的背景。在制定前的 1996 年 3 月,立法会便有动议谴责对港口过度的填海造地。因此可以说《港口保护条例》要解决的问题和第 3 条要补救的是过度的和无必要的港口填海造地。

58. 申请人进一步主张,PHO 还被制定来解决有关填海造地及其所取得地域的重新规划问题。他指出,在过去有很多例子表明,填海造地的原意是为了满足社区要求,但在取得土地后却用于开发或商业用途。在本案中,当计划大纲草图还没有最后确定时,新取得土地的重新规划就已经获得批准。申请人提出,PHO 就是制定来制止这种填海造地的做法,这种特殊问题只能通过对拟议的填海造地计划的严格复核来实现。因此必须显示有令人信服的凌驾性的现有的需求去进行港口填海造地。另外亦没有任何可替代填海造地的其他方案,而填海造地的程度也必须降到最低限度内。

59. 我同意资深大律师 Mr. Tang 的观点,本庭取得的材料显示 PHO 并非为了解决重新规划的问题而制定的。很明显,PHO 并未规定重新规划的问题,而这完全属于城市规划委员会的管辖范围。

60. 就上述而言,我同意填海造地取得的土地的用途是衡量不准填海造地的推定是否被令人信服的凌驾性的需求推翻的相关因素。取得的土地的规划客观上证明了填海造地是否存在令人信服的本质性需求。为了证明的确存在令人信服的凌驾性的需求,这个需求应当是现有的。这并不是说该填海造地的需求应是立即的或紧要的,而是说它应当满足合理期待,即公共机构有责任在明确确定的时间期限内从事要求填海造地的公共事业。

61. 防止过度填海造地的法例内容要求填海造地没有其他可替代方案,并且填海造地规模已经限到最小。事实上,委员会同意必须证明没有合理的替代方案且填海造地计划并不过度。申请人并非争辩填海造地是否属于最后手段。申请人的主张是,是否存在其他替代方案应按比例衡量。申请人的立场是,即使填海造地的现实需求是令人信服的和凌驾性的,但如果不需要填海造地也可以满足该需求的话，就不应当执行填海造地计划。即使是替代方案花费更高也应如此。只有在不进行填海造地计划的后果在比例上严重高于填海造地的损害时，相应的替代方案才应不予考虑。

62. 我认为，考虑到 PHO 的目的在于保护港口免受过度的填海造地危害以及维护其作为特殊财产和自然遗产的地位，如果存在可行的替代性方案，就不应进行填海造地。但是如果该替代方案的费用或代价与填海造地的损害明显不成比例，那么这个替代方案就是不可行的。在司法复核中，是否存在与填海造地相适应的替代方案并非法庭关注的焦点。在决定决策是否合理时，法庭关心的是决策者是否对其他可行的替代方案认真考虑或作尝试。

（六）城市规划委员会关于港口的远景宣言与其填海造地的意图宣言

63. 申请人进一步主张其三项测试要求与委员会关于港口的远景宣言和填海造地的意图宣言是一致的，表现在下列各条上：

维多利亚港口远景宣言

我们对维多利亚港的期待

让维多利亚港成为香港诱人的、有活力的、可亲近的与具代表性的海港

民享的港口、生活化的港口

我们的港口发展目标：

1. 让港口与人更为亲密

2. 美化港口景观，保持海滨视野通畅

3. 提升港口对香港人民和旅游者的独特吸引力

4. 通过鼓励创新的建筑设计，各式各样的旅游、购物、休闲、娱乐活动创建高质量的海滨，提供由空地和步行区网络注册的完整系统

5. 协助改善港口水质

6. 为货物、人员流动以及国际化中转站保持一个安全、高效的港口

填海造地的意图宣言

港口应作为香港人民的特殊公共财产和自然遗产受到保护，港口的填海造地只能用作满足重要的社会需求和公共目标，而且应当是环保的，与可持续发展原则和不准填海造地推定原则相一致的。

64. 在我看来，应当统一解读委员会的远景宣言和意图宣言。它们是相互补充的，反映了委员会对于规制填海造地法律的理解。将远景宣言中的前提和目标视作凌驾于意图宣言中规制填海造地的原则的做法是不合理的。所以，如果拟议的填海造地计划仅符合远景或是仅与远景宣言中设定的一个或多个目

标一致,但未能实施意图宣言中确定的原则,就不能被认为是符合 PHO。意图宣言确立了如下原则:

(1)填海造地仅用于满足重大社会需求与公共目标;

(2)填海造地应是环保的;

(3)填海造地应与可持续发展原则和法定的不准填海造地的推定相一致。

委员会在衡量填海造地规划时应以以上原则为准。我后面还将阐述环保原则与可持续发展原则。

65. 意图宣言中的原则反映在 1997 年 11 月当时规划地政环境局局长所作的公开声明,以及 1999 年特首的施政报告中。WDII 研究 1998 年到 2001 年提交的报告同样响应了这些原则。它们承认港口的维持和保护属优先,而填海造地属于例外情况。申请人对第 3 条的解释与委员会和政府公开声明中的原则一致。纯粹的平衡或衡量在这里是不够的。

(七)国际条约与责任

66. 1984 年 5 月,英联邦批准了《世界遗产公约(1972)》(the Convention for the Protection of the World Cultural and Natural Heritage)。公约适用于香港。1985 年 12 月中国也批准了该公约。1997 年后公约在香港仍旧有效。

67. 公约第 2 条对"自然遗产"定义是,包括但不限于"从科学、维护或自然美景的角度上具有突出的普适价值的自然景点"。公约第 4 条规定所有缔约国有责任保证最大限度地确认、保护、保存、展示和流传自然遗产给后代子孙。公约第 5 条要求缔约国采取合适的法律的、科学的、技术的、行政的和财政的必要手段,以确认、保护、保存、展示和复原自然遗产。公约第 6 条进一步要求缔约国不得故意采取任何可能直接或间接危害自然遗产的措施。公约第 12 条规定未列入公约第 11 条世界遗产名录的自然遗产不等于其不具有突出的普适价值要求得到保护,流传给后代子孙。

68. 在 Queensland v. The Commonwealth [1989]167 CLR 232 一案中,澳大利亚高等法院认为公约规定了采取措施保护、保存、展示文化遗产和自然遗产,并将之流传给后代子孙的法律责任。该责任源于缔约国确认的文化或自然遗产,并不限于是否列入了世界遗产名录。按公约第 4 条,缔约国有责任确认其文化或自然遗产。

69. 1999 年 10 月,联合国教科文组织第 12 届缔约国大会决议,号召缔约国应高度关注是否采取过普遍政策,给予自然和文化遗产在社会生活中功能性地位,并按照公约第 5 条,在综合性规划项目中融入遗产的保护。

70. 申请人主张,根据 PHO 的制定及其第 3 条第 1 款的条文,香港立法机关已经确认港口属于自然遗产。按照第 3 条第 2 款和公约的规定,政府官员和公共机构既有正面保护和维持港口的责任，又有反面不可直接或间接损害港口的责任。按照公约的条约责任，不准阻碍推定仅能被其他手段无法替代的、令人信服的公共需求推翻。

71. 但资深大律师 Mr Tang 反驳说公约和国际条约法责任与此并无关联。首先港口并不属于公约所定义的遗产范围；其次，PHO 不是制定来执行公约或其他条约法责任的；并且 PHO 第 3 条第 1 款不是公约第 4 条规定的对自然遗产的确认。

72. 在 Salomon v. Customs and Excise Commissioners［1967］2 QB 116 一案第 144E－F 段，Diplock LJ 注意到：

> 如果有外部证据明确显示法令的制定是为了履行政府特定的条约责任，那么法令中缺乏与该条约的直接关联并不重要。我们不能假定仅仅因为议会没有明白表示要遵守条约责任，就意味着议会有意违反该条约。当然，法庭不能简单猜测法令是为了履行某特定国际条约，确定的关联性证明必须是相互一致的。

73. 本案中，没有证据表明 PHO 与公约或其他条约责任有任何关系。不能认为条例的制定是为了履行公约责任或是其他国际条约。类似地，也没有证据证明第 3 条是按公约第 4 条确认港口为自然遗产。所以，无论港口是否属于公约第 2 条定义的、有突出的普适价值的自然遗产，在此均无须参照公约条文澄清 PHO 中的含糊不清之处。

74. 事实上，正如 Diplock LJ 在 Salomon 案第 143D－144A 段中指出，仅当法令条文本身不明时，才有必要参照国际法或者条约责任。但如同本判决前部所示，PHO 第 3 条本身并无疑义。该条的含义可以通过目的性解释或论理解释加以探明。在此没有必要参考公约或者其他条约。

（八）法律基本原则

75. 申请人进而主张，按其第六种解释路径，他提供的三种测试与第 3 条作为保护香港人民享有港口的基本法律原则一致。申请人声称第 3 条通过承认港口是特殊公共财产和自然遗产，确立了港口的特殊地位。相应地，该条文确立和规定应保护香港人民及其后代子孙享有作为特殊公共财产和自然遗产的港口的权利。该权利属于基本权利，因为在人权分类中被归类为"人民的权利"。印度最高法院在 AP Pollution Control Board-II v. Nayudu（Retd）［2001］57 LRI 4 案中的判决是其依据，而该案所引用的案例说明最高法院确认享有干净健康的环境权利属于基本人权，应受法律保护。

76. 委员会不认为第 3 条创立了一项宪法权利。申请人引用的外国法院的宪法判决对揭示第 3 条毫无帮助。而且,如果 PHO 的确没有关系到任何宪法权利,要求令人信服的凌驾性的和现有需求的测试就毫无基础。

77. 在我看来,我对第 3 条是否能归类到宪法原则有所保留。毫无疑问,第 3 条是对政府官员和公共机构行使权力的束缚。但这不意味着它相应创立了享有港口的权利,或是类推到一般环境享有权,又或可以归类为某种人民的权利。令人质疑的是,描述港口是"特殊公共财产或自然遗产"是否就等同于创立了一项宪法权利或基本权利? 如果 PHO 第 3 条不涉及任何宪法权利,那么就无须适用正当程序原则和"狭隘的解释"原则,或是宪法和人权法上侵犯基本权利的法理标准。但我不同意,在没有宪法权利的情况下就不能采用令人信服的、凌驾性的和现有需求的测试。这样的测试与第 3 条的目的性解释或论理解释是相符的。

(九)城市规划委员会的解释

78. 委员会根据律政司的法律意见,认为第 3 条在于衡量和平衡所有实质性因素,而不准阻碍的推定是其中之一的法定裁量因素。委员会进而认为,如果填海造地能带来一些重要的公共利益,其重要性高于维持海港的需求,就可以推翻该推定。

79. 我已经指出,衡量实质性因素的做法并不满足适当裁量第 3 条第 1 款推定的义务。资深大律师 Mr Tang 辩称,申请人的做法和答辩人的做法事实上几乎甚或没有差别。但我看来,两种做法存在本质差别。如果阻碍的推定只作为公共机构必须衡量的实质性因素之一,那么不准阻碍推定的地位和分量就与其他公共机构能够或者应该考虑的实质性因素并无不同。与此相反,申请人的做法,是要求公共机构将其作为基本前提,即保护和维持港口作为社会特殊公共财产和自然遗产的义务是前提。在评议关于填海造地的开发时,公共机构应先从不准填海造地的推定出发,再确定和考虑是否存在其他实质性因素凌驾于推定。所以申请人的做法是将填海造地视为一个例外,只能通过令人信服的、凌驾性的公共需求加以正当化。在申请人的做法中,要推翻推定的标准非常困难。确定需求的困难性质在决定何种公共利益足以正当化填海造地时非常重要。资深大律师 Mr Tang 认为,不可能定义出什么样的公共利益足以战胜保护和维持港口的需求。是否给予认可在于人的观感。所以,他主张重要的基础设施工程,例如 CW Bypass 和 the IEC Link 当然合格。但是,问题在于,除了重要的基础设施工程,还有其他重大的公共利益能够正当化填海造地的要求吗?

80. 公共利益超出维持和保护港口的需求的争论并不使人满意。公共利益的概念涉及主观判断和决策者为什么对社会有利的认同。第 3 条第 1 款的推定是要在决策程序中确立客观标准。公共利益的范围对比公共需求更广阔。

被认为是有利于社会的开发不一定构成社会重要的需求。如果确定有某项开发仅仅是有益的，但又不是社会所不可缺少的，那它也只是值得向往的或更合意的而已。允许这种形式的填海造地开发违反了保护和维持港口的法定责任。尽管是由公共机构作出决策，而且公共机构也应运用其专业技术和知识作出结论，最终的决策仍然应建立在客观的、一致的、能够适当履行法定责任的证据基础上。

81. 毫无疑问，需求本身是个尺度问题。凭借客观证据解决了究竟某事是否属于公共需求的问题。与此相反，缺乏客观证明的需求支持，建立在主观感觉或者政策偏好上的决策可能是武断的、不合理的。

82. 资深大律师 Mr Tang 认为，从历史上看，填海造地从来不是特殊例外。事实上，香港历史上一直依靠填海造地取得土地发展的，现在不应对 PHO 作特殊解释。我的确同意香港目前的发展受益于填海造地。就像资深大律师 Mr Tang 指出的那样，香港土地稀缺。自 20 世纪 30 年代以来，来自大陆的移民潮涌而入，需要另寻土地为新增人口提供住房、交通、基础设施与其他重要设施。香港大部分现在区域是建在填海取得的土地上。

83. 尽管如此，资深大律师 Mr Neoh 仍强烈主张，现在填海造地不应再作为取得额外土地的便利手段。就像过去用于发展的土地很稀缺一样，现在港口的水资源也日益稀少。更值得重视的是，本案涉及的是港口具有战略意义的部分。正因为香港的成就离不开过去的填海造地，政府官员和公共机构更有责任珍惜港口的现状。保持将来港口的水质和海滨的未来更是与此高度关联的考虑因素。我们应在这些背景下理解 PHO 及其第 3 条第 1 款推定的重大意义。

84. 制定 PHO，包括其第 3 条第 1 款的推定后，处理填海造地的争议更为敏感。在可持续发展的概念提出后，也提倡采用新的做法，要求决策者在规划设计发展时面向未来。事实上，委员会的意图宣言中的确体现了可持续发展原则。

85. 上述立场明确体现在国际法院 The Case Concerning the Gabcikovo-Nagymaros Dam（Hungary v. Slovakia）1997 ICJ Rep 7 一案的第 78 页第 140 段：

> 历史上，人类为了经济或者其他原因，一直不断地改造自然。在过去，这种做法并没有意识到其对自然产生的效果。借助新的科学发现，与日益增强的对不加思索、毫不减弱的改造步伐可能给现代人类及其后代带来的危害的认识，在过去 20 年间，许多法律文件规定了新的规范和标准。这些新的规范应被认真对待，政府不仅在计划新的行动，或是继续过去的行动

时，对此都应给予足够重视。可持续发展的概念适当地调和了经济发展与环境保护的关系。

86．Gabcikovo-Dagymaros Dam 案是可持续发展的概念第一次在国际法院的审判中引起关注。该概念推动法院在环境保护与发展之间寻求平衡。假如可持续发展的概念是委员会意图宣言的一部分，并在制定 PHO 后被政府官员所承认，那么法庭应考虑此概念，并注意用国际法法理解释第 3 条。

87．可持续发展要求发展既要满足现实需要，又不能牺牲后代子孙满足其需要的能力。所以任何可能损害自然遗产的做法，必须为令人信服的更高的公共需求所正当化。委员会对填海造地及 PHO 第 3 条推定的做法，从这个方面看来是不适当的。

88．城市规划委员会受律政司出具的法律意见影响很深。委员会认为维持和保护港口的责任只不过是法定的实质性裁量因素，能被其他公共利益所推翻。在此基础上，委员会不再考虑申请人的反对意见，批准了计划大纲及其修正案。但委员会对 PHO 第 3 条的理解和解释是错误的。当下受挑战的两个决定，由于是建基于对法律的错误解释及理解之上，因此在法律上必定是错误的。

VIII.　委员会决定的合理性

89．除了质疑委员会对 PHO 第 3 条解释的正确性外，申请人还认为委员会的决定是不合理的，尤其是考虑到计划的填海造地及其修正案不能达到第 3 条的正当化要求。

90．在进入对合理性的争议前，有必要注意法庭在司法复核程序中的有限角色。法庭并非用于裁决规划的价值。类似地，法庭也不应对填海造地计划的合理程度作出任何事实裁定。这应是委员会的职责。法庭的任务限于裁决在决策程序中，委员会是否恰当执行法律，是否最终决定符合相关的 PHO 要求。

91．更宽泛地看，计划大纲及其修正案是服务于两个目的，即为重要的基础设施和许可发展的国际标准的海滨人行道提供福利设施和其他设施以便使港口更易于亲近。

92．资深大律师 Mr. Tang 的陈词认为，法庭应将计划看作一个整体方案。既然长期以来填海造地都能被诸如必要的基建及最终的决定并非 Wednesbury 式不合理来证明为合理；那么便没有必要单独考虑填海造地计划及独立考虑是否有合理的理由。同样的，资深大律师 Mr. Tang 认为，当委员会裁量计划大纲及其修订案时，委员会只需考虑将对港口进行的填海造地，并裁量整个填海造地方案的程度和目的，委员会无需为个别目的单独裁量填海造地的程度。

93. 在我看来,这就是委员会犯错的地方。委员会认定填海造地是为供地给干道系统及重要基建作为将港口发展成为世界一流码头的规划良机。额外计划的填海造地被通过了,因为它满足了委员会关于港口的期待。这样,委员会未能优先考虑符合保护和维持港口与不准阻碍的推定的要求。

94. 资深大律师 Mr. Tang 的争辩等于说,委员会采用的做法实际上意味着若有一项令人信服的需求要求填海造地,没有或缺乏可信需求的填海造地部分能作为前面整个方案的一部分复核通过。该项拟议中的填海造地不是因为自身价值而被通过,而是由于与另一个令人信服的理由结合。这样的做法并不符合 PHO 第 3 条下的责任。

95. 我认为,每个拟议的填海造地计划的目的和程度应分别用以下三项测试检验:(1)令人信服的、凌驾性的现有需要;(2)无可行的替代方案;(3)最小损害。

96. 在本案中,计划大纲及其修正案含有若干填海造地计划。申请人同意为重大基建所需的填海造地能够构成令人信服的凌驾性的现有需要,从而推翻不准阻碍填海造地的推定;但申请人认为计划大纲超过了这个限度。在申请人 2002 年 7 月 18 日的书面反对函中,申请人共有 10 项反对意见。在本案的聆讯中,申请人主要关注计划大纲的下列特点:

(1)港湾公园;

(2)海滨人行步行区;

(3)CDA 地带的重新划分与扩展;

(4)CDA 地带建筑物的最大高度限制。

97. 我不准备论及上面最后两项,因为它们主要是关于土地的使用和区域划分的问题。该问题在 PHO 和本诉的范围之外。我相信,对这些地点的填海造地是基于去除死角和改进潮水,但没有证据显示委员会如何肯定不存在可行的替代方案以及填海造地的规模已为最小。

(一)重要的基础设施建设

98. 申请人有意接受,至少从原则上看,为 CW Bypass 和 IEC Link 进行的填海造地可能能够满足申请人提出的三项测试。但是申请人认为,缺乏足够的事实依据证明什么才是准确的适当的填海造地范围。申请人还认为,委员会并未考虑过解决本地交通问题的其他方案。

99. 我同意,从呈给本庭的材料上看,干道系统、CW Bypass 和其他重要基建所要求的准确填海造地程度并不清楚。不能肯定判断为此目的而拟议的填海造地已经被限于最低程度。例如,在湾仔地区修建现有公路系统的网络是否正当合理上存在不确定因素。但是事实是,干道公路的系统与 CW Bypass 都属于同一公路系统,先于 WDII 填海造地研究之前,就在中环填海造地中被考虑通过,部分建设工程已经开工。情况便是如此,至少从实际角度看,委员会决定批准该部分计划不是不合理的。

(二)港湾公园

100. 拟建的港湾公园要求额外填海造地 2.7 公顷。在 2000 年 2 月 1 日的公共协商论坛上首次提出港湾公园的构想供公众商议。获得的支持非常少,事实上仅有一份支持。在随后的立法局小组和湾仔和铜锣湾区议会会议上,港湾公园(the Harbour Park)和港岛公园(Island Park)也广受质疑。事实上反对的意见占绝大多数。在 2001 年 8 月 Maunsell 的报告中,港湾公园项目被去掉,提议以更大的码头防洪堤代替,以便提供更环保的公共步行区。在 TPB Paper 6050 中,撤除该提议被视作是对公共商议意见的回应。TPB Paper 6051 附录的分区计划大纲草图(The draft Outline Zoning Plan)中未含该港湾公园。

101. 在 2002 年 5 月 22 日的委员会会议上,一位委员代表其他未出席人员,反对撤除港湾公园计划,声称反对兴建港湾公园的公众意见是对未来填海造地的谨慎反应。其他委员也认为港湾公园有利于人民与港口相互亲近。为了公共利益,额外填海造地 2 公顷是正当的。最后委员会决定纳入港湾公园。值得注意的是,在 PD 为该次会议准备的 TPB Paper 6261 中,汇总了商议期间对港湾公园的意见。在上述条件下,多数意见反对港湾公园,认为其与 PHO 的精神不合,并且填海造地应仅用于满足重要的基础设施建设。香港旅游协会尤其怀疑港湾公园及其吸引力。

102. 申请人声称,纳入港湾公园以及答辩人决定批准港湾公园的方案,驳回申请人的反对意见,明显是不合理的。资深大律师 Mr. Tang 辩称,该决定是基于港湾公园能够满足公众对国际化码头的要求。他特别举出 2000 年 5 月 Maunsell 报告列出的港湾公园的优缺点。

103. 在该报告中,Maunsell 举出港湾公园的若干优点,包括提供无污染的空地观海景区,将维多利亚公园与码头娱乐设施和其他设施用地联结起来。缺点则在于要填海造地,减少港口停泊区,公园位置偏远步行进入不便。Maunsell报告还指出并不清楚建设港湾公园是否违背了 PHO 的精神。

104. 明显地,没有客观证据证明港湾公园具有令人信服的、凌驾性的现有需要。其拟建方案也不合可行性替代方案和最小损害测试的要求。委员会的裁量过程明显没有给予不准填海造地的推定足够重视。参照公共利益或公共目标,即使是按委员会收到的法律意见的测试要求,该提议也属不当。没有证据证明港湾公园具有重大的公共利益,高于保护港口的要求。这里并没有推翻推定的条件。在任何情况下,按来自委员会内外的众多反对意见而言,很难客观、充分地证明委员会纳入港湾公园是为了实现公共目标。

105. 从各个方面看,港湾公园的提议都是不正当的。委员会批准额外 2.7 公顷填海造地的决定既违反了 PHO,在公法上而言亦是不合理的。

(三)海滨人行步行区

106. 申请人并不仅仅旨在对海滨人行步行区提出异议。申请人的异议在于以步行区为目的而规划的一系列改造延伸。在中环改造区将建立一个步行区,并且会与此计划中的步行区相联结。此目的在于建立一个从中环一直延伸至北角的步行区。目前委员会认为额外填海造地对于建造此步行区是必要的。在此计划下的步行区被认为是为了达到一个世界级的码头区而设计的,它能够把港口带给人们,也把人们带给港口,并造福后代。

107. 明显的,此步行区并不仅仅是建造主干道系统所需的改造之副产品,而且还包括额外的改造。它被证明了是一个使保护港口的需要负担过重的公共利益。此步行区的宽度是否需要按照现在设计的,还是可窄一些,以及其是否应包括现在设计的设施,这都是委员会要决定的,而非法院。法院所考虑的是委员会得出达到现行设计和步行区规划的额外改造延伸的结论之过程是否符合 PHO 第 3 条规定的。

108. 委员会的阐述和资深大律师 Mr. Tang 提交的陈词显示:一个国际码头区有必要包含此规划的步行区。证据证明委员会并没有考虑其他的可获得一个世界级的港口码头但不涉及改造的替代途径。拥有一个世界级的港口码头无疑与委员会对于港口的构想相一致。但委员会必须另外考虑获得预想的码头区所采取的方法是否与其进行改造的目的陈述书相一致,并与反对改造的假设推定相协调。如果在考虑规划的步行区的需要。另外可行的替代途径,以及计划改造的延伸之后,委员会对于步行区的计划改造符合前三条要求的情况表示满意时,才可认定委员会的决定不能被认为是不合理的。但不幸的是,在现在的状况下,证据并不能显示委员会已经履行了这一程序。

109. 看上去,委员会所做的是利用改造必要基础设施所需的土地的机会,来为发展港口圈地和计划预备条件。如此一来,委员会并没有另外专门考虑步行区改造计划的需要和改造的延伸,以此来判断他们是否符合 PHO。在这一点上的失误导致了委员会的决定不合理。

结 论

110. 由于上述原因,委员会在规划计划中所述的港口之改造的范围时,没有符合 PHO 第 3 条的规定。委员会的决定否决了申请人的异议,又拒绝修改计划,而其修改在法律上亦是错误的,即与 PHO 第 3 条的规定相悖。另外,由于没有考虑到第 3 条相关的考虑因素,委员会的决定是 Wednesbury 式的不合理。

111. 据此,我将下移审令以驳回委员会的决定。我再命令此案发回委员会就有关计划及对其异议按法例,特别是 PHO,作重新考虑。

112. 申请人申请有关法律在批准的救济中被确切地陈述。我认为无此必要。有关的原则已经在此判决中被列出。一般形式下的法令已经足够。

113. 另外还有一项临时命令,本案诉讼费连同大律师费用由答辩人付予申请人。

大律师代表:

资深大律师 梁定邦先生(Mr. Anthony Neoh),大律师陈文敏(Johannes Chan)教授及大律师 Pao Jin Long 先生,由 Messrs Winston Chu and Co. 委托代表申请人。

资深大律师 Mr. Robert Tang 及大律师 Mr. Nicholas Cooney,由律政署委托代表答辩人。

（谢涛译,冯静美、林峰校）

【案例评述】

本案的申请人对城市规划委员会的两项批准填海的决定申请司法复核。其申请司法复核的主要依据有两个:一个是不合法性,即城市规划委员会对《港口保护条例》第 3 条的理解和解释是错误的;另一个是不合理性,城市规划委员会的两个决定是明显不合理的。

值得指出的是,虽然有许多案件都会把不合理性作为提起司法复核的依据之一,但是真正能够得到法院认同此依据存在的案件却是非常少,而此案就是其中之一,而且是一个在香港产生很大社会影响的案件。

原审法官在此案中认为委员会对(1)海滨公园的建设;以及(2)海滨人行步行区的建设,的批准决定都是不合理的。换句话说,就是任何一个合理的人处在委员会的角色都不会作出同样或者类似的决定的。

我个人认为原审法官的判决有值得商榷的地方。就以上两个决定而言,第一个决定有可能符合"不合理"的标准,但是第二个决定是否是任何合理的人都不会作出同样的决定就有很大的争议的空间了。

本案件最终上诉到终审法院,并由终审法院于 2004 年 1 月 9 日作出判决（参见［2004］7 HKCFAR 1;［2004］1 HKLRD 396）。需要指出的是,虽然终审法院维持了原讼庭的判决,但是就司法复核的合理性这一依据而言,终审法院可以说是推翻了原讼庭的认定。具体来说,首席大法官李国能在其判词中的第 19 段指出,"原讼庭法官认定委员会的决定是不合理的。对这一认定的正确理解应该是,委员会由于错误解释了相关的条例而导致了适用法律的错误……"。换句话说,终审法院以一种客气的方式指出,原讼庭对不合理性的认定是错误的,正确的依据应该是"不合法性"。

16 Gurung Bhakta Bahadur 诉入境事务处处长和行政长官会同行政会议案 *

申请人：Gurung Bhakta Bahadur

答辩人：入境事务处处长和行政长官会同行政会议（Director of Immigration and Chief Executive in Council）

主审法官：夏振民（Hon Hartmann J）内庭聆讯

聆讯日期：2001 年 1 月 1 日

判决日期：2001 年 2 月 2 日

【判决书】

介　绍

2000 年 7 月 21 日，申请人通过单方面申请获得了许可，对入境事务处处长的决定和行政长官会同行政会议的决定提起司法复核程序。在这个司法程序中，申请人要求推翻入境事务处处长作出的拒绝同意其作为其妻子的受养人继续留在香港的决定。申请人还进一步要求推翻行政长官的决定，因为行政长官维持入境事务处处长的决定而不理会申请人根据《入境条例》（香港法例第 115 章）第 53 条提出的反对。

2000 年 11 月 30 日，答辩人以传票形式提起司法程序，要求撤销涉及第二答辩人（即行政长官）的司法复核许可。答辩人提起司法程序是基于《释义及通则条例》（香港法例第 1 章）（以下简称《释义条例》）第 64 条第 3 款的规定，即禁止已选择上诉或是向行政长官提交反对意见的人在此后再对行政长官对相关事务的决定提起司法复核。

2001 年 1 月 10 日，答辩人又提出了进一步的诉讼请求，要求撤销涉及第一

---

* 此案收录于 2002 HKCU LEXIS 1313；[2002] 673 HKCU 1。

答辩人,即入境事务处处长的司法复核许可。其依据是《释义条例》第 64 条第 1 款的规定,即选择了就入境事务处处长的行为向行政长官会同行政会议提出反对意见后,根据《释义条例》第 64 条第 3 款的规定,申请人已经被禁止就入境事务处处长的决定申请司法复核。

判决的范围

此判决仅仅涉及答辩人在传票中的请求,即有关对《释义条例》第 64 条第 3 款的真实意义的理解及其效果,而不涉及申请人对入境事务处处长和行政长官的决定的挑战的成功机会。

背　景

申请人来自尼泊尔,他是那个国家的公民,他和他的妻子在尼泊尔结婚。然而,他的妻子是出生在香港并且是香港的永久居民。1998 年 8 月初,申请人为了能和他的妻子在一起,以游客的身份来到了香港。

几天后他向入境事务处处长申请改变其入境身份,要求作为其妻子的受养人继续留在香港。1999 年 7 月 13 日,入境事务处处长拒绝了该申请,理由是他不认为申请人的妻子,作为供养人,能够供养申请达到一个合理的生活标准;并且,他也不认为申请人是真的受其妻子供养的人。

申请人为此决定感到受委屈,在其提起的司法复核程序中将该决定列为首要挑战的对象,并且选择根据《入境条例》第 53 条申请救济。该条的第 1 款是这么说的:

> ……任何人如因公职人员在行使或执行本条例所订的职权、职能或职责时作出的决定、作为或不作为感到受屈,可在第(2)款所订明的时限内,藉呈递书面通知予政务司司长而向其提出反对该项决定、作为或不作为。

该条第 3 款规定,由申请人提出的反对,须由总督[1]会同行政局考虑。

2000 年 6 月 16 日,申请人获知行政长官会同行政会议确认了入境事务处处长的决定。保安局局长的信中这样说道:

> 在 2000 年 5 月 30 日召开的行政长官会同行政会议的联席会议上,委员们考虑了你于 1999 年 7 月 17 日提交的反对意见。行政长官会同行政会议决定,入境事务处处长对于你的申请所作的决定是正确的。

这是申请人所挑战的第二个决定。即行政长官依据《入境条例》第 53 条第

---

[1]　总督在 1997 年 7 月 1 日后改为行政长官。

4 款的规定所作出的决定。该款规定：

> 在考虑根据第(1)款提出的反对时，……总督会同行政局(视属何情况而定)可确认、更改或推翻公职人员的决定、作为或不作为，或代以他认为适合的其他决定，或发出他认为适合的其他命令。

《释义条例》第 64(3)条

1950 年，刚颁布的《释义条例》被修订，增加了第 39A 条。此条的目的在于规范对行政主体的决定不服时向总督会同行政局提起上诉的程序，特别是第 39A 条(I)(H)款规定，任何时候任何条例允许向总督会同行政局提起上诉，其内容不可以：

> ……被认定为妨碍任何人向最高法院申请履行义务令、强制令、禁止令或是任何其他他选择的命令，而不是向总督会同行政局提起上诉，但是就这些条款，不在针以对总督会同行政局申请履行义务令、强制令、禁制令或是任何其他命令。

第(I)(C)款继续规定说：

> 在此条款下每一个总督会同行政局关于上诉的命令都将是终局性的并且将会被最高法院当作是自己作出的命令一样执行。

代表答辩人的马锡尔(Marshall)先生宣称他的调查并不能阐释为何法律会制定这两个分部，就此点立法会议事记录中并未有任何说明。

1966 年，第 39(A)条被修订为新的《释义条例》的第 64 条，原来的第 39A(I)(H)款变成了现在的第 64(3)条并且规定如下：

> 任何条例授予向行政长官会同行政会议提出上诉或反对的权利，并不因此而阻止任何人向高等法院提出依法有权利提出的履行义务令、移审令、禁止令、强制令或其他命令的申请，以代替向行政长官会同行政会议提出上诉或反对；但对于凭借条例向行政长官会同行政会议提出的上诉或反对，或任何与这些上诉或反对有关联的程序，则不得以履行义务令、移审令、禁止令、强制令或其他命令，对行政长官会同行政会议采取法律程序。

旧的 39(A)条第(I)(C)款规定已经被第 64(4)条所代替，新的条例规定如下：

> 行政长官会同行政会议在考虑任何向其提出的上诉或反对时(不论上诉或反对是以请愿书或其他形式提出，亦不论是凭借条例或其他基础提

出），须以施政或行政身份，而非以司法或类似司法身份处事，且有绝对酌情决定权考虑及参照任何证据、数据、消息或意见。

无论以前是怎样做的，此一小分段清楚指明，今天当行政长官会同行政会议考虑任何上诉或是反对意见时，他是处于一种行政或执行的身份而不是司法或是准司法的状态，两者是有明显的区别的。在 R. v. Environment Secretary, ex parte Ostler［1977］1 QB 122 一案的第 135 页，丹宁勋爵这样描述：

> 在作一个司法决定的时候，裁判处考虑的是双方当事人的权利而不是公众的利益。但是在作一个行政决定时（比如一个强迫性的购买指令）时，公众利益将会是更重要的考虑。问题在于，私人的利益在何种程度上应当附属于公众的利益。

答辩人提出的关于《释义条例》第 64(3)条的释义

就我对论点的理解，答辩人的代表提出，第 64(3)条的规定排斥了对行政主体决定的司法复核，概括来说即当感到受委屈的当事人选择了向行政长官会同行政会议提起上诉来寻求救济时，第 64(3)条会排斥对行政管理当局决定的司法复核。条例中"而不是上诉或是向行政长官会同行政会议提出反对意见"的规定，使人坚信这给予受侵害人一个救济的权利。该当事人要么选择向有监察管辖权的高等法院寻求救济，要么选择向行政长官提起上诉。如果受委屈的当事人选择了后者，对行政主体决定的司法复核权利和随之产生的任何对行政决定的司法复核将会消失。有人认为，由于立法者制定了向行政长官会同行政会议提起上诉这么一种法定救济措施，并于有关的小分段中用清楚的措词表明如果受委屈的当事人选择不通过法院寻求救济而是选择该法定救济，此选择将排除法院的监督管辖权。正如答辩人所说：如果立法机关创造了这法定救济，就有资格为了其终局性和确切性对其进行限制。

马锡尔先生作为答辩人的代表，辩称就他的理解来说，把该款项理解为可选择性的而不是驱逐性的绝对排斥高等法院司法监察管辖权的条款要准确得多。他说一个感到受委屈的当事人有权要求对公共行政机关的决定提起司法复核，但是这权利是依靠他自己去选择的，同样的原则适用于当法律设定了一个时间限制的话，超过了该限制便不会被容许申请司法复核的情况。

法院对第 64(3)条的释义

我尊重马锡尔先生的陈词，但我不认为这样的比较有什么帮助。第 64(3)条并不是想要把一个感到受委屈的当事人的司法救济限制于由公众利益决定的期限中。如果我接受了答辩人对于第 64(3)条的理解,那么就意味着立法者给了受委屈的一方单一的选择:这个人是根据案情实质内容的是非启动上诉程序呢,还是通过一条完全不同的途径,即要求高等法院识别并且改正一个公众接受的法律从而完全脱离在那事件的实质内容的是非之外? 不可忽略的是,根据案情实质内容是非的上诉与司法复核不是同一回事,不完全是一个对另一个的复印,打个比方说,它们是不同的创造物。在这一点上我只能引用 Sir John Donaldson 在 R. v. Panel on Take-overs and Mergers ex parte Datafin Plc [1987] QB 8 15 一案的第 842 页中所写的判词:

> 申请人一方并不意识到,或者至少说作为对真相的认知来说,申请司法复核并不是一个上诉。裁判小组而不是法庭才是负责鉴定证据和寻找真相的实体。法庭的作用是完全不同的。它在恰当的案件中,复核裁判小组的决定并考虑有没有不合法的地方,即裁判小组是否有在法律上误导自己,有没有不理性,即裁判小组的决定是否蔑视逻辑或在公认的道德标准上完全不可容忍,以至于没有一个理性的人在认真思考过有关的问题后会作出该决定。

很难接受立法者的意图是一个在行政主体决定的是非曲直上和决定的合法性上有充分不满的理据的人只能被强迫选择一个程序寻求救济。我相信,在没有清晰的反对语言规定的情况下,可以推断出立法者绝不会想要达成这样一个结果而出现一种荒谬的困境。

我亦没有被说服第 64(3)条能保障确切性或终局性的利益。当一个感到受委屈的人必须选择一种可能的救济形式而必须放弃另一种非常不同的形式时,确切性又如何能被保障? 终局性的原则可能曾被争论过,但是第 64(3)条规定了向行政长官进行上诉的时限,而司法复核的基本原则是,如果一个人想要挑战行政行为的合法性,他必须迅速地去做。成文法就时限的规定和司法复核原则二者共同运作导致了终局性。

我当然同意,法律解释的第一个原则就是必须要赋予清晰的措词以清晰的意义。但在我就第 64(3)条的解释能够得出一个可以避免陷入答辩人提出的解释导致的困境时,我不认为我违反了这一原则。我这么说亦是符合法律解释的第二个原则的,即普通法存在一种假设(为保障法治原则而制定的),除非在最清晰的措词下,任何成文法不应阻碍当事人向法院提起诉讼的权利。

我的理解是第 64(3)条的前半部分的确提供了一个选择,但并不是一个互相排斥的选择。"代替(instead of)"一词的意义就是"宁愿(rather)",简而言之,就是一个感到受委屈的人宁愿选择司法复核而不选择向行政长官会同行政会议上诉。但是提供另一个选择本身并不表明选择是二选其一,在情况许可下,可以选择两个程序。其措词不够清晰得使其意思显得毫不含糊。据我理解，作为一个一般性的解释来看，该小分段的真实意图是要说明，在寻求挑战行政主体作出的决定时，一个感到受委屈的人有权选择两种程序，但若选择向行政长官会同行政会议提起上诉的话，就该事件作出的决定就不能再作司法复核。

概述之，第 64(3)条一方面接受向行政长官上诉的权利不妨碍一个感到受委屈的人同时（或只）就行政主体作出的决定寻求司法复核，另一方面亦宣称保障行政长官被要求决定相关上诉时，其有效的决定不会面对类似的挑战。

因此，根据我的判决，第 64(3)条可以被视为一个排他性条款，其只是把行政长官的决定排除在受高等法院审核之外，但是并不意图限制受委屈的人在决定怎样以最好的方式挑战行政主体作出的决定时可供选择的程序。

但是法院是否真的不能对行政长官会同行政会议的决定作出复核？

在此案件中，尽管行政长官有权根据《释义条例》第 64(5)条来改变入境事务处处长的决定或是用一个不同的决定来代替它，但是他并没有选择这么做。行政长官只是确认了入境事务处处长的决定而已。我认为本案中不管是否可以对行政长官的决定提起司法复核，这实际上并不会影响申请人申请司法复核的结果。我之所以这么说，是因为行政长官并没有作出与入境事务处处长的决定有很大差别的决定，一个能够在入境事务处处长的决定被判无效的情况下仍可站得住的决定。我的同事 Chung J, in Akram v. Secretary for Security [2000] 1 HKLRD 164 一案的第 177 页中这样写道：

> 总督会同行政局只是决定……申请者的上诉被驳回。总督会同行政局并没有作出与保安局局长早期作出的决定相分离的决定。因此，一旦驱逐命令被发现是无效的话，驳回上诉这一决定本身不剩下任何内容了。

但这当然并没有处理当事人的主要控诉，即根据第 64(3)条的规定，行政长官会同行政会议的决定是免于司法复核的，因而行政长官会同行政会议不应该成为申请人诉讼程序的一方当事人。

由于解释是此案问题之一，因此该小段的措词有必要重复一下。它是这样草拟的：

> ……但对于凭借条例向行政长官会同行政会议提出的上诉或反对，或任何与这些上诉或反对有关联的程序，则不得以履行义务令、移审令、禁止令、强制令或其他命令的方式，对行政长官会同行政会议采取法律程序。

这是一些强势措词。它们清楚地构成了一个排他性条款而不仅是在某一方面作限制，例如只是允许在严格限定的时间内向法庭提出申请。因此，我认为如果第 64(3)条在任何方面是从属于高等法院的监管管辖权的话，它只可以是基于 Anisminic Ltd. v. Foreign Compensation Commission [1969] 1 All ER 208 一案中所确定的原则。

Anisminic 一案中备受争论的措词是出现于 1950 年的《对外赔偿法》中。该法建立了一个委员会并在赋予其权力去决定有关案件的赔偿请求，委员会的资金来源于已经对英国人民的产权采取了国有化措施的外国政府。该法第 4(4)条规定，委员会对于任何申请的决定不应当受到任何法院的质疑。这里的措词，虽然更加概括一些，但却也是非常清楚并且不加限制的。委员会驳回 Anisminic 公司的一个赔偿请求后，该公司随即采取了司法复核程序要求法院宣告委员会的决定是无效的。

上诉法庭同意说，如果委员会犯有错误，它的错误将归咎于实体内容的错误而不是管辖权方面的错误。尽管如此，上议院却驳回了行政裁判处的管辖权必须在它开始调查时作出决定的观点，认为裁判处在调查阶段过程中可能做（或不做）一些事情从而令其决定无效。就这一点，里德（Reid）勋爵在第 213 页说：

> 有很多案例，虽然裁判处有管辖权进行调查，但是他们在调查的过程中却做了或者是没有做一些事情从而使得其决定是无效的。他们也许是基于不诚实作出了其决定，他们也可能是因为作出了一个没有权力去作的决定，亦可能是在调查的过程中没有遵循自然公正的程序要求，他们也可能是在正确的信念指导下误解了条款赋予他们行动的权力，以至于他们没有处理那些提交给他们处理的问题或者是处理了那些没有提交给他们处理的问题，他们也可能是拒绝考虑一些他们应当考虑思考的事项，或者是他们把他们的决定建立在一些根据成立裁判处的法律条款他们并没有权力加以考虑的事项上。我并不认为上述这个列表没有任何遗漏。但是如果他们对提交给他们的问题作出决定时没有犯任何上述错误的话，那么他们的决定不管是正确还是错误便都是同样有效的了，除了在某情况下法院有权对他们的决定法律上的错误加以纠正之外。

Wilberforce 爵士在第 244 页说：

> 什么是裁判处的适当的管辖领域这一问题是一向被允许提出和回答的问题。因此，法院确定裁判处管辖范围的权力不可能被一个授予其决定明确性、终局性和无疑性的条款所排除。这些终局性条款在其本质上只能适用于那些裁判处在其授权操作的范围内作出的决定。根据其范围和重点，这些条款能帮助确定其管辖的范围，狭小或是扩充之，但除非我们要否

定裁判处和它的权力是起源于成文法，否则我们就不能排斥法院对该裁判处管辖范围的确定。有一种观点是（争论往往以这些形式出现）排他性条款并不能运用于在其管辖范围之外的领域作出的决定，因为这些决定是无效的。如果"无效"这一词本身会带有把什么是无效和什么是可能无效这两个难以区分的概念之间加以区分的话，那么使用该词语是会存在危险的。而我绝对不愿意被认为承认这些区别是存在的或者当这一区别存在时去分析这一区别。但是当"无效"一词被用来描述在被授权的领域之外作出的决定时就会显得十分方便，换句话说，该词语是作为一个描述性的词语而它本身并非一块试金石。

因此，若一行政裁判处（例如行政长官会同行政会议决定一个上诉）在作出决定时能处于 Wilberforce 爵士所说的在其授权范围之内时，其决定是不受高等法院的监管的。但若它踏出其管辖权或者授权的范围之外并符合里德勋爵所说的方式超越了其管辖权时，它就进行了一次错误的并且是无效的调查行为。

在上议院的另一个案件 O'Reilly v. Mackman［1983］2 AC 237（第 278 页）的判决中，DIPLOCK 勋爵这样评价道：

> Anisminic 案例所带来的突破在于在该案中上议院的绝大多数法官认识到如果一个管辖权受到成文法或附属性立法限制的裁判处错误地把法律适用到它已经发现的事实真相上，它一定曾经问了自己一个错误的问题，即一个它无权调查故而无管辖权去决定的问题。它所宣称的"决定"并不是在其授权法例的意义范围内所作的"决定"，因此它是无效的。

Anisminic 遭到了人们的批评，原因是它没有遵照立法机关明确的指示，但它仍然是一个良法，其法理学的理据是，如果一个裁判处能对其自身的决定的合法性作出终局性决定的话，那么它将危险地走向独裁，而由于被赋予了不受约束的权力，裁判处的裁判员将会变成唯一的判官去决定他们自己所作决定的有效性。关于这一点，请参照 Wade 教授(1969)85 LQR 198 中对 Anisminic 案例从宪法和行政法的角度所作的分析。

在 Anisminic 一案的判词中，Wilberforce 爵士已经意识到因没有遵循国会明确的指示而导致的批评。关于这一点，他说：

> 当法庭在决定一个"决定"是"无效"时，它是不会忽视除外条款的。正如它有责任去确保裁判处在其指定范围内作出决定的自主性。因此，作为该自主性的另一面，它必须确保该自主性的界得到遵守……在每项工作中，法院都是在执行立法机关的意图的。若把它形容为法院与行政机关之

间的斗争的话会是一种错误的描述,因为如果把一个条款插入成文法的条文中便能使裁判处安全超越其权力的界限的话,那么用成文法来确定裁判处的权力的界限还有什么意义呢?

但是 Anisminic 所确定的原则适用于第 64(3)条吗? 第 64(3)条旨在特别排除经由履行义务令、移审令、禁止令、强制令或其他命令的特别程序,而这些程序又恰恰是 Anisminic 原则得以生效的程序。最近的判例表明 Anisminic 原则仍然适用。

一个直接相关的案例就是 Attorney General v. Ryan〔1980〕2 WLR 143 PC。在此案中,枢密院的判决涉及巴哈马群岛 1973 年的一个国家法案中的排他性条款,该法案授权巴哈马群岛的内政部长有权拒绝给予申请人以居民身份。该法的第 16 条这样写道:

> 根据本法,部长不应该被要求对给予或者是拒绝给予任何申请的行为进行说明,同时部长的决定也不应该被上诉到任何法院或是受到司法复核。

代表枢密院法律委员会就该问题撰写判词的 Diplock 爵士在判词的第 730 页写道:

> 到今天已被充分确立,要适用这类型的除外条款规定的禁止上诉或受到司法复核,该决定必须是一个有关当局(此法案下,即部长)有管辖权作出的决定。如果他在作出决定的时候超越了他的管辖权,这将会导致越权无效而该决定亦非该法案下所作的决定。最高法院在行使对低级法院和行政主体运用准司法权力的司法监督权的实践中,通过适当的程序既可以驳回也可以宣布它是无效的:Anisminic Ltd. v. Foreign Compensation Comimission (〔1969〕1 All ER 208,〔1969〕2 AC 147)。一个影响个人合法权利的决定如果其产生的程序违反了自然公正的原则的话,便将不在决策主体的司法管辖权范围之内,这是一个建立了很久的法律原理。如同 Setborne 爵士于 1885 年在 Spackman v. Plumstead District Board of Works (10 App Cas 229 at 240)一案中所说的那样:"如果有什么东西是违反了司法公正的实质而作出的话,在法律的意义内将会是什么决定也没有作出。"又见 Ridge v. Baldwin (〔1963〕2 All ER 66,〔1964〕AC 40)。法官们将会因此推断出巴哈马群岛 1973 年的国家法案第 16 条的排他性条款并不能妨碍法庭根据没有管辖权和越权无效的原则去调查部长决定的合法性。

在 1996 年的 R. v. Secretary of State for the Home Department, ex parte

Fayed and Another［1997］1 All ER 228 一案中，Lord Woolf MR 引用了 Attorney-General v. Ryan一案并深表赞同。在该案中，内政大臣接受了英国 1981 年《国家法案》第 44(2) 条并没有妨碍法庭根据传统的司法复核的理由施加管辖权对他的一个决定进行复核。该法第 44(2) 条是这样说的：

> 国务大臣、统治者或是代理统治者，或是在案情可能的情况下，根据本法的规定，都不应该被要求对给予或是拒绝给予申请的行为进行说明，并且国务大臣、统治者或是代理统治者，或是任何诸如此类的人对任何申请所作的决定都不应当被上诉到任何法院或是提起司法复核。

因此，就我的判决来说，这个早已确定的法律原则同样适用于香港的法院，关于我将称之为"完全排他性"条款，就如同第 64(3) 条里出现的一样，Anisminic 原则是将会被适用。

Smith 诉 East Ellode RDC 一案中的推理

在其陈述的过程中，Marshall 先生罗列了一大堆的权威先例，它们中的三个在这里可以被引用为其争论的理据所在，它们分别是 Smith v. East Elloe Rural District Council［1956］1 AI1 ER 855；R. v. Secretary of State for the Environment，ex parte Ostler［1976］3 All ER 90 and R. v. Secretary of State for the Environment，ex parte Kent［1990］COD 1－83，page 79。

在这些案例中，法院都拒绝质疑这些受挑战的决定，因为这些决定（来自不同的法庭）都被排他性条款所保护。

就 Smith（以及随之而来的大量案例）案与 Anisminic 案（及其引发的一系列案例）二者之间的明显冲突，已有大量的论述存在。然而，非常明显的是以 Smith 为首的一系列案件都是关于时间限制条款和它们在更宽广的成文法体系中的地位的。

在 Smith 一案中，即使面对对错误信念或抨击提起的主张，法院还是确认了一个与时间限制条款相联系的排他性条款。在 Hostler 和 Kent 这两个单方面申请司法复核的案例中，法院都确认了类似的与 6 周的时间限制条款相联系的排他性条款。不过，Anisminic 原则却是有关一些试图绝对保护下级法院所作的决定不受司法复核的条款。这些条款并不允许有限的向法庭寻求司法救济的权利，这些条款自己独立存在而不构成由立法机关为公共利益而制定的更大的成文法体系的有机组成部分，例如在修建道路时的土地获得。

如果有需要给予任何解释来说明为什么 Smith 案与 Anisminic 案存在区别时，我只能引用丹尼勋爵在 ex parte Ostler 一案中所说的话，该案例的概要的一部分是这样说的：

根据 1959 年法案附录二第 4(B)段的规定,既然答辩人没有从命令的公开发布之日起在规定的 6 周以内诉诸法院,法院就没有管辖权去受理案件。答辩人试图以不诚实为由质疑命令的合法性,因为根据第 4 段的规定,在时限已过后,有关的命令就绝对不能通过任何司法程序加以质疑。但这是不重要的。

鉴于 Anisminic 早期的决定,丹尼勋爵是从下面的角度阐释上诉法院的论证的:

> 从更广义的范围来看这一问题,我认为 1959 年法案下面隐含的一个基本政策就是当作出一个强迫性的购买命令时,如果该命令是错误地作出的话,那么受害人应当享有一个济助方法。但是他必须迅速地去做,他必须要在 6 周之内去运用该济助方法,如果他这么做的话,法院应当受理他的诉讼请求。但是如果 6 周的时限届满而他没有提起任何诉讼请求的话,在这之后法院便不能受理。原因就是随着时限届满,有关当局就会采取行动去取得产业、作清拆等。公共利益要求他们能安全地去做。以该案例来说,调查在 1973 年便已做了,命令是在 1974 年初作出的。在此命令下,大量的工作都已经完成了。若清拆要被暂停或因进一步的证据或调查而被拖延,这将是违反公共利益的。我认为我们是受 Smith v. East Shoe Rural District Council 一案所限,必须裁定 Ostler 先生已经被 1959 年的法案所禁止,不能对该命令加以质疑。

我认为 Smith 系列案件与 Anisminic 之间的差别现在已经被解决了。其中一个例子就是 R. v. Cornwall Country Council, ex parte Huntingdon [1994] 1 All ER 694 一案,一个上诉法院的决定。Simon Brown 法官在该案中提到我刚才说的两个判例的冲突时这样说:

> 这些决定在 Cornwall 一案中被 Mann J 详细地分析过,并且我只能恭敬地引用他的判决([1992]3 All ER 566)中第 575 页的结束段落的语言:
>
> "就我判断,ex parte Ostler 的决定对申请人造成了与 ex parte Kent [1990] JPL 124 案中对申请人提出的相同的不可克服的障碍。1981 年法案中的排他性条款的问题都是属于解释问题。而就本法院而言,这已被权威性的判例解决了。议会使用 Anisminic 条款的目的是因为这不会排除有效性的问题。(参照[1969] 1 All ER 208 at 244,[1969] 2 AC 147 at 208 per Lord Wilberforce)当一些像 ex parte Ostler 中被仔细考虑过的段落被使用时,立法机构的目的就是让有效性的相关的问题得以在特定理据、时间及方式下提起。但在其他情况下,为保障其确切性,法院的管辖权将被排除。"

行政长官会同行政会议的决定将会受到司法复核的范围

当已经认识到第 64(3)条并没有绝对禁止法院行使其司法复核权后，司法复核权在多大程度上能够行使的问题就应运而生。

我认为适用的原则已被枢密院列于 South East Asia Fine Bricks v. Non-Merallic Mineral Products Manufacturing Employees Union [198 1] AC 363 一案。该案中的"排他性条款"是来自 1967 年《马来西亚工业关系法案》第 29(3)条。它是这样说的：

> 在不抵触此法案的情况下，工业法庭给予的判决将是终局及定论，并且没有任何判决能够在任何法院被挑战、上诉、司法复核、推翻或是提出质疑。

在考虑该条款的效力时，Fraser 爵士说：

> 上议院关于 Anisminic 公司诉对外赔偿委员会一案中的判决表明，当法案的措词排除了高等法院对低级法院的决定以移审令的形式作司法复核时，它们必须被严格地解释，而当低级法院做了一些没有管辖权的事情或"在调查的过程中做了或是没有做一些事而这些事是如此重要从而使得其决定是无效的"：per Lord Reid 在第 171 页，它们将不能产生排除那权力的效果。但是如果下级法院仅仅是犯了一个不会影响其管辖权的法律错误，又如果其决定并不是因为像违反了自然公正等原因而无效的话，排他性条款将仍然有效。在 Pearlman v. Keepers and Governors of Harrow School [1979] QB 56, 70 一案中，丹宁勋爵建议说影响管辖权的法律错误与没有影响管辖权的法律错误之间的区别在今天应当被丢弃了，但是法官们并没有接受他的建议。他们认为在该案中 Geoffrey Lane 法官的反对意见对法律的运用仍然是正确的。在第 74 页中 Geoffrey Lane 认为：
> "……法院只可以在一种情况下修正在我看来属于(县法院)法官的错误，即他滥用了管辖权，而不仅仅是在判决时出现了法律上的谬误因而误解了'结构性更改……或附加'的意思。"

结　论

据我判决，考虑到以上种种理由，答辩人提起的两个诉讼请求都予以驳回。

我相信《释义条例》第 64(3)条并没有妨碍申请人试图对入境事务处处长的决定寻求司法复核，虽则申请人在早些时候已经选择了向行政长官会同行政会议就该决定提出反对。

我亦相信《释义条例》第 64(3)条并没有妨碍申请人在以下的情况下试图对行政长官会同行政会议的决定寻求司法复核:即若能证明行政长官会同行政会议在上诉或调查的过程中做了或是没有做一些本质上将会使其决定变得无效的事情。

此案的申请人是否能够识别其所指称行政长官会同行政会议在本质上会导致其行政决定无效的行为或不作为这问题并没有在我面前作讨论。我也不相信,最低限度在没有大律师的帮助下,我能从申请人提交用以支持其司法复核申请的文件中作出确认。如果有任何人想要尝试对这些行为或不作为加以确认的话,我想最便利的方法就是在举行实质性司法复核的聆讯阶段根据具体的案情加以确认。

至于诉讼费用,将会有一个由答辩人负担的临时讼费命令,如果双方未能同意有关款额,讼费将由法庭厘定。在判决书发放后的 30 日内如果没有当事人申请解除或是改变此临时讼费命令,此临时讼费命令将立即生效。

(李跃译,冯静美、林峰校)

【案例评述】

此案的重要性在于法院在司法复核案件中应该如何处理终局性条款的有效性,特别是这一类条款是否排除了法院行使司法审查监督的权力。

本案所涉及的终局性条款是由《释义条例》第 64(3)条所规定的,禁止已选择上诉或是向行政长官提交反对意见的人在此后再对行政长官对相关事务的决定提起司法复核。

原审法官首先对《释义条例》第 64(3)条的内容进行了分析,认为第 64(3)条可以被视为一个排他性条款,其只是把行政长官的决定排除在受高等法院审核之外,但是并不意图限制受委屈的人在决定怎样以最好的方式挑战行政主体作出的决定时可供选择的程序,即是选择上诉还是选择司法复核。

接下来原审法官讨论了法院是否真的被排除对行政长官会同行政会议的决定作出复核这一问题。他认为第 64(3)条是包括了一些强势措词,它们清楚地构成了一个排他性条款而不仅仅是在某一方面作限制,例如只是允许在严格限定的时间内向法庭提出申请。因此,他认为如果第 64(3)条在任何方面是从属于高等法院的监管管辖权的话,它只可以是基于 Anisminic Ltd. v. Foreign Compensation Commission [1969] 1 All ER 208 一案中所确定的原则。

在对 Anisminic 案和其他几个判例作出分析之后,原审法官认为,这个早已确定的法律原则同样适用于香港的法院,关于他将称之为"完全排他性"条款,就如同第 64(3)条里出现的一样,Anisminic 原则是将会被适用。

　　此案说明，在香港没有绝对的终局性或者说完全排他性条款可以排除法院行使司法复核监督权。如本案一样，虽然条例规定了行政长官会同行政会议的决定不受司法复核的管辖，但是若其决定存在法律上的错误的话，那么根据Anisminic原则法院仍然可以行使司法复核监督权，因为法院认为立法机关的真正立法意图是，只有合法作出的决定才可以是终局性的。

　　此案后来上诉到上诉庭和终审法院，不过这两级法院都没有对原讼庭就"终局性"作出的判决作进一步的讨论。

后　记

　　本书系"中国大陆、台湾、香港、澳门行政诉讼：制度、立法与案例"丛书之一。它的写作反映了作者对香港特别行政区行政诉讼制度的看法。当然作者在书中力求客观地描述香港特别行政区的行政诉讼制度。

　　本书的第一编由作者撰写。第二编由作者根据香港政府网上法例资料库整理。就第三编案例部分的翻译和校对，作者首先得感谢我的好朋友，浙江大学法学院朱新力教授的热心帮忙，帮我找了浙江大学公法研究所的一批高水平的研究生来翻译大部分案件的初稿。他们是：李志强，李跃，李鸿兰，孟晋，徐兴年，高燕，高春燕，唐明良，税兵，葛宗萍，谢涛。没有这些学生的帮助，我是不可能完成此书的。所以，在此我要向这些学生表示衷心的感谢。另外，我还要感谢我的夫人，冯静美。她帮我校对了大多数案例。她的第一校让我在做第二校时节省了许多时间。

　　若本书有任何的错误之处，我作为作者将负全部的责任。

林　峰

2010 年 6 月

图书在版编目（CIP）数据

香港地区行政诉讼：制度、立法与案例／林峰著.
—杭州：浙江大学出版社，2011.5
（中国大陆、台湾、香港、澳门行政诉讼：制度、
立法与案例丛书／应松年主编）

ISBN 978-7-308-08035-4

Ⅰ.①香… Ⅱ.①林… Ⅲ.①行政诉讼－研究－香港
Ⅳ.①D927.658.530.4

中国版本图书馆 CIP 数据核字（2010）第 199529 号

香港地区行政诉讼：制度、立法与案例

林　峰　著

策　　划	袁亚春	
责任编辑	田　华	
封面设计	雷建军	
出版发行	浙江大学出版社	
	（杭州天目山路 148 号　邮政编码 310007）	
	（网址：http://www.zjupress.com）	
排　　版	杭州中大图文设计有限公司	
印　　刷	杭州日报报业集团盛元印务有限公司	
开　　本	710mm×1000mm　1/16	
印　　张	17.25	
字　　数	318 千	
版 印 次	2011 年 5 月第 1 版　2011 年 5 月第 1 次印刷	
书　　号	ISBN 978-7-308-08035-4	
定　　价	48.00 元	